信托市场热点研究

RESEARCH ON TRUST MARKET HOTSPOTS

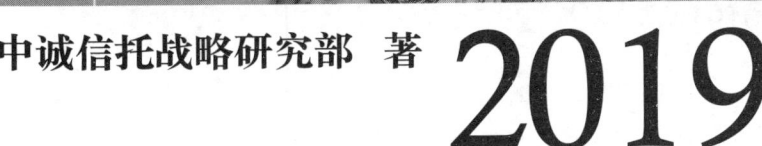

中诚信托战略研究部 著

2019

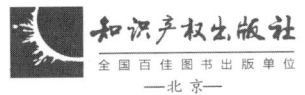

图书在版编目（CIP）数据

信托市场热点研究. 2019 / 中诚信托战略研究部著. —北京：知识产权出版社，2020.4
ISBN 978-7-5130-6859-8

Ⅰ. ①信… Ⅱ. ①中… Ⅲ. ①信托业—研究—中国—2019 Ⅳ. ①F832.49

中国版本图书馆 CIP 数据核字（2020）第 054603 号

责任编辑：齐梓伊　　　　　　　　　责任校对：谷　洋
封面设计：张　悦　　　　　　　　　责任印制：刘译文

信托市场热点研究（2019）
中诚信托战略研究部　著

出版发行：知识产权出版社有限责任公司	网　　址：http://www.ipph.cn
社　　址：北京市海淀区气象路 50 号院	邮　　编：100081
责编电话：010-82000860 转 8176	责编邮箱：qiziyi2004@qq.com
发行电话：010-82000860 转 8101/8102	发行传真：010-82000893/82005070/82000270
印　　刷：北京嘉恒彩色印刷有限责任公司	经　　销：各大网上书店、新华书店及相关专业书店
开　　本：787mm×1092mm　1/16	印　　张：17
版　　次：2020 年 4 月第 1 版	印　　次：2020 年 4 月第 1 次印刷
字　　数：303 千字	定　　价：80.00 元
ISBN 978-7-5130-6859-8	

出版权专有　侵权必究
如有印装质量问题，本社负责调换。

《信托市场热点研究（2019）》
编辑委员会

编委会主任：牛成立
编委会成员：张树忠　刘耀民　赵建平　罗学东　汤淑梅
　　　　　　刘孟革　秦　岭
主　　　编：汤淑梅
执行主编：和晋予
编写组成员：和晋予　沈苗妙　杨晓东　崔继培　韩鸣飞
　　　　　　殷晓薇　张　炜

序　言

信托业是我国金融体系的重要支柱之一，同时也是我国资管行业的第二大子行业。长期以来，信托业服务实体经济、服务人民群众美好生活、服务现代金融体系建设，为社会经济建设做出了巨大贡献。据统计，截至2019年年底，信托业直接投入实体经济领域的信托规模为13.12万亿元，基本覆盖了实体经济各行业，是支持实体经济发展的重要金融力量。

近几年，随着社会经济的转型，信托业也加快了转型创新的步伐，回归信托本源。2019年，中国信托业着力推进内涵式发展，面对持续下行的宏观经济形势和不断加强的监管力度，行业受托资产规模持续稳步下调，风险资产规模和比重均有所提升，但信托公司的主动管理业务仍保持了一定发展，转型创新持续深入，经营业绩相对平稳。

未来一段时间，信托行业仍将继续面临经济增速回落和强监管的外部环境，信托公司仍将面临社会转型期和信托行业转型期的发展挑战，因此对信托业的宏观环境、监管政策、行业、机构和业务方向等方面进行及时思考和深刻研究，把握市场和行业发展的脉搏，显得尤为必要。《信托市场热点研究（2019）》主要选材于宏观经济和监管政策研究、信托行业和信托公司研究、信托业务研究和集合信托市场月度情况分析，客观反映了信托业在内涵式发展的2019年转型创新的努力和进展，力求准确地把握信托业的发展脉搏。

本书共分为五大部分：第一部分为宏观形势与监管政策研究，主要跟踪研究2019年宏观经济变化和重要监管政策对信托公司和信托业务的影响；第二部分为信托行业与信托公司研究，主要研究信托行业经营情况和内部管理及能力建设相关情况；第三部分为信托业务重点领域研究，主要跟踪研究房地产、资本市场、基础产业等领域及相关的信托业务动态；第四部分为信托业务转型创新研究，主要就资产证券化、家族信托、慈善信托等受托服务及信托本源业务等转型创新方向进行跟踪研究和探索；第五部分为集合信托市场月度分析，主要根据用益信托网数据分析集合信托市场月度情况和重点信托公司的重点业务。

本书的出版，将为信托公司、其他资管机构、研究机构及监管部门等社会各界提供年度信托市场热点研究及动态跟踪的参考资料，并希望藉此与关心、关注信托行业发展的各界人士进行交流探讨。

是为序。

目 录
CONTENTS

第一部分　宏观形势与监管政策研究　001

社会融资规模超预期增长对信托业务的影响　/ 003
从 PMI 数据看流动性适度充裕的必要性　/ 007
新的 LPR 形成机制对信托市场的影响　/ 011
全球货币宽松对金融市场及信托业务的影响分析　/ 014
中国人民银行降准对信托市场的影响　/ 018
杠杆率变化的市场影响分析　/ 020
23 号文对房地产信托业务影响的探讨　/ 025
保险资金投资集合信托监管新要求及影响　/ 029
银行理财估值指引对信托产品估值的借鉴与要求　/ 032
信托受益权账户功能的比较分析及业务展望　/ 036
标准化债权类资产认定规则对信托业务的影响　/ 039

第二部分　信托行业与信托公司研究　043

回顾 2018：信托业进入内涵式发展的新阶段　/ 045
经营压力下的结构调整
　　——61 家信托公司 2018 年主要经营指标简析　/ 050
信托公司 2018 年年报主要指标 TOP10　/ 056
从近期财报看上市信托公司与其股东的互动发展特征　/ 064
当前发展环境对信托公司发展战略的新要求　/ 067
当前信托公司核心竞争力的主要表现和提升建议　/ 071

第三部分	信托业务重点领域研究	075
	房地产领域	/ 077
	2019年房地产市场政策判断及其影响预判	/ 077
	房地产政策微调背景下的交易对手选择分析	/ 080
	从房企百强榜单排名看房地产信托的新趋势	/ 084
	对房地产真实股权投资信托业务的风险分析	/ 088
	新形势下的房地产融资压力与风险挑战	/ 091
	信托公司开展城市更新业务的主要类型与发展空间	/ 96
	基础产业领域	/ 100
	2019年上半年政信业务发展特点	/ 100
	2019年下半年政信业务发展趋势展望	/ 105
	基建投资增速放缓下的政信业务空间分析	/ 110
	资本市场领域	/ 114
	资本市场是否迎来了阶段性的逆转	/ 114
	如何看待社会融资企稳后的信托公司资本市场业务	/ 118
	科创板对信托公司资本市场业务的影响	/ 122
	近期债券违约情况对信托市场的影响	/ 126
	通货膨胀预期差对2020年资本市场业务的影响	/ 132

第四部分	信托业务转型创新研究	137
	家族信托资产配置中信托公司受托责任探讨	/ 139
	对股权作为家族信托初始财产的基本要求	/ 142
	保险金信托的功能结合与未来发展探索	/ 145
	保险金信托可对接的保险险种分析	/ 148
	慈善目的对慈善信托的基本要求	/ 151
	慈善信托持续创新发展的方向展望	/ 155
	2019年以来信托型ABN发展情况及趋势	/ 158

信托公司年金业务的发展设想及建议 /165
信托与融资租赁的业务合作空间 /171
资金配置信托的主要类型及发展趋势 /174
公募资管产品的比较分析与借鉴 /178
开展公募业务对信托公司的能力要求 /183
发挥信托在老龄化社会中的五大功能 /187
对信托公司做好债券承销业务的初步思考 /191
5G商用化带来的投资机会分析 /194
如何提高信托公司个人消费金融业务风控的有效性 /198

第五部分　集合信托市场月度分析　201

集合信托市场月度分析报告——2019年1月 /203
集合信托市场月度分析报告——2019年2月 /210
集合信托市场月度分析报告——2019年3月 /215
集合信托市场月度分析报告——2019年4月 /220
集合信托市场月度分析报告——2019年5月 /225
集合信托市场月度分析报告——2019年6月 /230
集合信托市场月度分析报告——2019年7月 /235
集合信托市场月度分析报告——2019年8月 /240
集合信托市场月度分析报告——2019年9月 /245
集合信托市场月度分析报告——2019年10月 /249
集合信托市场月度分析报告——2019年11月 /253
集合信托市场月度分析报告——2019年12月 /257

后　记　/261

第一部分
宏观形势与监管政策研究

社会融资规模超预期增长对信托业务的影响[*]

中国人民银行公布2019年1月社会融资规模增量为4.64万亿元，新增人民币贷款3.23万亿元，双双创下历史新高，新增信托贷款规模也由负转正，但内部结构仍有待进一步改善。在社会融资规模超预期增长的情况下，信托业务在规模、收益率以及投向领域等方面也会受到一定影响。

一、社会融资规模超预期增长的结构特征

（一）信贷投放是社会融资规模增长的主要因素

受全面降准、TMLF（定向中期借贷便利）、再贷款、再贴现、普惠金融考核等多重因素影响，相较于2018年1月，2019年1月信贷投放增加了8,818.10亿元，达到35,668.36亿元，占新增社会融资规模的76.95%，是社会融资反弹的强力支撑。从期限上来看，新增企业中长期贷款占比为43.34%，较2018年12月的18.30%有较大幅度反弹，贷款结构有所改善，但同比仍降低了2.52%。考虑到1月为商业银行信贷集中投放大月，企业中长期贷款反弹能否持续仍需要进一步观察。

（二）新增票据融资占比较高

2019年1月，新增表内票据融资和表外未贴现银行承兑汇票分别为5160亿元和3,786.18亿元，合计占新增社会融资规模的19.3%，同比上升13.5个百分点；短期贷款和表内票据融资合计14,009亿元，占新增社会融资规模的30.22%，同比上升6.83%。票据融资和短期贷款比重上升，显示商业银行风险偏好仍然偏低。同时，不排除企业利用票据贴现率下降进行套利活动。根据Wind和中国人民银行统计数据显示，1月长三角票据直贴利率最低仅为2.80%，中国人民银行对金融机构再贴现率为2.25%，20家主要银行结构性存款的保底收益率为2.88%。融360监测数据显示，2019年1月，54家中资银行共发行613只结构性存款产品，较2018年12月环比增加34.43%，创出新高。此外，M1（狭义货币供应量）增速继续回落至0.4%，也表明短期资金并未顺畅地进入企业活期存款账户。

（三）信贷市场资金利率有所下降但最终取决于政策因素

2019年1月，中国人民银行通过降准、定向中期借贷便利操作和普惠金融定向降

---

[*] 本文写于2019年2月。

准动态考核等最终净释放资金约 8000 亿元。鉴于流动性较为充裕，货币市场短期利率大幅下行。截至 2 月 15 日，SHIBOR（上海银行间同业拆放利率）隔夜利率下降 58.70 个 BP（基点），3A 级定期存单 1M、3M 等均大幅下行；不过，受资本金约束、获取存款成本以及 MPA（宏观审慎评估体系）考核等多重因素影响，鉴于中小企业信用等级低、担保品不足制约，商业银行大规模信贷投放及大幅调降贷款利率动力不足。为支持商业银行补充资本金，中国人民银行创设了 CBS（央行票据互换），并于 2 月 20 日以固定费率数量招标方式开展了 2019 年第一期 CBS 操作。未来，信贷市场资金利率取决于货币和监管政策调整。

表 1　近期市场资金利率

名称	1 月 2 日报价（%）	2 月 15 日报价（%）	涨跌幅（BP）
隔夜	2.3000	1.7130	-58.70
1 周	2.6340	2.3510	-28.30
CDAAA1M	3.0114	2.4085	-60.29
CDAAA3M	3.0948	2.6581	-43.67
CDAAA6M	3.2216	2.7419	-47.97
CDAAA9M	3.2933	2.8843	-40.90
CDAAA1Y	3.3748	3.0216	-35.32
短融 3 个月	3.1657	2.8158	-34.99
国债 3 个月	2.5237	2.0058	-51.79
国债 1 年期	2.5014	2.3094	-19.20
国债十年期	3.1734	3.0794	-9.40
国开债十年期	3.6076	3.5702	-3.74

数据来源：Wind（万得信息技术股份有限公司），中诚信托有限责任公司战略研究部整理。

二、新增信托贷款规模预计将持续增长

（一）社会融资规模增长但有效需求仍不足

根据中国人民银行的统计数据，2019 年 1 月社会融资规模相较于 2018 年 1 月增加了 1.56 万亿元，剔除地方政府专项债券 1,087.90 亿元后多增 1.45 万亿元，M2（广义货币供应量）余额达 186.59 万亿元，同比增长 8.4%，也出现回升迹象。但是，M1（狭义货币供应量）与 M2 差值仍呈现继续扩大的趋势，表明即期有效需求不足，以及微观主体盈利能力不足，经济下行压力仍未有效缓解。

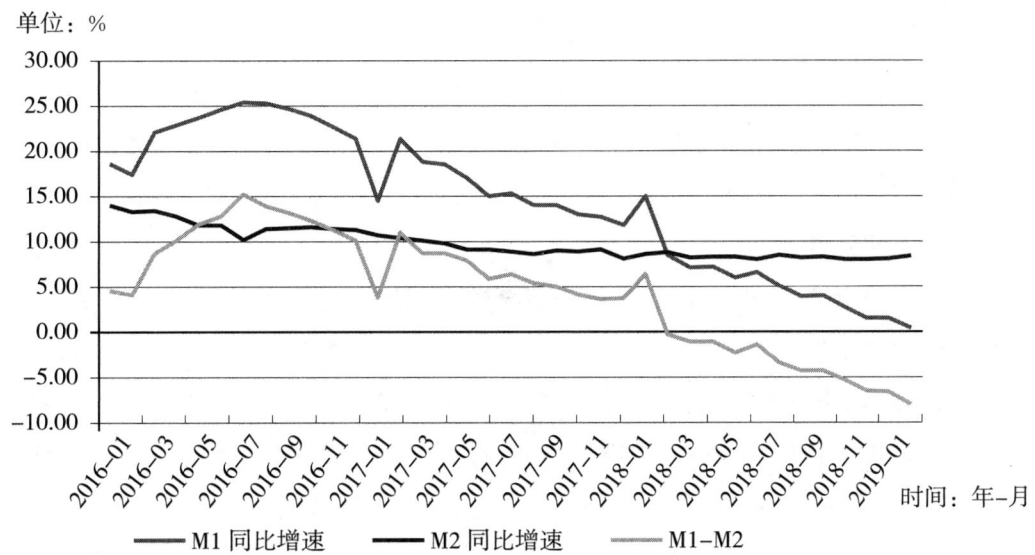

数据来源：Wind，中诚信托有限责任公司战略研究部整理。

图1　M1与M2同比增速情况

（二）新增信托贷款由负转正

受多方因素的影响，2018年3月以来新增信托贷款持续为负，但2019年1月新增信托贷款规模为345.02亿元，由负转正。新增信托贷款对实体经济的支持力度正在逐步加强。信托贷款由负转正的原因，一方面是由于经济增长对信托贷款的需求在增加，从1月集合信托发行情况来看，根据用益信托网统计，1月基础产业领域的集合信托产品发行规模显著增加，环比增长8.19%，这与基础产业融资需求的快速增长密切相关；另一方面，客观来看，1月信托到期规模呈下降状态，根据信托业协会的统计数据，1月合计信托到期规模4,128.00亿元，相较于2018年12月减少了3,332.00亿元，这也是统计中信托贷款由负转正的因素之一。

（三）新增信托贷款规模预计将保持增长态势

社会融资规模的超预期增长，不仅来源于经济增长自身对资金的需求，而且也来源于应对经济下行压力、采取财政和货币政策刺激经济所产生的资金需求。作为重要的金融子行业，信托通过贷款满足经济增长和宏观调控的需求，在我国经济增长和金融体系中发挥着越来越重要的作用。特别是在当前经济下行压力仍未缓解、企业微观融资需求持续增加、民营企业还存在一定资金困难、基础产业和房地产投资需求仍将持续增长、去杠杆已经取得一定阶段性效果的情况下，预计2019年新增信托贷款规模仍将持续增长。

三、社会融资超预期增长下的信托业务调整

针对目前企业融资中的中长期贷款比重相对较低、票据融资占比较高以及信托贷款规模回落等问题，信托公司可利用自身优势，通过大力开展资产证券化业务，盘活企业存量资产；持续开展小微金融业务，助力民营企业发展；支持基础设施建设业务，支持经济逆周期调节。

（一）大力开展资产证券化业务，盘活企业存量资产

资产证券化业务可以盘活企业存量资产、降低融资成本及提供期限相对灵活的资金，是信托公司支持实体经济发展的重要方式。2018年，信贷资产证券化和企业资产证券化均出现快速上升的势头。信贷资产证券化全年发行规模9318亿元，同比增长56%，其中商业银行RMBS（住房抵押贷款支持证券）增长较快；企业资产证券化发行规模9480亿元，同比增速15%。信托公司可针对目前企业资金需求中的期限短、成本高等难点和痛点，通过合理的交易结构设计，大力开展资产证券化业务尤其是企业资产证券化业务，增强主动管理能力，拓展业务发展空间。

（二）充分发挥信托功能优势，助力民营企业发展

为解决民营企业融资难、融资贵等问题，监管部门运用定向降准等多种工具，出台了一系列针对性措施，着力解决民营企业融资难、融资贵等问题。从政策的传导机制来看，商业银行信贷仍是支持民营经济的主要渠道。不过，作为金融市场重要的组成部门，信托公司利用自身优势，近年来已经成为民营企业获取资金的重要渠道。例如，信托公司可以信托贷款、PE（私募股权投资）、定增、"股+债"等方式为民营企业提供资金支持，也可以设立产业基金、并购基金、纾困基金等方式，在降低民营企业负债水平的同时为民营企业提供资金支持。在经济下行压力下，监管部门应积极鼓励信托公司开展民营企业相关业务，并给予一定的政策倾斜，共同助力民营企业发展。

（三）开展基础产业融资业务，支持经济逆周期调节

积极的财政政策是经济逆周期调节的重要抓手，2019年，积极的财政政策要加力提效。信托公司可在合规的前提下，依据市场化原则，选取重点区域的优质交易对手，针对"存量融资需求"和"增量融资需求"，通过信托贷款、债券承销等多元化服务积极开展政信业务。从2018年12月信托成立和投向数据来看，信托公司在该领域业务拓展效果已经逐步显现。

（执笔人：杨晓东）

从 PMI 数据看流动性适度充裕的必要性*

国家统计局公布的数据显示，2019年5月，PMI（采购经理人指数）为49.4%，比4月回落0.7%。作为先行指标，PMI下行预示宏观经济仍有下行压力。从流动性来看，无论是总量、结构还是现实需求角度均需适度充裕。公开市场投放和结构性工具是中国人民银行流动性充裕的两个抓手，资本市场业务仍具备配置机会。

一、外需拖累 PMI 跌破荣枯线

5月PMI下行且跌破荣枯线，呈现生产保持扩张但动力不足、外需拖累PMI下跌、中小企业经营压力仍然较大等特点，宏观经济仍有下行压力。

（一）生产保持扩张但动力不足

PMI为51.7%，比上月回落0.4%，仍位于临界点之上，表明制造业生产继续保持扩张态势。但主要原材料购进价格指数为51.8%，较上月下滑1.3%；出厂价格指数为49.0%，较上月下滑3.0%，并跌破荣枯线。这表明，企业生产能力扩张，但利润空间受到压缩，扩张动力不足。这也在有色金属、化工产品等流通领域重要生产资料市场价格下行角度获得验证。

（二）外需拖累 PMI 跌破荣枯线

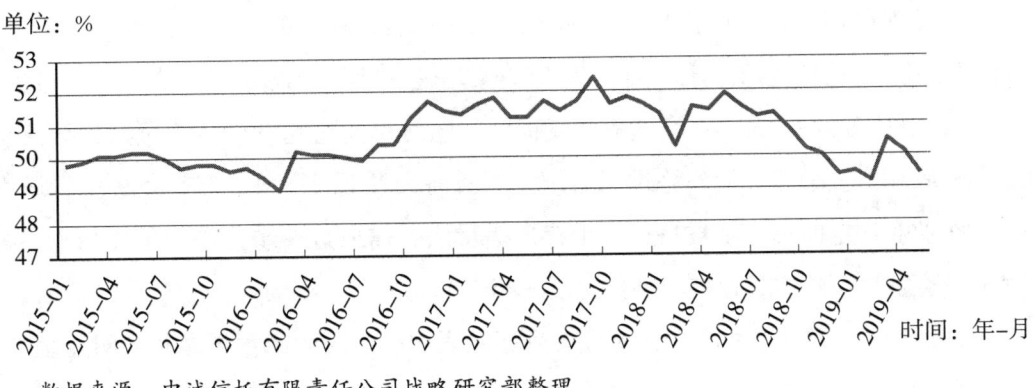

数据来源：中诚信托有限责任公司战略研究部整理。

图1　PMI跌破荣枯线

---

* 本文写于2019年6月。

从新增订单情况来看，新订单指数为49.8%，比4月下降1.6%，位于临界点之下，表明制造业市场需求有所回落。其中，新出口订单为46.5%，比上月下滑2.7%，下滑幅度较大。这主要受中美贸易摩擦和世界经济回落的影响，出口回落；4—5月，地方政府债券发行节奏放缓，内需支撑力度有所减弱。

（三）中小企业经营压力仍然较大

从企业规模看，大型企业PMI为50.3%，比4月回落0.5%，仍高于临界点；中、小型企业PMI为48.8%和47.8%，分别比4月下降0.3%和2.0%，低于临界点。从生产情况来看，大、中、小企业为53.10%、51.10%和48.60%，较4月分别上升0.10%、0.00%和回落2.6%；从新增订单情况来看，大、中、小企业为52.20%、49.40%和46.70%，较4月分别回落1.3%、1%和3.3%；从新增出口订单情况来看，大、中、小企业分别为46.90%、46.80%和42.40%，较4月分别回落2.8%、2.3%和4%。这也进一步表明，外需减弱对中、小企业冲击更大。

目前仍处于早期被动去库存阶段。原材料和产成品库存指数分别为47.4%和48.1%，比4月回升0.2%和1.6%，均位于临界点之下。生产扩张、需求下滑、库存下滑有所放缓，表明目前仍处于早期被动去库存阶段，复苏迹象仍不十分明确。

二、流动性适度充裕的必要性有所提升

在经济下行压力增大的条件下，流动性适度充裕无论是在总量上、结构上，还是在现实需求上的必要性有所提升。

一是体现在总量上。根据2019年的政府工作报告，稳健的货币政策要松紧适度，M2和社会融资规模增速要与国内生产总值名义增速相匹配。既要避免货币政策过松，导致宏观杠杆率过快上升，新增债务过度扩张；同时也要避免货币政策过紧，导致全社会信用收缩，金融存量债务兑付压力过大。目前，PMI下行预示宏观经济下行压力增大，企业利润空间进一步被挤压，生存压力增大，需要进一步推进、落实减税、降费和降低企业融资成本，保持流动性适度充裕在总量上具有必要性。

二是体现在结构上。PMI中小企业各项指数表明，小企业经营压力并未明显缓解，解决好民营企业和小微企业信贷支持和直接融资问题，仍是现在最重要的任务。央行通过定向降准工具，引导降准资金流向民营、小微企业等普惠领域，实现精准滴灌；通过再贷款、再贴现等工具精准有效地支持"三农"，支持扶贫，支持小微企业；通过TMLF，以优惠利率对金融机构支持民营和小微企业提供长期流动性等。5月30日，中国人民银行行长易纲表示中国人民银行将与相关部门一起，积极配合，确保实现国

有大行小微企业贷款余额增长30%以上、小微企业信贷综合融资成本降低1个百分点的目标。

三是体现在现实需求上。根据Wind数据统计，6月有6100亿元中国人民银行逆回购到期，另有6630亿元MLF（中期借贷便利）到期，到期资金合计12,730亿元，集中在中上旬；6月有17,259亿元同业存单到期，比5月多出近3000亿元；若再叠加上地方政府债券发行和金融机构MPA考核，市场利率被进一步推高的概率增大，流动性适度充裕的必要性也在进一步提升。

三、流动性适度充裕的政策工具选择

从货币政策工具组合来看，公开市场投放和结构性工具是央行流动性充裕的两个抓手，若贸易摩擦升级的负面影响增大，降准甚至降息也将成为政策选项。

（一）公开市场投放是常规操作

从市场流动性来看，6月、7月和8月将有6630亿元、6905亿元和5320亿元陆续到期，逆回购TMLF续作是保持流动性合理充裕的常规操作。中国人民银行5月底实现净投放4300亿元，创逾四个月单周最大规模净投放；6月6日又在到期的4630亿元MLF等量续做的基础上，对中小银行开展增量操作，总操作量5000亿元。

（二）以结构性工具进行金融供给侧改革

"定向降准"、再贷款、再贴现、TMLF是结构性工具。为加强金融对实体经济，尤其是民营和小微企业的支持力度，通过运用结构性政策工具，疏通货币政策传导机制，引导降准资金流向民营、小微企业等普惠领域。例如，从5月15日开始，中国人民银行对聚焦当地、服务县域的农村商业银行实行8%的存款准备金率，建立了"三档两优"的存款准备金率政策框架，在总量稳定的基础上进行结构性调整，持续深入推进金融供给侧改革。

（三）"降准"和利率调整将取决于贸易摩擦的影响程度

从中长期来看，"降准"和利率调整也纳入了政策工具选项，中国人民银行行长易纲6月7日曾表示，如果中美贸易摩擦升级，中国有足够的政策空间来应对，包括调整利率和存款准备金率。不过，在"两轨并一轨"的利率市场化改革过程中，中国人民银行货币政策操作利率下行引导货币市场利率下降后仍难以传导至信贷市场利率下降，是慎用选项。

四、预计资本市场将存在一定配置机会

从库存周期上看，关注被动去库存周期的投资机会。被动去库存阶段，主要是反

映经济复苏，需求开始好转。由于企业受上一周期库存积压影响，仍然处于去库存之中。随着需求持续好转，企业由被动去库存开始转入主动补库存，库销比维持低位，经济进入繁荣阶段。从资产配置角度，由被动去库存转入主动去库存阶段，企业盈利状况出现改善，对股票市场形成基本面支撑。目前，虽然被动去库存仍处于早期阶段，但随着基建持续落地，以及减税降费和支持小微企业等政策的持续发力，企业基本面改善的前景仍趋于乐观，关注被动去库存周期中的资本市场投资机会。

从利率水平看，债券市场存在配置机会，在经济下行压力下，降低企业融资成本，支持民营和小微企业，不支持过高的市场利率。从近期中国人民银行公开市场操作来看，5月27—30日累计净投放4300亿元。随着短期市场资金供求紧张、缺口增大，中国人民银行增加净投放的力度也可能增强。叠加上中国债券正式纳入彭博巴克莱债券指数等因素，众多大型机构买方客户开始大力加仓国债和政策性金融债。

从估值上看，A股回调重回价值区间。2019年年初至4月，在经历了三个多月的上涨后，A股已经达到历史中游偏上的水平，由估值修复引导的A股上涨告一段落。经过两个多月的调整，A股回调重回价值区间，迎来配置机会，由估值修复引导的上涨过渡到基本面改善驱动。从国际上来看，上证综指市盈率为13倍，低于美国道琼斯股票指数19倍、法国CAC40股票指数19倍、日经225股票指数16倍、德国DAX30股票指数16倍、英国富时100股票指数17倍。

（执笔人：杨晓东）

新的 LPR 形成机制对信托市场的影响*

2019 年 8 月 17 日上午中国人民银行公告决定改革完善 LPR（贷款市场报价利率）形成机制，并于 8 月 20 日首次发布新的 LPR。在全球货币走向宽松的条件下，新的 LPR 将在货币政策结构性调整和降低实体经济融资成本方面发挥积极作用，对信托市场也将产生深远影响。

一、新 LPR 形成机制对信托市场基准收益的影响

根据中国人民银行的公告，新的 LPR 形成机制采取一年期 MLF 加点的方式进行报价，贷款市场报价利率报价行类型在原有的全国性银行基础上增加城市商业银行、农村商业银行、外资银行和民营银行，由 10 家扩大至 18 家，并定期评估调整。

新 LPR 形成机制对实现利率并轨具有积极作用。总的来看，新 LPR 将市场利率与实体经济贷款利率联动，有助于进一步疏通中国人民银行政策利率向市场利率和信贷利率的传导，对利率市场化改革也具有积极的意义。8 月 20 日报价实施首日，1 年期 LPR 为 4.25%，比原来基准利率降了 10 个 BP，比此前的 LPR 降了 6 个 BP，5 年期以上 LPR 为 4.85%。

汇率市场弹性空间更大。2019 年以来，受经济下行压力影响，全球先后有 20 多个经济体宣布降息。8 月 1 日，美联储宣布降息 25 个 BP 更是将本轮降息推向高潮。8 月 14 日，美国 10 年期国债收益率突破 2% 的关口，自 2007 年以来首次降至 2 年期国债收益率下方，加剧了市场对美国经济衰退的担忧；从欧洲的情况来看，德国第二季度经济出现负增长，10 年期国债利率降至 -0.69%，创下历史新低，引发了欧洲经济衰退的恐慌；日本 10 年期国债利率降至 -0.23%，距离 2016 年 -0.3% 的历史最低点仅差 7 个 BP。全球经济下行压力增大，多数国家货币走向宽松，对中国经济悲观预期与人民币过度贬值压力基本消退。从市场来看，8 月 5 日在岸和离岸人民币兑美元汇率双双跌破 7 元心理关口以来，市场并未出现大的震荡。伴随着货币政策外部压力的缓解，货币政策操作空间更大，"7" 也将不再是外汇市场的"魔咒"，汇率市场弹性空间更大。

---

* 本文写于 2019 年 8 月。

信托产品基准收益可能会进一步下行。信托公司信托业务资金来源于市场化募资，贷款业务也主要取决于资金成本和风险溢价等因素，市场化程度均较高。若以 LPR 方式引导贷款资金利率下行，信托公司贷款利率也必将随着整体市场利率水平的变化同步下行。此前，受 2015 年中国人民银行多次降息、降准的影响，无论是银行理财产品还是集合信托产品收益率均出现较大幅度的下行。据用益信托网的统计，2015 年 2 月至 2017 年 2 月两年间，集合信托平均收益率由接近 9.5%，下跌至接近 6%，平均下降了约 3.5 个百分点。

二、新 LPR 形成机制对信托市场融资业务的影响

新 LPR 形成机制有助于降低实体经济融资成本。2019 年 8 月 16 日，国务院常务会议部署运用市场化改革办法推动实际利率水平明显降低和解决"融资难"问题，其中一项即为"改革完善贷款市场报价利率形成机制"，带动贷款实际利率水平进一步降低，会议还提出要多种货币信贷政策工具联动配合，确保实现年内降低小微企业贷款综合融资成本 1 个百分点。由此可见，LPR 被赋予了降低企业实际利率的重要任务。2019 年年初，中国人民银行货币政策司孙国峰司长曾表示，从当下纾困小微、民企融资难、融资贵的环境看，贷款基准利率的并轨目前更为迫切，要发挥现有的贷款参考利率与中国人民银行政策利率紧密联系。目前，1 年期金融机构贷款加权平均利率在 4.35%，下浮 10%（即 3.35%）是市场贷款利率下限。新 LPR 机制的实施，有助于进一步疏通中国人民银行政策利率向市场利率和信贷利率的传导，并倒逼商业银行进行改革，增强风险管控与定价能力，优化自身资产负债结构。

不过，新的 LPR 形成机制也存在一些缺陷。一是各家银行基本采取 FTP（内部资金转移定价）加成的方法确定贷款价格，影响因素主要有资金成本、业务成本和风险溢价等因素。其中，存款和同业负债决定资金获取成本，但存款主要参考基准利率而非货币市场利率。在新的 LPR 实施后，影响商业银行 FTP 定价的仍然是存款基准利率和货币市场利率两条线。二是市场利率波动较为频繁，MLF 与市场利率相比较为稳定，不能完全反映市场利率波动。此外，LPR 改革后，商业银行的风险定价能力也将接受考验，对于信息不对称的小额、零散、短期贷款指导意义不强。

信托市场房地产融资业务短期影响最大。从信用派生的角度看，房地产行业在信用派生中具有放大器的作用，能够放大基础货币的投放，其途径主要有房地产企业以加杠杆方式获得土地，房地产以土地作为抵押继续获得融资，以及居民以加杠杆方式购买商品房等途径。2019 年 5 月以来，房地产融资不断收紧，监管部门陆续出台了一系列限制政策，房地产企业融资难度不断加大。从房地产企业拿地情况来看，截至

2019年7月,全国土地成交价款出现断崖式下滑,累计同比降低27%。房地产融资的收紧,房地产行业信用扩张的功能受到限制,一方面避免了由于货币政策宽松造成信用加速扩张引发资产价格泡沫,另一方面在一定程度上限制了房地产行业对信贷资源的挤占,有助于降低社会资金成本。

三、新LPR形成机制对信托市场投资业务的影响

新的LPR形成机制将开启利率下行周期。回顾2018年,受国内经济去杠杆影响,经济下行压力增大,叠加美联储加息和中美贸易摩擦的影响,人民币贬值压力较大。若人民币出现过度贬值将会造成资金恐慌性外流,进一步冲击国内经济,以至于货币政策宽松空间有限。在中国人民银行逆周期政策的努力下,虽多次出现破"7"险情,但最终均力挽狂澜,人民币全年贬值5.04%,幅度小于2015年和2016年。随着外部压力的减退,新的LPR形成机制在降低企业融资成本的同时,将开启利率下行周期。

利率下行周期,资产配置仍是主线。根据中国人民银行的数据,2019年7月末,M2余额191.94万亿元,同比增长8.1%,增速比上月末和上年同期均低0.4个百分点;7月社会融资规模增量为1.01万亿元,较上年同期少2103亿元。虽然M2增速下降,但AA产业债信用利差并未出现明显上行趋势,这也表明货币政策未有收紧的趋势。信托公司在利率下行周期中,信贷业务利差可能被压缩,贷款利率将随市场利率同步降低,市场吸引力下降。同时,资产配置业务需求提升,以股票、债券和黄金等作为投资标的的配置类业务吸引力将不断提升。

大力发展资本市场业务是信托公司财富管理业务重要突破方向。2018年4月以来,一年期MLF长期稳定在3.30%,实施新LPR机制后,最直接的降低企业融资成本的方法即降低MLF资金利率,通过新的报价机制以带动贷款利率下行。此外,中国人民银行还可以通过降准、定向降准、以降准置换MLF、TMLF以及再贷款、再贴现等结构性工具为市场提供充裕的流动性,同时引导资金加强对实体经济,尤其是民营和小微企业的支持力度。2019年从7月的数据情况来看,降准、以降准置换MLF操作的可能性进一步提升。从短期来看,利率下行、企业融资成本的降低有助于改善盈利状况,降低信用风险溢价,有助于提升股市和债市的表现。从资本市场的角度,若以调降1年期MLF利率,或者通过货币适度宽松引导综合负债成本下行则对股市形成利好。大力发展资本市场业务,提升主动管理能力和资产配置能力将是信托公司顺应市场变化的重要突破方向。

(执笔人:杨晓东)

全球货币宽松对金融市场及信托业务的影响分析*

2019年以来，受全球经济放缓、英国脱欧和中美贸易摩擦加剧等因素的影响，多数国家采取降息等宽松货币政策应对经济下行风险，欧美等发达国家和地区的加入，更是将此轮全球货币宽松推向高潮。从次贷危机以来欧美国家和地区的情况来看，货币政策宽松对提振经济的边际效用逐步衰退，但有助于提升股票与债券价格。外部环境宽松减轻了国内政策压力，货币政策保持稳健中性，推动利率并轨、降低企业融资成本有助于改善企业盈利状况，资本市场业务存在配置机会。

一、经济增速放缓，全球步入宽松周期

在当前经济增速放缓的条件下，全球步入宽松周期。2019年以来，包括印度尼西亚、澳大利亚、韩国等多个国家和地区相继降息，美联储降息则加快了这一节奏。8月1日，美联储将联邦基金利率目标区间下调25个基点至2%—2.25%，自2008年年底以来首次降息，并结束缩表；9月8日，美联储再次将其基准利率下调25个基点至1.75%到2%的目标区间。9月12日，欧洲央行将欧元区隔夜存款利率下调10个基点至-0.50%，并从11月1日起，以每月200亿欧元的速度重启资产购买计划，且未设截止日期。而日本央行自2016年1月实施负利率政策至今未进行调整。

全球经济增速放缓是本轮宽松周期的主要原因。次贷危机后，美国的复苏带动了全球经济的回暖。2018年，全球经济实现3.7%的增长，达到了2008年金融危机后增长的最高点。不过，人口增速放缓、技术进步短期内难以寻求突破，导致经济增长下行压力增大。随着2018年特朗普政府减税政策效果的衰退，美国经济出现下行迹象。同时，中美贸易摩擦加剧、英国脱欧等不确定性事件又进一步造成了负面影响。全球经济增速放缓叠加不确定因素干扰，2020年经济增速还可能进一步下行。

二、全球货币政策宽松将提升资本市场表现

政策宽松具有特定的历史背景。2008年以来，"量化宽松"成为欧美等发达国家和地区频繁使用的非常规货币政策，比较有代表性的如美联储多次购买国债、机构债和抵押债，欧洲央行OMT（直接货币交易计划）操作，日本央行的QQE（定性和定量

---

* 本文写于2019年9月。

宽松）等。依靠非常规的货币政策，美联储缓解了次贷危机造成的流动性危机，使经济逐步复苏。欧盟则通过购买主权债券对债务国予以支持，成功帮助各债务国走出衰退，经济在2013年开始回升。2013年4月、2016年1月，日本央行先后推出量化质化宽松和负利率政策后，日本出口增加，经济复苏，但2%的通胀目标仍未实现。

政策宽松对经济增长的效果逐步减弱。从2008—2015年，美联储资产负债表由9000亿美元扩张到4.5万亿美元，美国经济在2009年第三季度后开始恢复正增长。但自2015年年底美联储开启加息进程和缩表后，经济重新面临衰退压力。虽然特朗普政府在2017年推行了大规模减税计划，但政策效果持续时间有限，美国经济重新面临下行压力；欧洲央行自2015年开始进行每月规模在600亿—800亿欧元资产购买计划，从2014年年底开始到2018年年底结束，欧洲央行持有的证券资产规模累计增加约2.6万亿欧元，力度前所未有，但对经济刺激的政策效果远小于2011—2013年的小规模QE（量化宽松），通胀虽然上行，但CPI（消费者物价指数）一直徘徊在2%以下；日本在实施负利率和QQE政策后，又将收益率曲线控制政策纳入政策组合，以达到刺激经济实现通胀目标的目的，但经济增速仍然较为缓慢。

政策宽松将提升资本市场表现。从美国的情况来看，美联储提供充裕的流动性使市场风险溢价下降，企业通过债券市场获得低成本融资，缓解了银行信贷投放的不足，企业盈利状况改善，再投资意愿较强，并通过并购、回购等金融市场活动，推助了股价上涨，走出了10年的牛市；欧洲的情况与美国略有不同。根据中信证券的统计，2015年欧洲央行开启资产购买计划之后，欧元区权益资产和债券资产的净流出速度开始加快，其中债券资产的净流出规模远大于权益资产，而且从持续时间来看，债券市场的净流出规模持续的时间也更久。其原因主要是QE购买各国国债后并未促进相应的财政开支，并推助了债券和优质资产的价格，导致资金流入更为安全的市场，但权益指数总体呈上涨趋势。

政策宽松难以从根本上解决经济增长问题。虽然原因各异，但美国、欧洲、日本经济增速放缓的情况趋同。宽松的货币政策可以在短期内延缓经济放缓速度，但难以改变放缓的趋势，同时会出现资金空转风险，加剧资产价格泡沫。一般而言，货币政策宽松有利于股市、原油等风险资产，黄金价格也会出现上扬。在欧洲宣布降息后，欧洲股市多以上涨收盘。但美联储宣布降息后，美股和黄金同时出现了盘中跳水，美国国债短时间内遭遇抛售，美元指数盘中急升。这表明货币宽松程度并未达到市场投机需求的预期，资产价格短期出现波动。

三、国内资本市场有望在外部宽松环境下受益

完善货币政策传导机制，降低实体经济融资成本。新 LPR 将市场利率与实体经济贷款利率联动，有助于进一步疏通中国人民银行政策利率向市场利率和信贷利率的传导，对利率市场化改革也具有积极的意义。按照最新的 LPR 报价，与企业短期经营相关的 1 年期 LPR 为 4.20%，较上月下降了 5 个基点；5 年期以上品种报 4.85%，与上月持平。考虑到住房按揭贷款利率主要与 5 年期以上 LPR 挂钩，由于房地产调控需要，该期限 LPR 利率保持不变。

汇率下行压力不大。2019 年 8 月 5 日，在岸人民币、离岸人民币兑美元双双跌破"7"这一心理关口。不过，根据国家外汇管理局的数据，8 月银行结售汇小幅逆差 54 亿美元，环比下降 12%，同比下降 64%；8 月末为 31,072 亿美元，环比增加 35 亿美元。这表明，在全球宽松条件下，汇率突破心理关口并未出现恐慌性购汇行为，汇率市场弹性空间更大。

国内资本市场有望在外部宽松环境下受益。在全球货币宽松条件下，部分投资资金外溢，寻求安全和具有投资潜力的市场。目前，无论是全球型还是新兴市场型基金，其投资组合中中国股票的权重此前还都偏低。根据摩根士丹利的估算，随着明晟指数和富时罗素指数的扩容，2019 年全年净流入 A 股外资规模约为 400 亿—700 亿美元。此外，随着一系列扩大金融对外开放措施的实施，QFII（合格境外机构投资者）和 RQFII（人民币合格境外机构投资者）投资额度限制被取消，A 股投资的吸引力和便利性不断得到提升。

四、信托公司需关注资本市场业务机会

信托公司需关注资本市场业务机会。从短期来看，利率下行、企业融资成本的降低有助于改善盈利状况，降低信用风险溢价，有助于提升股市和债市的表现。从资本市场的角度，通过货币政策适度宽松引导综合负债成本下行则对股市形成利好。在利率下行周期中，信贷业务利差可能被压缩，贷款利率将随市场利率同步降低，市场吸引力下降。同时，资产配置业务需求提升，以股、债和黄金等作为投资标的的配置类业务吸引力将不断提升。

信托公司需关注优质政信业务机会。虽然短期内经济仍有下行压力，但减税降费、提前下达新增专项债限额有助于降费降低企业经营成本，托底经济，为稳增长奠定基础。据国家税务总局统计，2019 年 1 月至 6 月，全国累计新增减税降费 11,709 亿元，其中当年新出台减税政策共计减税 5065 亿元；2019 年新增地方政府专项债务限额

2.15万亿元。6月，国务院办公厅印发的《关于做好地方政府专项债券发行及项目配套融资工作的通知》中，允许将专项债券作为符合条件的重大项目资本金将进一步放大专项债的作用，信托公司可关注优质政信业务机会。如果按照十三届全国人大常委会第七次会议决定，可提前下达的2020年新增专项债限额为12,900亿元，假设其中20%作为资本金，中性情景下可撬动的基建投资在8300亿元左右。

信托公司国际业务需注意汇率升值风险。这次人民币兑美元贬值是受中美贸易摩擦、美国对中国商品加征关税等因素的影响。在全球货币宽松的条件下，人民币并不具备大幅贬值的基础，相对其他货币还有所升值。根据国际清算银行公布的数据，2005年年初至2019年6月，人民币名义有效汇率升值38%，实际有效汇率升值47%，是二十国集团经济体中最强势的货币，在全球范围内也是升值幅度最大的货币之一。信托公司国际业务需关注中美贸易摩擦可能出现缓和后的升值所造成的汇兑风险。

（执笔人：杨晓东）

中国人民银行降准对信托市场的影响*

2019年9月6日，中国人民银行决定于2019年9月16日全面下调金融机构存款准备金率0.5个百分点（不含财务公司、金融租赁公司和汽车金融公司），并额外对仅在省级行政区域内经营的城市商业银行定向下调存款准备金率1个百分点。中国人民银行降准货币政策实际转向适度宽松，信托公司需重点关注资本市场资产配置类业务机会。

一、中国人民银行货币政策实际转向适度宽松

受国内经济下行压力和中美贸易摩擦及其他不确定性因素的影响，中小企业生存压力较大。2019年8月，PMI为49.5%，比7月小幅回落0.2个百分点，连续4个月低于荣枯线。从结构上来看，大型企业PMI为50.4%，较7月下滑0.3个百分点，仍位于扩张区间；受抢出口等因素的影响，小型企业PMI为48.6%，景气度比7月回升0.4个百分点，但位于临界点之下。

为加强支持实体经济，加强逆周期调节力度，国务院常务会议、国务院金融稳定发展委员会近期相继召开会议表示需加大宏观经济政策的逆周期调节力度，下大力气疏通货币政策传导。加快落实降低实际利率水平的措施，及时运用普遍降准和定向降准等政策工具，引导金融机构完善考核激励机制，将资金更多用于普惠金融，加大金融对实体经济特别是小微企业的支持力度。这次中国人民银行降准是对9月4日国务院常务会议政策思路的进一步落实，中国人民银行货币政策转向适度宽松。

二、降准并非大水漫灌，仍注重定向调控

根据中国人民银行的测算，此次降准释放长期资金约9000亿元，其中全面降准释放资金约8000亿元，定向降准释放资金约1000亿元。全面降准与9月中旬税期形成对冲，保持市场流动性合理充裕；定向降准主要针对省级行政区域内经营的城市商业银行，并于10月15日和11月15日分两次实施，稳妥有序释放资金。受包商银行事件影响，中小商业银行负债端压力较大，定向降准有助于降低中小商业银行负债端压力。

---

* 本文写于2019年9月。

总的来看,此次政策调节有效增加了金融机构支持实体经济的资金来源,降低银行资金成本每年约150亿元,也是完善对中小银行实行较低存款准备金率的"三档两优"政策框架的重要举措。商业银行资金成本的降低有助于降低实体经济的贷款利率;定向降准有利于促进服务基层的城市商业银行加大对小微、民营企业的支持力度。

三、降准后仍需继续疏导货币政策传导机制

新的LPR形成机制下,中国人民银行并未通过直接降息或MLF利率的方式降低企业融资成本,而是首先采取降准降低商业银行负债成本并提供充裕流动性的方式,最终将通过影响报价机制引导LPR下行达到降低企业融资成本的目的,这将是新LPR机制下货币政策传导机制的一次有益的尝试。

不过,150亿元的资金成本对商业银行的LPR报价影响较小,市场供求、风险溢价等因素在短期内难以获得较大的改变。在经济下行压力下,风险溢价较高、商业银行惜贷和企业融资意愿不强,短期内降低企业融资成本仍需与降低MLF的利率水平等政策相配合。长期来看,需继续疏通货币政策传导机制,推进利率并轨,增强资源的市场化配置。

四、货币政策调整对信托市场的影响

房地产融资仍处于收紧态势。2019年5月以来,房地产融资不断收紧,监管部门陆续出台一系列限制政策,房地产企业融资难度不断加大。从房地产企业拿地情况来看,截至2019年7月,全国土地成交价款累计同比降低27%。信托公司在利率下行周期中,信贷资源开始向头部地产企业集聚,信贷业务利差可能被压缩,市场吸引力下降。货币政策转向适度宽松的条件下,为引导资金流向实体经济,房地产融资仍将处于收紧态势,部分难以获得持续融资的中小开发商信用风险持续攀升。

关注资本市场资产配置类业务机会。利率下行、企业融资成本的降低有助于改善盈利状况,降低信用风险溢价,有助于提升股市和债市的表现。从信托公司业务策略来看,重点关注现金管理类业务和FOF/MOM(基金中的基金/管理人的管理人)配置类业务。FOF/MOM配置类业务通过精选投顾和多元化配置方式,以达到分散风险,为投资者带来长期稳定、高于平均水平投资回报的目的。在利率下行周期下,通过发力配置型业务,构建"股+债"的投资组合,有助于提升整体投资回报。

(执笔人:杨晓东)

杠杆率变化的市场影响分析*

近期,市场再次对国内宏观杠杆率是否过高展开讨论。总的来看,中国宏观杠杆率整体保持平稳且处于高位,杠杆率处于高位有其历史和现实的原因。从结构上来看,非金融企业部门杠杆率下行,地方政府杠杆率出现上行趋势,居民杠杆率仍持续上行。信托公司可关注政信业务、资产证券化业务和小微金融业务等相关机会。

一、宏观杠杆率整体保持平稳且处于高位

宏观杠杆率是宏观经济某部门债务余额与名义GDP(国内生产总值)之比,代表债务存量与收入流量之比。关于中国宏观杠杆率的数据主要来源于BIS(国际清算银行)和CNBS(中国社会科学院国家资产负债表研究中心)两个渠道。在一般研究中,用于国际比较采用BIS数据,若及时、准确反映中国杠杆率则采用CNBS数据。总的来看,宏观杠杆率整体保持平稳且处于高位。

(一)宏观杠杆率整体保持平稳

非金融企业杠杆率得到有效控制。在宏观杠杆率中,中国非金融企业部门杠杆率占比最大,在2008年次贷危机后,这一比率快速上升,其主要原因在于房地产和城市建设投资公司(以下简称城投)债务的提升。根据广发证券和联讯证券的研究,从2004年开始,建筑业资产负债率一直高于工业并拉动实体经济杠杆率上升;从2010年开始,房地产业资产负债率开始高于其他行业并拉动实体经济杠杆率上升,这一趋势越来越明显;从2009年年初至2016年,中国非金融企业杠杆率增幅中,近一半是由城投贡献的。随着房地产调控政策的收紧和地方政府融资的规范,非金融企业杠杆率得到有效的控制。

宏观杠杆率整体保持平稳。自2015年年底供给侧改革开启去杠杆以来,宏观杠杆率快速上升的势头被遏制,整体保持平稳。2019年第一季度,非金融部门总杠杆率为248.8%,较上一季度上升5.1%,非金融企业部门上升幅度为3.3%,这主要是受年初金融机构集中放贷和部分企业盈利能力下降等因素影响,第二季度非金融部门总杠杆率为249.5%,环比上升0.7%,数据恢复平稳。

---

* 本文写于2019年10月。

（二）宏观杠杆率仍将处于高位

GDP 增长持续放缓。名义 GDP 是宏观杠杆率的分母，近年来这一数据不断放缓，推升宏观杠杆率增大，使杠杆率出现一定的波动。随着国内经济转型的持续深入，中国经济进入提高质量、挤出水分的阶段。权威人士曾明确表示，中国经济运行不可能是"U"形，更不可能是"V"形，而是"L"形走势，"L"形是一个阶段，不是一两年能过去的。

去杠杆仍将不断深入。2018 年 7 月 23 日，《人民日报》发文："去杠杆初见成效，我国进入稳杠杆阶段"。稳杠杆不代表去杠杆的结束，而是去杠杆更加注重结构上的调整。实际上，2018 年 3 月中央财经委员会的第一次会议上就首次出现了结构性去杠杆的新提法，其用意也是为了避免引爆风险。金融供给侧改革、房地产调控的收紧，地方政府融资的不断规范均是结构性去杠杆的不断深入。同时，国务院等政府部门先后出台了一系列政策举措，加大民企融资力度。

重点防范部分企业违约风险。据相关统计，2019 年上半年，我国债券市场新增 25 家违约发行人，共涉及违约债券 59 期，到期违约金额合计约 303.39 亿元，较 2018 年下半年（31 家，84 期，585.85 亿元）有所下降。新增违约发行人基本均为民营企业，占比较上年大幅提高。

（三）宏观杠杆率处于高位有其历史和现实的原因

从 BIS 数据横向比较来看，中国非金融部门总杠杆率一直以来接近发达经济体水平，远高于新兴市场水平。2019 年第一季度中国宏观杠杆率为 259.4%，发达经济体为 259.7%，新兴市场为 190.2%。从主要国家情况来看，日本为 364.5%，法国为 301.7%，英国为 250%，美国为 247.6%。

间接融资为主是宏观杠杆率高企的主要原因。从国际比较来看，日本和中国均是间接融资为主的国家，宏观杠杆率水平均较高。从结构来看，英国和美国等直接融资较为发达的国家各部门宏观杠杆率较为平均，而中国非金融企业的杠杆率占据宏观杠杆率的绝对水平。此外，中国的国有企业承担了大量本应由社会化经营主体或公共机构承办的各种社会服务职能，次贷危机后，规模以上国有制造业企业杠杆率从 58%（2007 年）上升至 62%（2015 年）。

稳增长决定宏观杠杆率不能快速下行。在经济下行压力的情况下，提前下达地方政府债务限额、加快地方政府债券发行，经济稳增长对政府部门有加杠杆需求；同时，杠杆率快速下行将会引发资本市场动荡，股权质押作为民营企业的重要融资渠道，资产价格快速下行将使民营企业融资渠道收窄，造成更大的金融风险。

二、宏观杠杆率结构发生新变化

从宏观杠杆率的结构上来看,非金融企业杠杆率保持下行,地方政府杠杆率有所抬升,居民杠杆率持续上行,金融企业杠杆率快速下行。

(一)非金融企业杠杆率下行

非金融企业杠杆率整体呈下行趋势。随着房地产调控政策的收紧和规范地方政府举债,非金融企业杠杆率整体将呈下行趋势。从结构来看,国有企业杠杆率持续下降,私有企业杠杆率有所上升,这主要是由于经济下行、私营企业盈利能力下降所致。此外,加大逆周期调节力度,财政政策更加积极,减税、降费等有助于改善私营企业盈利状况,有助于降低私营企业杠杆率水平。

(二)地方政府杠杆率有所抬升

为对冲经济下行压力,地方政府杠杆率水平有所提升。2018年12月,全国人大常委会授权国务院提前下达2019年新增地方政府债务限额1.39万亿元,并加快地方债券发行速度。2019年第一、第二季度,中央政府杠杆率分别为16.25%和16.50%,环比增长分别为-0.28%和0.25%;地方政府杠杆率第一、第二季度分别为21.42%和22%,环比增长分别为1%和0.58%。

(三)居民杠杆率持续上行

2019年第一、第二季度,居民杠杆率分别为54.28%和55.30%,环比增长为1.08%和1.02%,虽仍保持持续上行趋势,但幅度较2016年已大幅放缓,这与房地产调控政策密切相关,从占比来看,住房贷款在居民贷款中占54%左右。同时,随着严控消费贷违规流入楼市和P2P(点对点网络借款)暴雷,居民杠杆率快速上行的趋势不断被遏制。

(四)金融部门去杠杆已告一段落

金融去杠杆工作已告一段落。从2008—2013年影子银行的快速兴起,到2014—2016年金融机构杠杆率的快速膨胀,金融机构系统性风险快速攀升。2016年8月,中国人民银行重启14天逆回购操作后,又提高了国库存款定存利率,开启了金融去杠杆序幕;2017年3月开始,原银监会出台了一系列监管文件,开始检查银行业的种种行业乱象与监管套利;2018年4月27日《关于规范金融机构资产管理业务的指导意见》(以下简称"资管新规")的颁布实施则正式开启了统一监管的时代。金融部门杠杆率快速下行表明金融体系系统性风险攀升的状况被遏制,政策只需严格执行,但无需加码,所以中国人民银行在2018年5月发布的《2018年第一季度中国货币政策执行报告》中认为"金融体系控制内部杠杆取得阶段性成效"。

三、市场变化下信托业务的关注重点

从宏观杠杆率结构的新变化来看，居民部门新增消费需求，盘活企业存量资产，防范地方政府隐形债务风险是近期金融市场的关注点。

（一）关注居民部门新增消费需求

从发达国家的情况来看，随着经济水平的提升，居民杠杆率也将不断提升。2019年第二季度，发达经济体居民杠杆率为72%，新兴市场为41.60%，中国则为52.60%。总体来看，中国居民信贷参与程度不高，很多人难以从银行渠道获得贷款。CHFS（西南财经大学中国家庭金融调查与研究中心）调查的数据显示，2017年中国城镇家庭的信贷参与率仅为31.6%，而2016年美国家庭的信贷参与率为77.1%，如果将中国农村家庭统计进去，这个比例会更低。

随着经济水平的提高，居民的信贷需求仍在提升，消费金融和小微金融发展迅速，正是国内消费快速增长的另一个体现。信托公司应顺应消费迅速增长的契机，大力发展消费金融和小微金融业务，拓展多元化业务体系。同时以 Pre-ABS（资产证券化前端融资）等方式，盘活存量资产，拓展资金来源，降低业务成本。

（二）积极盘活企业存量资产

从2018年的情况来看，新增人民币贷款在社会融资规模中占比较高，但从结构上，居民贷款占比逐渐超过企业，企业短期及中长期贷款增速显著下降，贷款对实体经济的支持力度略显不足。中美贸易摩擦和2018年年底证券市场下挫，更是导致了中小企业生存困难，拓宽融资渠道，降低负债水平，盘活存量资产成为企业的现实需求。

资产证券化业务是监管部门重点鼓励的信托公司本源业务，也是"资管新规"实施后信托公司重点开展的业务方向。资产证券化业务能够有效帮助企业回笼资金、盘活存量资产、降低杠杆率和融资成本，促进经济和资本市场的协调发展。但是以往信托公司在开展资产证券化业务过程中角色较为单一，业务价值较为有限，同时却需要投入一定资源、承担 SPV（特殊目的载体）相应管理职责。持续提升信托公司资产证券化业务价值，是未来该项业务能够持续发展的重要因素。

（三）关注地方政府隐性债务风险

从 BIS 统计数据来看，中国政府债务水平为51.0%，低于发达国家的98.30%，与新兴市场的50%基本持平。CNBS 公布的政府杠杆率数据则为38.50%，负债率低于国际通行的欧盟60%警戒线，但市场更加关注隐性债务风险。从构成上来看，隐性债

务主要包括：政府部门为举债主体提供隐性担保；将公益性项目或准公益性项目纳入财政预算，由财政资金偿还；违背商业原则，具有固定支出责任的中长期财政支出等。根据联讯证券的测算，2018年地方政府隐性债务的规模可能有37万亿元，其中大部分以银行贷款和"非标"的形式存在，以城投融资平台为主体。

2018年7月23日国务院常务会议微调政府融资监管政策，在防风险框架下保障融资平台合理融资需求以后，信托公司政信业务自2018年下半年开始出现快速增长。2018年8月、9月集合基础产业信托成立规模都突破了200亿元，2018年12月更是突破400亿元。在经济下行压力加大的背景下，政府部门通过基础设施建设投资维持经济稳定增长，政信业务仍存在政策空间。不过，政信业务恢复增长的同时，需加强防范相关业务风险。相关媒体报道，今年上半年已有23款政信产品无法按时偿还贷款本息而违约（包含信托、私募基金等所有"非标"融资类产品），而2018年全年的数量仅有23款。政信业务首选经济发达区域，优选评级较高、优质的融资或担保主体，限制对经济欠发达地区或负债率较高的地区开展业务。

（四）资本市场业务存在配置机会

2019年2月以来，资本市场持续回暖，商誉、股票质押等风险因素逐步释放，市场信心逐步修复。对于科创板所带来的重大制度变革，市场也充满了期待。虽然目前资本市场面临一定的震荡和回调，但总体来看，股票市场将由估值修复引导的上涨过渡到基本面改善驱动。从企业的角度来看，新的LPR形成机制有助于降低企业融资成本，改善盈利状况，改善企业部门杠杆率水平，降低信用风险溢价，有助于提升股市和债市的表现；从资本市场的角度，宏观杠杆率总体水平保持稳定，并通过货币政策适度宽松引导综合负债成本下行对股市形成利好。在金融市场中，资产配置业务需求将会提升，以股票、债券和黄金等作为投资标的的配置类业务吸引力将不断提升。信托公司可重点关注资本市场资产配置业务，积极提升主动管理能力。

（执笔人：杨晓东）

23号文对房地产信托业务影响的探讨*

2019年5月17日晚间,银保监会发布《中国银保监会关于开展"巩固治乱象成果 促进合规建设"工作的通知》(银保监发〔2019〕23号)(以下简称23号文),引发业内的广泛关注和讨论。新的监管要求很可能对信托公司在房地产领域的展业环境造成一定影响,信托公司应该对其可能产生的影响进行分析研判,在宏观政策和经营环境的变化中寻求更多的发展机遇。

一、当前房地产信托成立情况

用益信托网显示,2019年前4个月房地产投向的集合信托产品成立规模为2,362.62亿元,较去年同期增长17.72%,占集合信托产品成立总规模的比重为39.71%。并且,4月成立的房地产集合信托产品的平均收益率达到8.49%,处于近三年的高位。

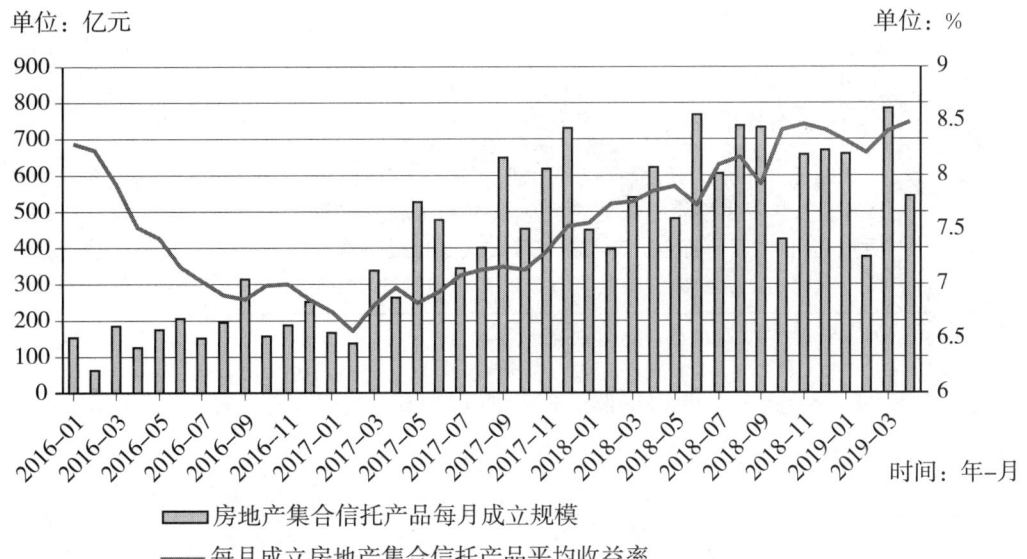

数据来源:用益信托网,中诚信托有限责任公司战略研究部整理。

图1 2016年1月至2019年4月房地产集合信托产品每月成立规模和平均收益率

自"资管新规"发布后,全行业信托规模进入下行通道,房地产信托规模却逆势

---

* 本文写于2019年5月。

增长；同时，在"房住不炒"等调控基调下，社会资金通过信托"渠道"大批涌入房地产行业。23号文在这种背景下出台，无疑是监管部门对一贯政策的大力配合以及对行业的警示和引导。且这次监管力度大、涵盖面广、细化程度高，很可能会在一定程度上遏制房地产信托规模的增长态势。

二、23号文中有关房地产领域的主要内容

23号文旨在夯实整治乱象工作的思想根基，巩固过去整治乱象工作成果，因而多数内容要求和2017年的"三三四十"（三违反、三套利、四不当、十乱象）系列检查及《关于进一步深化整治银行业市场乱象的通知》（银监发〔2018〕4号文）差异不大。与往年不同的是，23号文的针对性更强：针对银行机构及覆盖信托、保险、金融租赁等其他非银行金融机构，都提出了相应具体要求；同时，这次监管要求也相当细化，既是对以前监管政策的总结梳理，又列举出一些典型的违规业务类型。其中，房地产依然是被重点监管的行业，在房地产"宏观调控政策执行"方面的表述如表1。

表1 23号文中有关房地产宏观调控政策执行的表述

相关机构	23号文中有关房地产宏观调控政策执行的表述
银行	表内外资金直接或变相用于土地出让金融资；未严格审查房地产开发企业资质，违规向"四证"不全的房地产开发项目提供融资；个人综合消费贷款、经营性贷款、信用卡透支等资金挪用于购房；资金通过影子银行渠道违规流入房地产市场；并购贷款、经营性物业贷款等贷款管理不审慎，资金被挪用于房地产开发
信托	向"四证"不全、开发商或其控股股东资质不达标、资本金未足额到位的房地产开发项目直接提供融资；或通过"股权投资+股东借款""股权投资+债权认购劣后"、应收账款、特定资产收益权等方式变相提供融资；直接或变相为房地产企业缴交土地出让价款提供融资，直接或变相为房地产企业发放流动资金贷款

资料来源：中诚信托有限责任公司战略研究部整理。

此次发布的23号文，表明银保监会的严监管和高压态势仍将持续，其对房地产信托业务将产生深远影响。这次监管明确禁止各类不满足"四三二"（项目四证齐全、企业资本金达到百分之三十、开发商二级以上资质）条件的变相融资业务，直接点名如下四种模式：

（1）"股权投资+股东借款"：此类业务中的信托计划先是认购地产项目公司母公司的股权，成为项目公司的股东，然后依照行业惯例向项目公司提供股东借款，实质上是通过股东借款实现融资目的，此前已被较多地方监管部门叫停。

（2）"股权投资+债权认购劣后"：此类业务中的信托计划优先级资金以股权投资的形式进入地产项目公司，项目公司对股东借款这一债权资产认购劣后，实质上还是

构造明股实债的主债权进行融资,此种模式此前已被监管部门点名过。

(3)应收账款:房地产项目公司的上游供应商通过将对项目公司的应收账款转让给信托计划进行融资。这类融资的融资主体实际上不是房地产企业,而是产业链条中的上游供应商,很多都是中小民营企业。这一业务模式的违规点有两个:一是和上游供应商的贸易真实性;二是上游供应商融资后资金不能回流。

(4)特定资产收益权:信托计划受让房地产项目的收益权,往往也伴随着资产抵押、质押等增信措施或者回购条款,本质上仍是融资类业务。

三、23号文对房地产信托业务可能带来的影响

(一)房地产信托业务监管可能趋严

23号文明确禁止直接或者变相为不满足"四三二"条件的房地产项目融资,并且从五个方面组织实施这次"巩固治乱象成果 促进合规建设"工作。

一是切实承担主体责任。各银行保险机构要切实承担起整治乱象和合规建设的主体责任,分级管理实行"一把手"负责制,确保责任到位、措施到位、落实到位。

二是落实属地监管责任。各银保监局要严格落实"一把手"负责制,专题研究部署,细化工作方案,扎实有序推进。

三是加强条线管理和功能监管。银行机构检查局、非银行机构检查局分别负责统筹推进银行和非银行领域的整治工作,组织实施监管检查、开展督查督导,并分别牵头开展报告汇总等相关工作。

四是做好信息共享和沟通协调。对各级监管机构和各银行保险机构的良好做法及典型经验,要加强信息共享;机构监管部和功能监管部要及时沟通交流相关整治工作进展及成效。

五是严肃监督执纪和问责处理。深入整治金融乱象背后的利益勾结和关系纽带问题,对银行保险机构违法违规人员要加大问责力度,对乱象整治工作中不作为、不担当、不重视、不深入,造成不良影响或严重后果的,依照有关规定进行严肃追责。

这次监管工作不但提出了具体详尽的监管内容,而且制定了非常翔实的组织实施措施,同时对工作不到位的单位或个人进行严肃查处。由此可见此次整治工作执行力度之大、监管决心之强。

(二)预计房地产业务由前端融资向股权投资转型

信托公司开展"四三二"房地产项目贷款业务,具有先天的劣势——资金成本高,在与银行机构竞争中处于下风,因此需要在房地产项目前融阶段布局业务。在23

号文影响下，目前只有股权投资模式在前端融资阶段是完全合规的。在近年地产融资政策逐渐收紧的大环境下，信托公司也在积极探索地产股权投资模式。但市场上"明股实债"项目多，真实股权投资项目较少，信托公司对股权投资推行力度上与传统债权项目还有较大差距。如前所述，本轮监管政策是重实质而轻形式，继续推行"明股实债"的前端融资模式无疑是与监管要求相悖的。同时，房地产商的融资需求也越来越多元化。因此，信托公司必须加快向股权投资模式的转型，以适应新的监管背景和市场形势。

从房地产股权投资实践经验来看，当下信托公司仍然面临诸多挑战。

（1）资金来源：资金端，信托行业打破"刚兑"需要拥有强大的营销能力，目前信托行业绝大多数存量客户依然偏好固收类产品。真实股权投资需要长线资金，并且要打破投资者固定收益的观念，培养股权投资偏好的客户群体。这方面储备较弱或转型较慢的信托公司很难开展此类业务。

（2）风控观念：大多数信托公司的风控观念依然停留在债权投资的思维逻辑中，在操作无任何抵押、质押增信的股权投资项目时不能提出有效的风控手段，需要信托公司投入更多的精力和资源来进行学习和探索。

（3）业务经验：在尽职调查、产品结构设计、投后项目管理、清算退出方式等细节中如何切实地把控风险方面，整个行业的相关经验还很欠缺。

（三）推动房地产信托业务模式向多元化方向发展

目前房地产政策背景和市场行情有以下四个方面的特点：一是监管政策趋严，"资管新规"、23号文等一系列监管措施导致开展传统房地产信托融资业务的空间被大幅压缩了；二是我国房地产市场由高速发展周期过渡到稳健发展阶段，行业已不再追求量的突飞猛进，而是专注于稳健经营、控制风险；三是在打破刚兑、严控房地产金融风险的政策背景下，信托公司自身对业务的选择日趋谨慎，更倾向与头部房企合作，并选择热点地区的项目；四是自2019年年初，行业融资环境有所改善，房企融资方式有了更多的选择性，特别是头部房企，其融资需求呈现多元化发展趋势。结合以上四点分析，房地产行业政策和市场的客观改变正促使信托公司在业务模式上进行转型创新，并向着多元化方向发展，以适应房企多样化的融资需求。目前市场上已出现大量房地产供应链融资业务，如项目公司下游的购房尾款融资业务、上游的真实应收账款融资业务。同时，随着国内小微金融的发展，市场上也涌现出一定规模的房抵贷业务。另外，房地产融资租赁、房地产投资信托等新型业务模式都是值得信托公司尝试的新方向。

（执笔人：韩鸣飞）

保险资金投资集合信托监管新要求及影响*

2019年6月21日,银保监会下发《中国银保监会办公厅关于保险资金投资集合资金信托有关事项的通知》(银保监办发[2019]144号,以下简称《通知》)对保险投资集合信托提出了新要求。从内容来看,《通知》放宽了担任受托人信托公司的范围,但大幅提高了集合资金信托的质量要求,这对未来保险资金投资集合信托将产生较为明显的影响。

一、当前保险资金投资集合信托的现状

在该监管要求出台之前,保险资金投资集合信托的现状主要有两方面特点:

一是对信托公司的主体要求较高。保险资金投资集合信托计划是信保合作重要的业务领域,根据2014年保监会发布的《关于保险资金投资集合资金信托计划有关事项的通知》(保监发[2014]38号)的要求,担任受托人的信托公司应当具备近三年公司及高级管理人员未发生重大刑事案件且未受监管机构行政处罚,上年末经审计的净资产不低于30亿元人民币等条件。据媒体统计,2017年至今,已有43家信托公司收到监管罚单。由于行政处罚覆盖范围较为宽泛,使较多净资本30亿元以上的信托公司难以纳入合格的受托人范围。

二是"非标"资产的配置比重有所下行。从保险资金的运用情况来看,2016年6月以来,包含"非标"资产在内的其他投资超越债券比重,成为保险资金配置的第一大类资产。但是从2018年以来,受宏观因素以及"资管新规"等影响,保险资金在其他投资方面的配置占比略有下滑,从2018年年初的39.55%下降至9月的37.82%。截至2019年5月底,保险资金其他投资为6.55万亿元,占比回升至38.45%,仍低于2018年年初的水平。

二、保险资金投资集合信托的新监管要求

《通知》对保险资金投资集合信托的新监管要求,主要体现在以下三个方面。

(一)放宽了信托公司准入的主体资格

《通知》对信托公司的准入范围进一步放宽,规定合格的受托人需近一年公司及高级管理人员未发生重大刑事案件,未受监管机构重大行政处罚。根据《中国银监会行政处罚办法》(银监会令[2015]8号)的规定,对银行业金融机构和其他单位作

---

* 本文写于2019年7月。

出较大数额的罚款包括：银监会作出的 500 万元以上罚款；银监局作出的 100 万元以上罚款；银监分局作出的 50 万元以上罚款等。《通知》对监管的行政处罚重新明确界定为重大行政处罚，并将期限缩短为一年，大大增加了可选信托公司的范围。上年末经审计的净资产不低于 30 亿元人民币的要求则保持不变。

（二）提高了集合资金信托计划的风控要求

一是提高了信用级别。2014 年《关于保险资金投资集合资金信托计划有关事项的通知》对集合资金信托计划的信用级别要求为"固定收益类的集合资金信托计划，信用等级不得低于国内信用评级机构评定的 A 级或者相当于 A 级的信用级别"。《通知》则要求，基础资产为非标准化债权资产的集合资金信托应进行外部信用评级，且信用等级不得低于符合条件的国内信用评级机构评定的 AA 级或者相当于 AA 级的信用级别，大幅提高集合资金信托的信用级别。

二是增加了增信要求。为加强风险管理，防范系统性金融风险，《通知》要求对于基础资产为非标准化债权资产的集合资金信托，应当确定有效的信用增级安排。包括设置保证担保和设置抵押或质押担保，或者银保监会认可的其他合法有效的信用增级方式等。但不得由金融机构提供任何直接或间接、显性或隐性的担保、回购等代为承担风险的承诺。对于融资主体信用等级为 AAA 级的，若满足上年末净资产不低于 150 亿元，最近三年连续盈利，融资主体募投项目为经国务院或国务院投资主管部门核准的重大工程等三项条件可免于信用增级。

三是设置了集中度要求。《通知》要求除信用等级为 AAA 级的集合资金信托外，保险集团（控股）公司或保险公司投资同一集合资金信托的投资金额，不得高于该产品实收信托规模的 50%，保险集团（控股）公司、保险公司及其关联方投资同一集合资金信托的投资金额，合计不得高于该产品实收信托规模的 80%。

（三）明确了保险资金投资信托的合规条件

一是明确禁止通道业务。《通知》要求，保险资金投资集合资金信托应当在信托合同中明确约定权责义务，禁止将资金信托作为通道。信托公司管理资金信托聘请第三方提供投资顾问服务的，应遵守银保监会的有关规定，不得将主动管理责任让渡给投资顾问等第三方机构，不得为保险资金提供通道服务。

二是加强多层嵌套监管。若保险机构投资集合资金信托未直接投向具体资产，存在一层嵌套的，应当于投资后 15 个工作日内向银保监会报告。而此前，仅要求存在两层或多层嵌套的需向银保监会报告。这也体现了"资管新规"对去通道业务和多层嵌套的监管精神。

三是禁止保险资金投资结构化集合资金信托计划的劣后级受益权。2014 年《关于保险资金投资集合资金信托计划有关事项的通知》中，保险资金可以投资结构化集合资金信托计划的劣后级受益权，仅需投资后 15 个工作日内向监管部门报告即可。《通知》则明确要求，保险资金不得投资结构化集合资金信托计划的劣后级受益权。

三、新监管要求对保险资金投资集合信托的影响分析

（一）保险资金配置集合信托的规模将明显提升

从宏观环境看，保险资金配置"非标"资产的需求将进一步提升。从资产配置来看，债券市场收益较低，而股票市场收益不稳定，"非标"资产是保险资金增厚收益的重要渠道。而 AAA 评级主体和具有增信措施的 AA 类项目符合保险资金低风险、收益稳定的配置需求。

从政策条件看，由于《通知》扩大了信托公司的准入门槛，目前有 53 家信托公司符合保险资金投资集合信托的受托人资格要求，这与监管政策出台之前符合要求的信托公司数量相比有了大幅增加，因此可以预计，信托公司将针对保险资金的投资要求和风险偏好，量身定制相应的集合资金信托计划。保险资金配置集合信托的规模预计将有明显增加。

（二）重大基础设施项目和重大工程将成为合作重点

作为稳增长的重要手段，稳投资特别是重大项目投资一直以来被政府高度重视。以城市轨道交通为例，2018 年 11 月下旬到 2019 年年初，国家发展改革委合计审批了 10,189.42 亿元的轨道投资。重大基础设施项目和重大工程项目风险低、期限长、收益稳定，符合险资的配置特征。同时，根据《通知》要求，满足一定条件的 AAA 级融资主体，以及融资主体募投项目为经国务院或国务院投资主管部门核准的重大工程可免于信用增级；信用等级为 AAA 类的项目也不受集中度要求约束。未来，重大基础设施项目将成为合作重点，但鉴于该类项目风险小，资金需求量大的特点，信托公司相对收益水平可能会下行。

（三）提升主动管理水平是对信托公司的必然要求

《通知》明确禁止保险资金将信托作为通道，信用等级为 AAA 以外的项目集中度的要求杜绝了假集合的可能。在金融去杠杆的背景下，保险资金已经成为信托公司重要的资金来源渠道。信托公司若要吸引保险公司和其他机构资金投资集合信托，提升主动管理水平将成为必然要求。未来，信托公司必须依托自身在商业地产、证券市场等投资领域长期积累的业务资源和优势，积极发挥主动管理能力，甚至为保险机构打造定制化产品，才可能互相建立长期、稳定的业务关系。

（执笔人：杨晓东）

银行理财估值指引对信托产品估值的借鉴与要求*

为落实"资管新规"关于资管产品净值化管理和公允价值计量要求,中国银行业协会理财业务专业委员会 2019 年 8 月 5 日发布《商业银行理财产品核算估值指引(征求意见稿)》。该意见稿首次系统地提出"非标"债权类资产的估值原则和方法,进一步发展了我国资管产品的估值标准体系,对"非标"信托产品估值也具有重要的指导意义。

一、我国资管产品估值标准体系概况

中国证券投资基金业协会是资管产品估值标准制定的先行者,目前搭建了较为完整的基金估值标准体系。基金业协会从 2005 年起,从公募基金估值标准入手,逐步扩展到资管行业,建立了完整的会计核算和估值业务指引体系,各类产品估值指引汇集成《中国基金估值标准(2018)》,涵盖固定收益类、权益类和衍生金融产品,包含六大类十一项投资标的。2018 年以来,基金业协会先后发布非上市股权投资、信用衍生品、转融通证券出借业务估值指引,进一步丰富了估值资产类型。

中国证券业协会在参考基金业协会针对基金估值的相关规定的基础上,于 2018 年 9 月发布《证券公司金融工具估值指引》《非上市公司股权估值指引》《证券公司金融工具减值指引》三份文件,对证券公司及子公司持有金融工具和非上市公司股权估值提供了明确指引,并首次对建立预期信用损失模型计量金融工具减值损失提供详细指导。

此次,《商业银行理财产品核算估值指引(征求意见稿)》,结合银行理财业务特点,明确了银行理财关于标准化投资品、非标准化债权类资产、非上市公司股权、金融资产减值等方面的估值原则与方法。

---

* 本文写于 2019 年 8 月。

表1 我国资管产品估值标准体系

发布机构	估值标准	涵盖资产类型	应用范围
中国证券投资基金业协会	《中国基金估值标准(2018)》，含基金估值业务指导意见、会计核算业务指引、具体资产的会计核算及估值指引等17份文件	股票、港股通、流通受限股票、国债预发行、固定收益品种、同业存单、股指期货、国债期货、基金中的基金、黄金ETF（交易型开放式指数基金）和联接基金、非上市股权等11项投资标的	适用于公募基金估值；证券资管、基金专户、期货资管等其他资管产品可参照执行
中国证券业协会	《证券公司金融工具估值指引》《非上市公司股权估值指引》《证券公司金融工具减值指引》	证券公司持有的股票、固定收益品种、资产管理产品、非上市公司股权、其他金融资产、金融负债金融工具减值	证券公司以公允价值计量的金融工具估值；证券公司及境内子公司持有的非上市公司股权的估值
中国银行业协会	《商业银行理财产品核算估值指引（征求意见稿）》	标准化投资品、非标准化债权类资产、非上市公司股权金融资产减值	银行理财产品

资料来源：中诚信托有限责任公司战略研究部整理。

二、银行理财估值指引对资管产品估值标准体系的发展

银行理财估值指引在基金估值指引、证券公司金融工具估值指引的基础上，进一步发展了我国资管产品估值标准体系，主要体现在以下几个方面。

（一）首次提出"非标"债权类资产估值方法

根据"资管新规"，封闭式资产管理产品且所投金融资产以收取合同现金流量为目的并持有到期，或者所投金融资产暂不具备活跃交易市场、无法采用适当的估值技术可靠计量公允价值的，可使用摊余成本法计量。

银行理财估值指引进一步提出，对"非标"债权类资产采用公允价值计量的，可用现金流折现法或其他有充足证据表明能够准确估值的方法进行估值。管理人应对债务人财务状况进行考察和评估，估算能从债务人以现金方式直接收回的本金和利息。当预计债务人将出现不能按合同约定进行本金或利息还款时，还应评判其担保措施等因素对现金流回收的影响。银行理财产品管理人还应当对产品实际兑付时"非标"债权资产价值与持有期间的公允价值估计之间的重大差异予以关注并进行分析。

（二）明确金融资产减值计提及披露要求

银行理财估值指引对金融资产减值从四方面作出规定。一是资产减值计提原则，理财产品管理人以逐笔业务预期信用损失为基础，对以摊余成本计量的金融资产和以

公允价值计量且其变动计入其他综合收益的金融资产进行逐笔、差异化的减值计提，进行会计处理并确认损失准备。二是减值计提频率，在理财产品报告日和产品开放日前应对该类资产进行减值计量。三是减值估值方法，可根据第三方估值机构提供参数估值、采用预期信用损失模型估值以及综合考虑现金流折现和预期信用损失估值。四是信息披露，管理人应在年度报告和半年度报告中披露每类金融资产减值准备的期初余额、本期计提、转回、转销及其他变动的金额和期末余额等信息。

（三）创新"侧袋估值法"应对流动性风险

银行理财估值指引在"金融资产减值"部分提出，对无法合理评估预期风险计提减值的金融资产可采用"侧袋估值法"单独估值。即当投资组合中持有包括房产、交易量较低的债券、股票、文物、担保债务凭证、私募股权等一项或几项流动性缺失的资产，无法采用适当的估值技术对这些资产进行估值或及时变现，而将这部分资产独立于主要投资组合，在另一个账户中存放、运作和核算。侧袋账户与主袋账户独立运作和估值，资产变现或结清时，将相关资金返还对应的客户。侧袋账户资产明细和运作情况应当在理财产品年报和半年报中披露。"侧袋估值法"提高了管理人处置流动性受限资产的主动性，可避免在资产价格不利时被迫处置，对流动性受限资产估值和处置具有重要意义。

（四）进一步明确长期停牌股票、资产支持证券估值方法

对于长期停牌股票的估值方法，银行理财估值指引提出应采用估值技术确定公允价值，可采用的估值技术包括：指数收益法、可比公司法、市场价格模型法、现金流折现法、市场乘数法、重置成本法等。

对于资产支持证券［ABS（资产支持证券）、ABN（资产支持票据）、MBS（住房抵押贷款支持证券）］，采用公允价值计量的，银行理财估值指引允许采用成本估值。因其交易不活跃，未来的现金流也难以确认的，按成本估值更加适当。但管理人应持续评估上述做法的适当性，并在情况发生改变时做出适当调整。

三、对信托产品估值的借鉴与要求

"资管新规"要求对资管产品实行净值化管理，估值能力将是资产管理行业的核心竞争力。目前，尚未出台专门针对信托产品的估值指引，现有的公募基金估值标准、银行理财估值指引等对信托产品的估值操作提供了借鉴。随着资管产品净值化管理的逐步落实，信托公司应当提前做好估值管理体系建设和估值操作的准备工作，将估值工作贯穿于信托产品的全流程，顺利完成信托产品向净值型产品的转型。

（一）建立估值业务管理体系

借鉴证监会对基金公司估值业务的基本要求，信托公司为准确、及时对信托产品进行估值，应制定产品估值的业务管理制度，明确估值程序和技术；建立估值委员会，健全估值决策体系；建立定期复核机制，以确保相关处置程序和技术不存在重大缺陷；加强估值培训，确保估值人员熟悉各类投资品种的估值原则和具体程序；完善相关风险监测、控制和报告机制。

（二）完善信托产品会计核算

准确的会计核算是产品净值化管理的基础，也是估值工作的基础。尤其是以摊余成本法计量的资产，其估值工作主要是会计核算问题。基金业协会发布的基金估值指引均配有详细的会计核算规则。《商业银行会计核算业务指引》目前也正在编制中。对于信托产品估值，一方面需要发挥信托业协会行业自律组织作用，结合信托业务实际制定信托业务会计核算业务指引；另一方面信托公司自身也应提高对信托产品会计核算的重视程度，提高信托资产、负债、收入、费用核算的准确性。

（三）重视资产减值评估计提

金融资产减值评估是估值工作的重要内容。银行理财估值指引要求，管理人应对金融资产进行逐笔、差异化的减值计提，进行会计处理并确认损失准备。对此，信托公司应按照"资管新规"关于信息披露的频率，定期全面评估金融资产减值情况。为准确进行减值计提，业务团队、风险处置团队、估值团队应加强信息互通，对抵质押物合法有效性、处置难度、变现能力、变现年限以及变现费用进行评估，科学判断抵质押物可回收净现金流以计算资产净值。

（四）提升估值信息系统建设

信托产品估值对信息系统的要求较高。一方面，根据"资管新规"要求，私募产品至少每季度披露产品净值，开放式公募产品按照开放频率披露净值，封闭式公募产品至少每周披露净值，估值工作频率高，涉及的数据提取、公式计算等工作量浩大，需要借助估值系统完成；另一方面，银行、基金、证券的估值指引，对采用公允价值计量标准化金融资产，其公允价值主要依据中债金融估值有限公司、中证指数有限公司等第三方估值机构提供的价格数据估值；采用估值技术估值时，重要参数也来源于第三方估值机构发布。借助估值系统可以与第三方估值机构数据实现对接，提升估值工作的自动化水平。

（执笔人：沈苗妙）

信托受益权账户功能的比较分析及业务展望[*]

2019年7月19日，中国信托登记公司（以下简称中信登）公布了《中国信托登记有限责任公司信托受益权账户管理细则》（以下简称《管理细则》），这标志着信托业受益权账户体系建设零的突破。从功能、类型等方面比较来看，受益权账户被赋予了较高的定位，这对拓宽信托行业发展路径，促进转型发展、回归本源具有积极而深远的意义。

一、信托受益权账户功能定位较高

从改组成立时间上来看，中央国债登记公司（以下简称中债登）的中央债券簿记系统和中国证券登记公司（以下简称中证登）证券登记系统成立时间较早，分别为1996年和2001年。随后，中债登又陆续设立了银行理财登记系统（即中国理财网）、银行业信贷资产登记流转中心有限公司（以下简称银登中心）和中国信托登记系统三个业务单元。从定位与业务情况来看，信托受益权账户体系与中债登债券簿记系统和中证登证券登记系统相对标，总体要求类似，细节上略有不同。

信托受益权账户功能对标债券托管簿记系统和证券登记系统。此次中信登公布的《管理细则》，从信托受益权账户类型、代理开户机构管理、账户业务等内容来看，均是与中债登在2002年9月发布的《债券托管账户开销户规程》和2014年6月发布的《中央国债登记结算有限责任公司非法人产品账户管理规程》以及中国证券登记结算有限公司在2014年修订的《证券账户管理规则》相对标，包括信托受益权账户类型、代理开户机构管理、账户业务市场等内容，参与的主体更加多元，整体定位较高。

信托受益权账户功能高于银行理财登记系统和银行业信贷资产登记系统。银行理财登记系统系由原中国银监会同意建立的全国银行业理财产品信息披露网站，其功能定位仅为银行理财登记和信息披露，且无专门的账户管理规则；银登中心定位于信贷资产及银行业其他金融资产的登记、托管、流转、结算服务，但参与主体仅限于银行业金融机构及其授权分支机构以及银保监会同意的其他机构。2015年7月，银登中心颁布了《银行业信贷资产流转集中登记规则》后，陆续对信息披露、结算和信贷资产

---

[*] 本文写于2019年7月。

流转等业务予以规范。从账户功能上来看，信托受益权账户高于银行理财登记系统和银行业信贷资产登记系统。

二、信托受益权账户类型多元化

信托受益权账户参与主体与中证登证券账户体系更为接近。《管理细则》规定，信托受益权账户根据受益人类型可以分为自然人账户、金融机构账户、其他机构账户和金融产品账户。信托受益权账户参与主体与中证登《证券账户管理规则》更为接近。中证登规定，符合法律、行政法规、国务院证券监督管理机构及本公司有关规定的自然人、法人、合伙企业以及其他投资者，可以申请开立证券账户。证券资产托管人或资产管理人，可以按本公司规定为证券投资基金、保险产品、信托产品、资产管理计划、企业年金计划、社会保障基金投资组合等依法设立的证券投资产品申请开立证券账户。

信托受益权的账户的参与主体较中债登债券簿记系统的主体更为多元。中债登规定，可开立债券托管账户包括中华人民共和国境内的商业银行及授权分行、信托公司、企业集团财务公司等，以及经金融监管当局批准可投资于债券资产的其他金融机构。此外，证券投资基金、全国社会保障基金、信托计划、企业年金基金等非法人产品经中国人民银行上海总部备案后也可开立账户。自然人等投资者无法开立债券托管账户。

三、信托受益权账户体系代理机构更为广泛

持牌金融机构均具备信托受益权账户代理机构的资格。《管理细则》中规定，代理机构需持有银行业监督管理机构颁发的金融许可证，或者银行业监督管理机构及信托登记公司认可的其他经营金融业务许可证。这也就意味着，持牌金融机构均有成为代理机构的资格。而中证登规定，证券账户开户代理机构为证券公司等机构，实践操作中代理机构基本为证券公司。

债券簿记系统仅有甲类户具有代理资格。债券簿记系统中设置甲、乙、丙三种债券一级托管账户，只有具备资格办理债券结算代理业务的结算代理人或办理债券柜台交易业务的商业银行法人机构方可开立甲类账户。甲类账户持有人与中央债券综合业务系统联网后通过该系统直接办理债券结算自营业务和债券结算代理业务；不具备债券结算代理业务或不具备债券柜台业务资格的金融机构以及金融机构的分支机构可开立乙类账户。乙类账户持有人与中央债券综合业务系统联网后可以通过该系统直接办理其债券结算自营业务；丙类账户持有人以委托的方式通过结算代理人在中央结算公司办理其自营债券的相关业务，不需与中央债券综合业务系统联网，乙类账户持有人

也可开立丙类账户。

四、信托受益权账户管理细则实施后的信托业务设想

以经纪业务为投资者提供服务。信托公司可作为受益权账户的代理机构为客户提供服务，包括代理开户、撮合交易、研究服务等，并获取佣金；客户则通过委托信托公司开立受益权账户，代理购买、出让市场上的信托产品。

创新交易机制提升信托产品配置功能。目前，由于合格投资者等条件的限制，信托产品转让效率较低，配置信托产品一般以持有到期为主。信托公司可作为信托受益权做市商进行撮合交易，或通过设立信托产品投资于信托受益权流转等方式提高交易效率，提升信托产品配置功能。

质押与回购提升信托产品流动性。信托产品质押融资业务中，信托产品受益人可以将信托受益权质押并获得融资；或者在回购交易中，信托产品的受益人作为正回购方，以信托受益权为标的，资金提供者作为逆回购方，回购交易过户登记由中信登负责。质押融资业务的推出，将大大丰富信托产品的流动性，增加信托产品的流动性价值。

目前，信托产品登记平台初具雏形，信托受益权账户管理制度落地，为信托产品估值核算、交易流转提供了重要的基础。但信托受益权账户管理细则落地仅是各项制度建设的开始，登记平台现有的业务仍主要局限于信托产品的信息登记。除登记体系和账户体系外，相关部门需以"资管新规"为基本准则，参照债券托管、证券投资等相关业务，构建登记托管机制，信托受益权的发行、交易、融资等多样化市场基础体系及管理制度和规则。通过规范的市场化运行，吸引各类市场主体积极参与，打造公开、透明、规范、活跃的一级、二级交易市场对信托行业的发展将具有重要的意义。

（执笔人：杨晓东）

标准化债权类资产认定规则对信托业务的影响[*]

2019年10月，中国人民银行就《标准化债权类资产认定规则（征求意见稿）》（银发〔2018〕106号，以下简称《认定规则》）向社会公开征求意见。作为"资管新规"的重要配套细则，《认定规则》进一步细化标准化债权类资产认定标准，明确标准化资产与"非标"资产界限，将为信托公司资产证券化及标准化资产投资等业务带来新的发展契机。

一、《认定规则》主要内容

（一）明确标准化债权类资产范围

《认定规则》首次明确标准化债权类资产范围，包括依法发行的债券、资产支持证券等固定收益证券，主要包括国债、中国人民银行票据、地方政府债券、政府支持机构债券、金融债券、非金融企业债务融资工具、公司债券、企业债券、国际机构债券、同业存单、信贷资产支持证券、资产支持票据、证券交易所挂牌交易的资产支持证券以及固定收益类公开募集证券投资基金等。

（二）细化标准化债权类认定条件

"资管新规"对标准化债权类资产应当同时符合的五个条件进一步细化。"等分化，可交易"要求以簿记建档或招标方式非公开发行，具有标准化的交易合同文本等。"公允定价，流动性机制完善"要求采用询价、双边报价、竞价撮合等交易方式，有做市机构、承销商等积极提供做市、估值等服务等。此外，为标准化债权类资产提供登记托管、清算结算等基础设施服务的机构，还要求纳入银行间、交易所债券市场基础设施统筹监管，相关业务遵循债券和资产支持证券统一规范安排。

（三）消除"非非标"中间地带

"资管新规"已明确标准化债权类资产之外的债权类资产均为非标准化债权类资产。《认定规则》在《关于规范商业银行理财业务投资运作有关问题的通知》（银监发〔2013〕8号）提出"非标"资产范围的基础上，进一步明确当前市场上的"非非标"资产属于"非标"资产，包括银行业理财登记托管中心有限公司的理财直接融资工

---

[*] 本文写于2019年10月。

具，银登中心的信贷资产流转和收益权转让相关产品，北京金融资产交易所有限公司（以下简称北金所）的债权融资计划，中证机构间报价系统股份有限公司（以下简称中证报价系统）的收益凭证，上海保险交易所股份有限公司（以下简称保交所）的债权投资计划、资产支持计划等均为"非标"资产。

（四）明确过渡期安排

为了推动市场平稳过渡，《认定规则》提出在过渡期内保持对存量资产的监管要求不变，即在"资管新规"过渡期（至2020年年底），"未被纳入本规则发布前金融监督管理部门非标准化债权类资产统计范围的资产"（主要为"非非标"），可豁免"非标"资产投资的期限匹配、限额管理、集中度管理、信息披露等监管要求。但是对于《认定规则》发布后新增的"非非标"，则不予以豁免。

二、《认定规则》对信托业务的影响

（一）信托公司相关通道业务边际影响有限

由于《关于规范商业银行理财业务投资运作有关问题的通知》已经对"非标"债权类资产做了界定。因此，这次《认定规则》影响的主要是"非非标"类资产，即银行理财直接融资工具、银登中心信贷资产流转和收益权转让、北金所债权融资计划、中证报价系统收益凭证、保交所债权计划及资产支持计划等。据业界估计，目前上述"非非标"债权类资产的市场存量规模在2万亿—3万亿元之间。其中银登中心信贷资产流转和收益权转让、北金所债权融资计划规模相对较大，信托公司在这些"非非标"资产形成中扮演通道角色。由于"资管新规"发布以来新增上述"非非标"规模显著减少，因此对信托公司涉及上述"非非标"的通道业务的边际影响有限。

表1 各类"非非标"资产规模估计

资产类别	规模估计
银登中心信贷资产流转和收益权转让	2017年银登中心完成信贷资产流转1.5万亿元。"资管新规"发布后，这一规模有所减少，根据各券商估计，目前规模在5000亿元至1万亿元不等
北金所债权融资计划	起步于2017年，截至2019年上半年累计挂牌7,921.81亿元，以3年期为主，目前估算存量规模7000亿元左右
中证报价系统收益凭证	证券业协会数据显示，2019年1—8月累计发行规模4996亿元
保交所债权计划及资产支持计划	中国保险资产管理业协会数据显示，截至2019年8月，累计注册规模2528亿元
银行理财直接融资工具	2013年开始试点，2018年年底规模约2500亿元

资料来源：财新网。

(二) 部分现金管理产品受期限匹配要求影响

根据"资管新规",资管产品投资"非标"债权类资产应当遵守期限匹配要求。具体为:资产管理产品直接或者间接投资于非标准化债权类资产的,非标准化债权类资产的终止日不得晚于封闭式资产管理产品的到期日或者开放式资产管理产品的最近一次开放日。由于"非标"资产收益率相对较高,部分信托公司现金管理产品配置"非标"转"非非标"资产,可以提高产品收益水平,提高市场竞争力。这些资产被认定为"非标"资产后,由于资产期限较长(普遍1年以上),而产品开放期较短(几天至几月不等),未来这些现金管理产品将面临资产资金两端期限匹配压力。为符合监管要求,未来信托公司现金管理产品或者在配置"非标"资产并不降低产品收益的同时拉长产品期限,或者在保障流动性的同时仅配置标准化资产,但可能会牺牲一定的产品收益。

三、信托公司的应对

(一) 大力开展资产证券化业务

《认定规则》明确将"非非标"资产认定为"非标"资产,为资产证券化业务带来了新的发展契机。未来,要实现"非标"转标,只有通过资产证券化,成为信贷资产支持证券、资产支持票据、证券交易所挂牌交易的资产支持证券,才符合标准化资产定义。2019年以来,资产证券化市场继续保持快速增长的态势。前三季度共发行资产证券化产品14,575.85亿元,同比增长19%;其中由信托公司担任受托人的ABN增长最为迅速,前三季度发行规模1,864.32亿元,同比增长247%。未来,信托公司可针对各类机构的需求,进一步拓展基础资产类别和资金来源,延伸资产证券化业务链条,提高资产证券化业务附加值。

(二) 提高标准化资产投资专业能力

由于资管产品投资"非标"资产存在期限匹配要求,未来信托公司开发的现金管理产品将不能再配置新的"非非标"资产来提高收益,而只能配置标准化资产,这对信托公司标准化资产投资专业能力提出了更高的要求。对此,信托公司应积极向主动投资管理方向转型,组建专业投研团队,持续跟踪资本市场、开发债券投资、股票投资、组合配置、策略对冲等不同领域、不同策略的净值化产品,充分发挥Fin–tech(金融科技)技术提高风险管理水平和运营效率。

(三) 关注过渡期临近的风险防范

被认定为"非标"资产的存量"非非标"资产,在"资管新规"过渡期内(至

2020年年底）可豁免期限匹配、限额管理、集中度管理、信息披露等监管要求。随着过渡期的临近，未来应提前防范信托公司现金管理产品中"非标"资产承接过程中的相关风险。一是产品流动性风险，长期限的"非标"资产需要通过发行新的长期限产品来承接，未来产品发行难度会提升。二是底层资产接续风险，为保障产品流动性，长期限的"非标"资产需要通过发行标准化债券或资产证券化承接，而部分资产可能难以顺利达到"非标"转标要求。三是底层问题资产的处置风险，这类资产难以找到其他资产来承接，需要及时处置。

（执笔人：沈苗妙）

第二部分
信托行业与信托公司研究

回顾2018：信托业进入内涵式发展的新阶段[*]

2018年是《信托公司管理办法》（银监会令2007年第2号）、《信托公司集合资金信托计划管理办法》（银监会令2009年第1号）实施之后信托业发展的拐点之年，历经十年的持续快速增长，信托业迈进了内涵式发展的新阶段，在发展速度、结构质量、业务布局、风险化解等方面呈现了新的发展特征。在新的宏观经济形势和"资管新规"实施后的市场竞争格局下，信托业面临着新的机遇与挑战。

一、规模下降结构优化，盈利能力短期承压

2018年以来，受到宏观经济持续下行、去杠杆力度有所增加、监管政策进一步收紧等多方因素影响，信托业资产规模连续3个季度下滑，其规模总量分别环比下降2.41%、5.25%、4.65%。这是自2010年信托业协会公布季度行业数据以来，信托资产规模首次连续下降。尽管下降幅度较为平稳，但也意味着信托业资产规模高速增长的阶段已经过去。

信托资产规模的持续下降主要是通道业务的下滑。2018年监管部门加强了对通道业务规模的限制，导致行业数据产生两个方面的变化：一是从资金来源看，单一信托和财产权信托持续明显下滑，前三季度单一信托环比降幅分别为0.19%、7%、0.37%，财产权信托环比降幅分别为0.8%、2.9%、0.37%；二是从信托功能看，事务管理类信托规模持续下滑，前三季度降幅分别为0.5%、0.19%、0.11%。随着通道类业务的持续下滑，信托资产规模的结构质量有所提升，主动管理水平得到一定提高。

规模总量的持续下降给信托公司的收入和利润指标带来影响，前三季度行业营业收入和利润总额均有不同程度下降，尤其是利润总额下降较为明显。除了规模下降因素之外，还有两方面对信托业盈利水平有一定影响：一是资本市场持续较为低迷，影响了固有资金投资收益；二是主动管理业务的资金成本有所提升，短期挤压了信托报酬率水平。因此，2019年乃至今后一段时期，信托行业的整体盈利水平将承受一定压力。

二、地产政信仍是主力，小微业务快速发展

从2018年信托资金的运用领域来看，房地产和基础产业仍是主要领域。总体上

---

[*] 本文写于2019年1月。

看，房地产信托经历了2018年前三季度的快速发展后面临一定调整。前三季度投向房地产领域的信托资金余额占比达13.42%，为2013年以来的最高水平。房地产信托的持续增长与当前经济形势与地产融资需求密不可分。在经济下行的情况下，房地产投资对宏观经济增长的拉动作用较为显著，因此尽管地产调控仍未全面放松，但房地产投资增速在2018年维持了一定增长，在其他融资渠道受限的情况下，房地产信托的增长较为显著。但从集合信托发行数据来看，10月以来，房地产集合信托发行数量环比有所下降，发展势头有所放缓。因此，2019年房地产市场的调整变化非常值得信托公司关注，如何提高房地产信托投融资专业能力、如何防范房地产信托项目风险成为未来一段时期房地产信托面临的两个重要问题。

基础产业信托在2018年经历了一个从下滑到企稳的过程。受到去杠杆政策的影响，2018年年初地方平台融资渠道受到严格限制，加上存续信托项目由于地方平台资金紧张出现一定风险，上半年基础产业信托余额不断下降，占比为资金信托余额的14.57%。但是从7月以来，随着宏观经济政策特别是财政政策转向积极，地方平台资金紧张程度得到一定缓解，一方面新增基础产业信托项目开始增加，另一方面存量的基础产业信托项目风险有所缓解，第三季度末基础产业信托余额占比略有上升至14.67%。因此，展望2019年，在财政政策积极力度仍将加大、整体性基础设施建设水平仍将提升的情况下，基础产业信托的发展仍将具有一定空间。

小微金融业务成为2018年信托公司重点发力的主要领域。小微金融业务发展的需求基础主要有两方面：一方面是以消费升级为基础的消费金融业务，另一方面是小微企业主通过抵押资产为企业获取资金的业务。对于消费金融业务来说，在鼓励消费升级、促进消费拉动经济增长的大背景下，此类业务对信托资金的需求也在持续增加，部分信托公司通过直接向消费金融公司融资、深入消费场景向消费者提供融资及消费金融资产证券化等模式，开展了大量的消费金融业务。对于小微企业主的资产抵押贷款业务而言，由于抵押资产多为一线或二线城市的优质房产，抵押率相对较低，融资人融资需求较为旺盛，信托公司与资产服务机构深入合作，此类业务开展也较为普遍。预计2019年，尽管消费升级步伐可能有一定放缓，但消费金融业务仍有较为深厚的市场基础；同时预计一线或二线城市房产等优质资产价格仍将保持相对平稳，因此房抵贷等业务风险仍然可控，还将有一定需求空间。

三、产品直销难度加大，银行代销迅速增长

2018年，信托公司的产品发行难度明显增加，主要原因有三个方面：一是从2017年下半年开始，监管部门加大了去杠杆和治理乱象的政策力度，信托公司以往的银行

机构资金来源得到全面限制；二是信托公司产品直销受到"资管新规"的影响，在投资者门槛和人数方面受限，对面向个人投资者的产品募集影响较大；三是各家信托公司不得不将重心转向直销能力建设，加大了产品发行和财富管理的布局力度，公司之间竞争越发激烈，客观上也提高了产品发行的难度。因此，产品发行成为2018年制约信托业务发展的重要因素之一。

由于产品发行难度持续加大，信托公司与银行广泛开展代销合作，借助银行的私人银行客户发行产品。2018年，银行私人银行代销信托产品更加普遍。一是越来越多的银行开展了私人银行代销信托产品的业务，信托公司选择代销行的范围越来越宽；二是代销产品的范围也逐渐扩大，银行代销产品最初是以房地产项目为主，下半年开始一些银行也代销了部分信托公司开展的基础产业信托项目；三是由于银行代销规模的增大，代销渠道对信托公司的重要性越来越大，因此信托产品代销成本也会越来越高，银行代销项目的过会标准对信托公司的影响也将更大。

展望2019年，信托公司产品发行难度较大的局面预计难以根本改变，而且还可能面临着银行理财子公司等机构的进一步竞争。因此，信托公司仍需加强产品发行渠道和财富管理能力建设，更加注重从受托人定位出发，通过开展现金管理、资产配置、家族信托等业务，为客户提供财富保值增值服务。

四、业务转型进展显著，本源业务全面布局

信托公司在2018年加大了业务转型力度，不断通过业务转型创新提升行业服务实体经济的能力。在传统业务领域，信托公司不断优化业务模式，综合运用多种手段提供投融资服务。在房地产领域，信托公司加大了房地产供应链金融业务和资产证券化业务开展的力度，围绕核心企业信用，盘活了存量资产，提高了资金运转效率。在小微金融业务中，与保险公司开展合作，创新引入履约险等产品，在风险可控的前提下扩大了放款范围。在资产证券化业务方面，信托公司参与的ABN业务全年发行规模达到1,256.98亿元，比2017年增长114.89%，而且通过资产证券化业务，信托公司可以深入资产前端先形成信托受益权，用Pre-ABS的方式提高报酬空间。

家族信托、慈善信托等本源业务是2018年信托公司大力布局、加快发展的重要领域。家族信托方面，2018年监管部门出台了专门文件支持家族信托业务发展，越来越多的信托公司推出了自己的家族信托品牌，通过搭建家族信托生态，为更多的超高净值客户提供家族信托服务。慈善信托发展显著，2018年年末已完成设立并备案的慈善信托共有139只，初始财产规模达到20.19亿元，慈善目的覆盖扶贫、教育、留守儿童救助、污染防治和生态环保等多个领域。家族信托和慈善信托的快速发展，一方面体现了信托公司对本源业务的重视，另一方面也为信托公司提供了长期需要配置的资金来源。

五、风险压力持续提升，化解处置难度增加

2018年信托公司面临的风险压力持续提升。从第三季度末数据来看，信托业风险项目数量及风险资产规模连续增长，风险项目达到832个，风险资产规模达到2,159.73亿元，预计到2018年年末风险资产规模将超过2300亿元，全行业风险资产率预计超过1%。从风险资产分布领域来看，2018年年特别是下半年以来，由于经济下行和资本市场震荡，股票质押类项目和房地产项目风险暴露较多。从风险项目资金来源来看，集合信托风险增长较为显著，而集合信托兑付压力比单一信托和财产权信托更大。信托业的风险压力与宏观形势、市场波动、信托公司自身风险控制能力等方面因素有关，在经济下行阶段，预计2019年行业整体风险压力依然较大。

风险压力给信托公司的持续经营和健康发展带来三个方面的考验。一是考验信托公司的资金实力，信托公司的风险项目在缓释过程中可能会占用一部分流动性，部分风险项目较多的信托公司可能会出现流动性紧张的局面。二是考验信托公司风险防范能力，在经济下行时期更加需要防范房地产、工商企业等领域存在的风险，尽量避免新的风险产生。三是考验信托公司风险处置能力，对于已经形成风险的项目，如果不进行有效处置，会对信托公司的经营业绩和持续发展造成较大影响。因此，面对不断加大的风险压力，信托公司必须做好流动性安排，防止新增风险，加快处置存量风险。

六、行业分化更加显著，综合实力决定未来

尽管2018年信托业发展面临诸多挑战，但我们观察到仍有一些信托公司抓住机遇，实现了较快发展，这也使得信托公司之间的行业分化更加显著。究其原因，信托公司的综合实力是决定其发展水平的主要因素。这种综合实力体现在四个方面：一是股东和资本实力，股东的资源支持对部分信托公司开展业务有较大影响，在经济下行期，信托公司更需要股东在资金资源、优质项目和品牌影响等方面的综合支持；面对流动性紧张的金融市场，资本实力有助于信托公司得到更多金融机构的信任，在产品发行、同业合作等方面取得优势。二是战略引导和执行能力，战略清晰、符合社会经济发展需求和行业发展规律的发展规划将帮助信托公司找到明确、持续的业务方向，较强的战略执行能力使信托公司可以有效落实公司战略意图、取得实效，及时的战略管理和跟踪评价体系能够保证战略执行的上下一贯性。三是风险防范和化解能力，化解存量风险将有效减少信托公司发展的历史包袱，防范新增风险也将帮助信托公司行

稳致远。四是激励约束机制的有效性，高效的激励约束机制能够充分调动人才团队的积极性，确保公司管理体系高效运行。

综上所述，2018年是信托业告别过去高速增长的拐点之年，也是信托业迈进内涵式发展阶段的起始之年。面临2019年更为复杂的外部形势，信托公司既要把握好自身服务实体经济、服务人民美好生活的功能定位，又要根据形势变化推进业务优化发展与转型布局，还要注重自身能力建设提高综合实力水平，这样才能在复杂形势中抓住机遇，在激烈竞争中赢得主动。

（执笔人：和晋予）

经营压力下的结构调整*
——61家信托公司2018年主要经营指标简析

截至2019年1月16日,61家信托公司在全国银行间同业拆借市场披露了未经审计的2018年财务数据。从已披露的数据显示,2018年61家信托公司收入和利润指标整体略有回调,收入结构出现调整,资本实力进一步增强,行业依然呈现严重分化的竞争格局。

一、经营压力明显增加

2018年,61家信托公司实现营业收入996.49亿元,实现利润总额和净利润分别为716.45亿元、558.27亿元,分别较上年下降了6.16%、5.46%和6.56%,反映出行业整体的经营压力明显增加。在61家信托公司中,28家信托公司利润总额实现增长,33家同比下降;在净利润方面,只有22家信托公司实现增长。因此,经营压力的增加对于行业而言不仅是一个整体现象,也是一个较为普遍的现象。

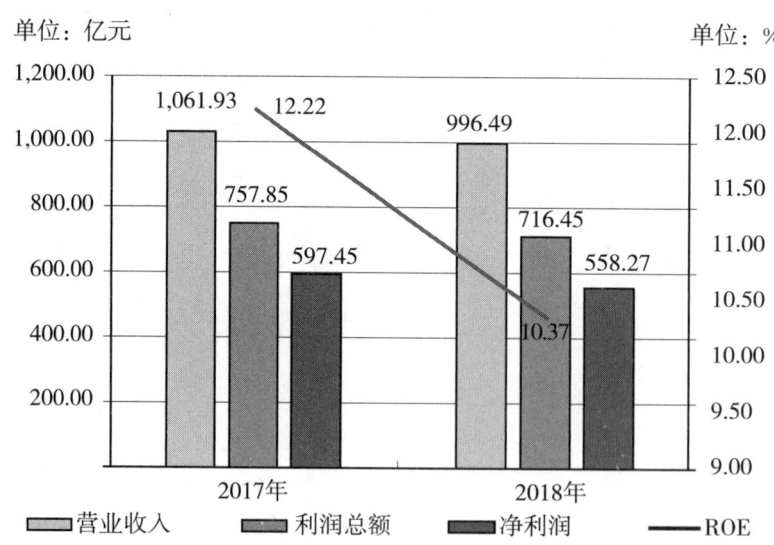

数据来源:中诚信托有限责任公司战略研究部整理。

图1　61家信托公司2018年收入和利润情况

---

* 本文写于2019年1月。

此外，行业整体的 ROE（净资产收益率）近年来持续下滑。2018 年，61 家信托公司 ROE 均值为 10.37%，较 2017 年下降 1.85 个百分点，自 2015 年以来连续下降。行业 ROE 近三年持续下滑，一方面是 2018 年经营环境更为复杂，营业收入和净利润都出现了下降；另一方面是因为固有资产规模的持续增长，包括行业未分配利润的不断积累和多家信托公司实施了增资。

经营压力的不断加大主要来源于三方面因素。一是受宏观经济环境下行压力加大、金融市场震荡下行、市场风险多发的影响，信托业资产端的拓展难度加大；二是在金融监管去杠杆、去嵌套的大背景下，同业投资不断压缩，资金端的获取难度也更大；三是监管力度进一步加强，行业信托资产规模受到一定程度的整体控制，部分信托公司业务开展受到较强的监管约束，从而影响了行业整体盈利水平。

二、收入结构出现调整

在经营压力不断加大的情况下，61 家信托公司的收入结构也在不断调整，特别是在信托业务收入和风险造成的资产减值损失计提等方面表现较为突出。

一是信托业务收入小幅增长。从全年来看，在信托资产规模较 2017 年下降 15% 左右的情况下，由于信托公司加大了主动管理业务的开拓力度，集合资金信托的规模不断上升，加之单一资金信托的信托报酬率较 2017 年取得了一定的改善，61 家信托公司的信托业务收入仍然取得了 1.40% 的增长，同时信托业务对营收的贡献率达到 71.83%，较 2017 年进一步提高。除此之外，61 家信托公司整体的盈利降幅低于规模降幅，说明报酬率较低的通道业务占比逐渐减少，主动管理的信托业务和报酬率改善的通道业务进一步增加，整体的信托报酬率在上升。

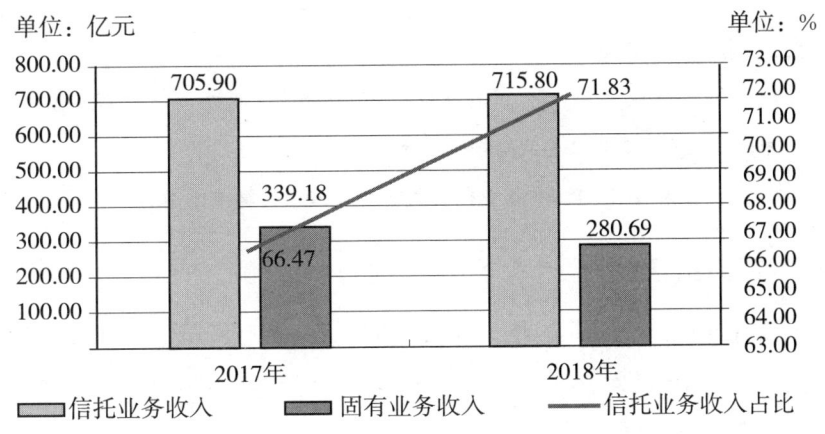

数据来源：中诚信托有限责任公司战略研究部整理。

图 2　61 家信托公司信托业务收入与固有业务收入情况

二是固有业务收入下滑较为明显。其中61家信托公司固有业务收入较上年下降17.25%,拖累行业整体的业绩表现。固有业务收入的下滑与两个因素息息相关:一方面是因为2018年股票市场单边整体下行,对信托公司固有业务的资本市场投资收益影响很大,部分公司甚至出现较大亏损;另一方面是因为信托公司固有资金流动性整体趋紧,出于垫付信保基金、支持产品发行、应对风险项目等需要,固有资金沉淀规模也在增加,可投资金的减少一定程度上也影响了固有业务收入水平。

三是风险项目造成的资产减值损失对利润影响较大。61家信托公司总体的信托业务收入、固有业务收入、业务及管理费、资产减值损失在营业收入中的占比分别为71.83%、28.17%、-23.52%和-4.33%。其中,19家信托公司的资产减值损失占比高于行业均值,14家信托公司2018年度资产减值损失在营业收入中的占比均超过了10%,较大程度上影响了信托公司的利润情况。未来一段时期,信托行业仍将面临更为严峻的经营环境,如何有效化解存量风险、严密防控新增风险或将对信托公司经营业绩造成显著影响。

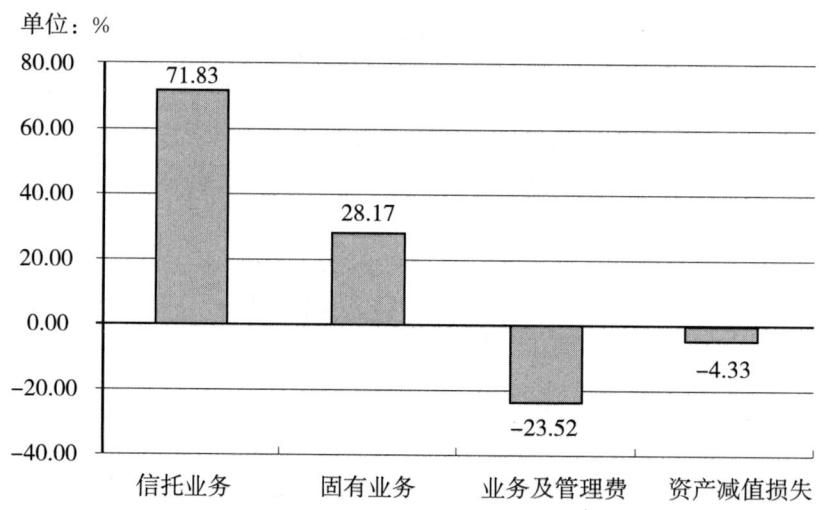

数据来源:中诚信托有限责任公司战略研究部整理。

图3　2018年61家信托公司营业收入中各类占比情况

三、资本实力持续提升

2018年是信托行业资本实力进一步增强的一年,共有13家信托公司完成增资,共增加注册资本192.16亿元,增资后行业整体注册资本达到2,633.44亿元,平均每家信托公司38.73亿元,同比增加2.83亿元。

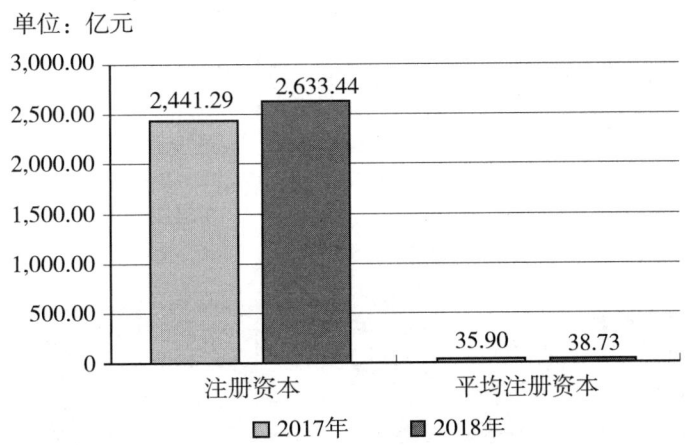

数据来源：中诚信托有限责任公司战略研究部整理。

图4：全行业信托公司注册资本及平均注册资本

从增资信托公司的分布来看，大中型信托公司在2018年增资较为普遍。如注册资本增资最多的华润信托，从50亿元增加到110亿元，跃居行业前列；华能信托、江苏信托、安信信托、外贸信托等行业中大型信托公司也纷纷进行增资。13家增资的信托公司注册资本平均增加14.78亿元。

表1 2018年信托公司完成增资情况

序号	信托公司	注册资本增加额（亿元）	增资后的注册资本（亿元）
1	华润信托	50.00	110.00
2	中建投信托	33.34	50.00
3	华能信托	19.95	61.95
4	爱建信托	16.03	46.03
5	华鑫信托	13.75	35.75
6	江苏信托	10.76	37.60
7	英大信托	10.07	40.29
8	陆家嘴信托	10.00	40.00
9	安信信托	9.12	54.69
10	陕国投	8.74	39.64
11	外贸信托	5.41	27.41
12	东莞信托	2.50	14.50
13	厦门信托	2.50	37.50

数据来源：中诚信托有限责任公司战略研究部整理。

但是从增长速度来看，2018年61家信托公司资本实力增速放缓。近年来，信托公司一直保持固有资产规模逐年增长，但2015年增速达到28.93%的峰值增速后，近三年增速持续下滑，本年度增速下滑至仅 10% 左右。截至 2018 年年底，61 家信托公司（8 家为合并数）总资产为 7,033.99 亿元，较 2017 年增长 10.44%；净资产合计 5,384.29 亿元，较 2017 年增长 10.11%。

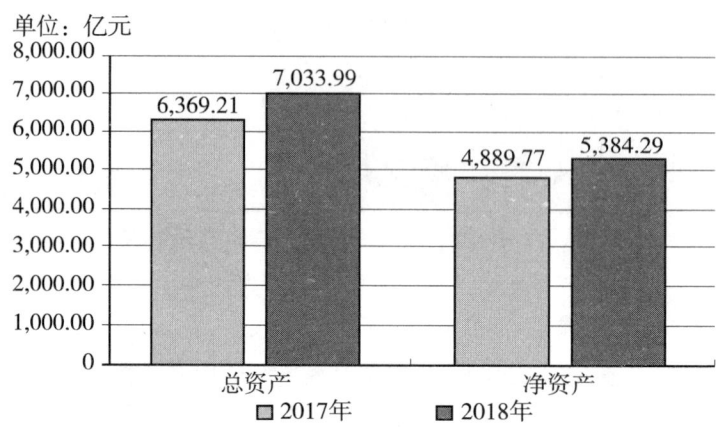

数据来源：中诚信托有限责任公司战略研究部整理。

图 5　61 家信托公司总资产及净资产情况

四、分化格局依然显著

近年来，随着信托行业转型发展持续深入，行业分化格局也有扩大之势。从 2018 年 61 家信托公司数据来看，尽管头部公司主要指标的集中度数值比 2017 年略有下降，但总体分化格局依然显著，整体仍处于强者恒强态势。其中，总资产、净资产、营业收入、信托业务收入、利润总额及净利润各项指标的前五名、前十名、前二十名较 2017 年均出现略微下滑，但仍然处于高位。

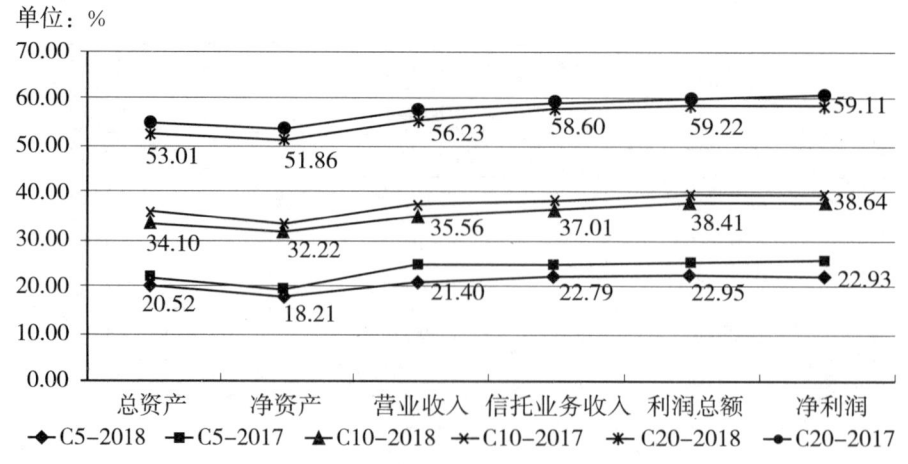

数据来源：中诚信托有限责任公司战略研究部整理。

图 6　2017—2018 年信托公司主要指标的行业集中度

从数据排名来看，头部信托公司的领先优势依然十分明显。由于头部信托公司的主动管理比例较2017年继续提高，头部信托公司的主动管理能力也更强于往年，行业地位仍然十分稳固。61家信托公司数据显示，头部公司主要收入及盈利指标的排名（尤其是前十名）变化不大。然而，头部公司行业集中度的小幅下降，一方面，是因为受监管要求影响，头部信托公司2018年新增通道业务力度弱于行业均值，而2018年度通道业务信托报酬率的改善对信托行业业绩贡献较大，尤其是对中小信托公司而言更加明显；另一方面，头部信托公司资产规模较大，固有业务收入受资本市场影响利润下滑更为严重。

同时，我们也要看到一些信托公司在2018年实现了逆势增长。从净利润来看，61家信托公司中有22家实现同比增长，其中两家信托公司净利润增幅超过100%，6家净利润增幅在20%—50%，9家净利润增幅在10%—20%。利润同比增速较快的公司，多受益于2018年度业务开拓力度较大、业务布局较为完善、主动管理能力较强、风险处置包袱较轻等因素。这也意味着业务发展与风险控制仍是信托公司取得竞争优势的两大主要手段，信托行业仍然存在逆势增长甚至弯道超车的空间。

（执笔人：中诚战研）

信托公司 2018 年年报主要指标 TOP10[*]

截至目前,各家信托公司均已发布 2018 年年报。行业主要经营指标 TOP10(母公司数)经统计如下。

一、注册资本 TOP10

2018 年信托公司年报统计数据显示,截至 2018 年年底,行业注册资本第一名为重庆信托,150 亿元,注册资本第十名由五矿信托、新时代信托并列,注册资本 60 亿元。中位数为 33.3 亿元,行业均值为 38.73 亿元。截至 2018 年年底,行业注册资本 TOP10 平均增长 7.77%,行业均值增长 7.87%。

表1 信托公司 2018 年注册资本 TOP10

排名	信托公司	2018 年注册资本(万元)
1	重庆信托	1,500,000.00
2	平安信托	1,300,000.00
3	中融信托	1,200,000.00
4	华润信托	1,100,000.00
5	昆仑信托	1,022,705.89
6	中信信托	1,000,000.00
7	民生信托	700,000.00
8	华信信托	660,000.00
9	华能信托	619,455.74
10	五矿信托	600,000.00
10	新时代信托	600,000.00
中位数		333,000.00
平均数		387,271.15

数据来源:中诚信托有限责任公司战略研究部整理。

[*] 本文写于 2019 年 5 月。

二、总资产 TOP10

2018 年信托公司年报统计数据显示，截至 2018 年年底，行业总资产第一名为重庆信托，总资产 297.85 亿元，第十名为兴业信托，总资产 183.58 亿元。中位数为 94.24 亿元，行业均值为 105.79 亿元。截至 2018 年年底，行业总资产 TOP10 平均增长 7.40%，行业均值增长 9.37%。

表 2 信托公司 2018 年总资产 TOP10

排名	信托公司	2018 年总资产（万元）
1	重庆信托	2,978,534.82
2	中信信托	2,753,179.25
3	平安信托	2,510,926.82
4	中融信托	2,393,426.67
5	华润信托	2,318,058.76
6	中诚信托	2,246,331.00
7	华能信托	2,131,577.44
8	江苏信托	2,064,442.22
9	安信信托	1,974,894.30
10	兴业信托	1,835,788.84
中位数		942,448.89
平均数		1,057,938.58

数据来源：中诚信托有限责任公司战略研究部整理。

三、净资产 TOP10

2018 年信托公司年报统计数据显示，截至 2018 年年底，行业净资产第一名为中信信托，净资产 242.73 亿元，第十名为上海信托，净资产 136.04 亿元。中位数为 74.47 亿元，行业均值为 84.33 亿元。截至 2018 年年底，行业净资产 TOP10 平均增长 11.40%，行业均值增长 9.35%。

表 3 信托公司 2018 年净资产 TOP10

排名	信托公司	2018 年净资产（万元）
1	中信信托	2,427,287.54
2	重庆信托	2,247,208.84
3	平安信托	2,071,330.66

续表

排名	信托公司	2018年净资产（万元）
4	华润信托	1,969,871.54
5	华能信托	1,845,098.65
6	江苏信托	1,779,080.48
7	中融信托	1,720,839.39
8	中诚信托	1,682,379.59
9	兴业信托	1,577,013.37
10	上海信托	1,360,448.95
中位数		744,688.87
平均数		843,277.64

数据来源：中诚信托有限责任公司战略研究部整理。

四、营业收入TOP10

2018年信托公司年报统计数据显示，2018年，行业营业收入第一名为中信信托，营业收入61.45亿元，第十名为中铁信托，营业收入28.36亿元。中位数为11.46亿元，行业均值为15.23亿元。2018年，行业营业收入TOP10平均增长2.24%，行业均值下降8.33%。

表4 信托公司2018年营业收入TOP10

排名	信托公司	2018年营业收入（万元）
1	中信信托	614,466.57
2	平安信托	497,785.29
3	中融信托	465,407.00
4	华能信托	347,738.87
5	中航信托	340,006.31
6	重庆信托	320,958.24
7	外贸信托	299,775.72
8	建信信托	293,723.58
9	五矿信托	293,328.36
10	中铁信托	283,581.01
中位数		114,565.59
平均数		152,312.25

数据来源：中诚信托有限责任公司战略研究部整理。

五、信托业务收入 TOP10

2018 年信托公司年报统计数据显示，2018 年，行业信托业务收入第一名为中信信托，信托业务收入 54.50 亿元，第十名为建信信托，信托业务收入 21.69 亿元。中位数为 8.79 亿元，行业均值为 11.89 亿元。2018 年，行业信托业务收入 TOP10 平均增长 10.00%，行业均值下降 0.31%。

表 5　信托公司 2018 年信托业务收入 TOP10

排名	信托公司	2018 年信托业务收入（万元）
1	中信信托	545,000.76
2	平安信托	368,421.68
3	中融信托	364,822.08
4	中航信托	293,182.34
5	华能信托	243,888.17
6	五矿信托	239,262.38
7	外贸信托	237,693.94
8	兴业信托	233,524.73
9	中铁信托	224,727.00
10	建信信托	216,942.51
中位数		87,896.12
平均数		118,871.74

数据来源：中诚信托有限责任公司战略研究部整理。

六、固有业务收入 TOP10

2018 年信托公司年报统计数据显示，2018 年，行业固有业务收入第一名为平安信托，国有业务收入 12.94 亿元，第十名为百瑞信托，国有业务收入 7.01 亿元，中位数为 2.63 亿元，行业均值为 3.34 亿元。2018 年，行业信托业务收入 TOP10 平均下降 5.33%，行业均值下降 28.71%。

表 6　信托公司 2018 年固有业务收入 TOP10

排名	信托公司	2018 年固有业务收入（万元）
1	平安信托	129,363.61
2	重庆信托	122,287.59
3	江苏信托	116,345.18

续表

排名	信托公司	2018年固有业务收入（万元）
4	华润信托	114,325.96
5	华能信托	103,850.70
6	中融信托	100,584.92
7	山东信托	80,320.50
8	建信信托	76,781.07
9	湖南信托	71,532.06
10	百瑞信托	70,125.37
中位数		26,256.97
平均数		33,440.52

数据来源：中诚信托有限责任公司战略研究部整理。

七、利润总额TOP10

2018年信托公司年报统计数据显示，2018年，行业利润总额第一名为中信信托，利润总额48.20亿元，第十名为中融信托，利润总额22.24亿元。中位数为7.94亿元，行业均值为10.44亿元。2018年，行业利润总额TOP10平均增长6.13%，行业均值下降13.05%。

表7 信托公司2018年利润总额TOP10

排名	信托公司	2018年利润总额（万元）
1	中信信托	481,998.26
2	平安信托	395,247.15
3	重庆信托	328,113.87
4	华能信托	319,108.63
5	华润信托	256,191.50
6	外贸信托	255,599.80
7	中航信托	244,774.98
8	建信信托	238,284.61
9	五矿信托	228,491.91
10	中融信托	222,367.24
中位数		79,394.80
平均数		104,389.15

数据来源：中诚信托有限责任公司战略研究部整理。

八、净利润 TOP10

2018年信托公司年报统计数据显示，2018年，行业净利润第一名为中信信托，净利润36.60亿元，第十名为中融信托，净利润17.51亿元。中位数为5.99亿元，行业均值为8.13亿元。2018年，行业利润总额TOP10平均增长2.07%，行业均值下降13.68%。

表8　信托公司2018年净利润TOP10

排名	信托公司	2018年净利润（万元）
1	中信信托	366,049.82
2	平安信托	317,425.25
3	重庆信托	258,391.98
4	华能信托	240,772.44
5	华润信托	214,051.91
6	外贸信托	194,613.69
7	江苏信托	185,740.90
8	中航信托	184,830.56
9	建信信托	181,659.03
10	中融信托	175,074.59
中位数		59,879.09
平均数		81,256.39

数据来源：中诚信托有限责任公司战略研究部整理。

九、信托资产规模 TOP10

2018年信托公司年报统计数据显示，截至2018年年底，行业信托资产规模第一名为中信信托，信托资产规模16,521.97亿元，第十名为渤海信托，信托资产规模6,203.32亿元。中位数为2,384.91亿元，行业均值为3,349.94亿元。2018年，行业利润总额TOP10平均下降15.33%，行业均值下降13.28%。

表9　信托公司2018年信托资产规模TOP10

排名	信托公司	2018年信托资产规模（万元）
1	中信信托	165,219,704.37
2	建信信托	140,393,891.69
3	华润信托	95,491,944.59
4	兴业信托	93,216,512.33

续表

排名	信托公司	2018年信托资产规模（万元）
5	交银信托	87,052,154.49
6	上海信托	76,868,476.77
7	华能信托	72,789,739.76
8	中融信托	65,466,498.96
9	中航信托	63,269,867.23
10	渤海信托	62,033,224.29
中位数		23,849,086.07
平均数		33,499,385.56

数据来源：中诚信托有限责任公司战略研究部整理。

十、资本利润率TOP10

2018年信托公司年报统计数据显示，2018年，行业资本利润率第一名为长城信托，资本利润率30.92%，第十名为中信信托，资本利润率15.69%。中位数为10.46%，行业均值为10.30%。2018年，行业资本利润率TOP10平均增长2.64个百分点，行业均值下降3.03个百分点。

表10 信托公司2018年资本利润率TOP10

排名	信托公司	2018年资本利润率（%）
1	长城信托	30.92
2	中海信托	28.92
3	爱建信托	20.30
4	万向信托	18.82
5	外贸信托	18.07
6	华能信托	17.62
7	中航信托	17.16
8	中铁信托	16.11
9	光大信托	15.96
10	中信信托	15.69
中位数		10.46
平均数		10.30

数据来源：中诚信托有限责任公司战略研究部整理。

十一、人均净利润 TOP10

2018 年信托公司年报统计数据显示，2018 年，行业人均净利润第一名为重庆信托，人均净利润 1,711.21 万元，第十名为中铁信托，人均净利润 557.00 万元。中位数为 260.00 万元，行业均值为 303.21 万元。2018 年，行业人均净利润 TOP10 平均下降 3.07%，行业均值下降 19.97%。

表 11　信托公司 2018 年人均净利润 TOP10

排名	信托公司	2018 年人均净利润（万元）
1	重庆信托	1,711.21
2	江苏信托	1,280.97
3	中海信托	830.25
4	华能信托	699.94
5	中航信托	604.38
6	五矿信托	585.88
7	华润信托	581.66
8	平安信托	564.31
9	湖南信托	562.00
10	中铁信托	557.00
中位数		260.00
平均数		303.21

数据来源：中诚信托有限责任公司战略研究部整理。

（执笔人：中诚战研）

从近期财报看上市信托公司与其股东的互动发展特征[*]

据不完全统计,已有近二十家信托公司通过直接上市、曲线上市(包括母公司整体上市、上市公司并购重组等方式)实现上市。从2019年中报、三季报等近期财报来看,多数上市信托公司整体经营稳健、业绩良好,曲线上市的信托公司也成为上市股东的重要利润贡献点,这与其股东的互动发展密切相关,主要体现在利润协同、市场价值协同、资本补充协同和业务开展协同四大方面。

一、上市信托公司成为其股东的重要利润贡献点

从业绩表现来看,绝大多数信托公司业绩持续稳健向好,通过并购重组方式上市的信托公司也如期履行业绩承诺,与上市主体形成了良好的利润互动。

一是近期财报业绩方面,安信信托、陕国投两家直接上市信托公司以及部分曲线上市的信托公司公布了信托业务的第三季度业绩。具体来看,安信信托主要由于投资收益和信用减值两项损失导致第三季度亏损;陕国投受益于自有资金运作的利息收入和投资收益增幅较大,经营业绩较上年同期实现较大增幅,2019年前三季度实现营收12.95亿,实现净利润4.59亿,其中第三季度分别实现营收4.64亿,净利润1.11亿。其他上市信托公司仅有部分信托公司披露第三季度业绩,多数未明确披露,或以手续费及佣金收入形式体现信托经营业绩。其中,平安信托截至2019年第三季度末受托资产管理规模达4,697.47亿元,前三季度实现净利润24.27亿元(平安信托及平安创新资本合计);民生信托2019年前三季度实现营收13.37亿;江苏国信2019年前三季度实现手续费及佣金收入8.2亿元,其中部分由信托板块的江苏信托贡献。

二是近期利润贡献方面,由于信托公司经营效率较高,曲线上市信托公司在上市主体的利润总额/净利润占比要高于营收占比,部分信托公司的利润达到了上市主体半数以上甚至更高。江苏信托2019年上半年在江苏国信中以不到6%的营收占比实现了85%的利润总额占比,较2018年10%的营收占比和54%的利润总额占比进一步提升;中融信托2019年上半年实现总营收和净利润在经纬纺织机械股份有限公司(以下简称经纬纺机)中的占比达到55%和241%,是经纬纺机的支柱业务;中航信托2019年上

---

[*] 本文写于2019年11月。

半年在中航资本中以20%的营收占比实现了69%的净利润占比；五矿信托2019年上半年实现总营收和净利润在五矿资本中的占比达到19%和64%；国投信托2019年上半年实现营收和净利润在国投资本中的占比达到12%和27%；尚未完成上市的百瑞信托2019年上半年净利润在资本控股公司中的占比也达到了54%。

二、上市信托公司及其上市股东的市场价值不断提升

受益于信托公司经营稳健和资本市场对信托公司价值的认可，近年来信托公司估值价值比率乘数不断提高，信托公司的市场价值不断提升。鉴于目前资本市场估值仍处于历史低位，随着资本市场情绪不断恢复、国内外增量资金不断入场，信托公司的市场价值有望继续提升。

一是信托公司受益于资本市场的价值发现功能。一方面，信托公司直接或间接上市的过程中，通过对信托公司权益价值的估值，信托公司取得了合理、客观的市场价值；另一方面，信托公司估值价值比率乘数近年来有所提高。由于直接上市信托公司案例过少，且根据2015年以来多起上市公司曲线上市的经验，尤其是借鉴通过发行股份购买资产方式实现上市的案例经验，信托公司估值适用的价值比率乘数均采取修正市净率。该估值方法重点考虑了信托公司的业务特点，信托公司属于强周期行业，投资收益和利润可能会有较大的波动，但决定信托公司经营发展速度、收入和资产规模的最重要因素是净资本和净资产，同时参考其他非银行金融行业，净资产与信托公司企业价值的相关性最高，采用市净率指标来对其市场价值进行估算最为适宜。同时，信托公司估值采用的市净率指标会根据体现盈利能力、发展能力、经营能力和风控能力等多方面的财务指标为可比指标，与可比案例比较后得出修正市净率。从修正市净率和市盈率来看，近年来价值比率乘数有所提高，以2015年12月31日为估值基准日的江苏信托、五矿信托的PB（市净率）分别为1.17和1.69，PE分别为7.64和7.53；以2016年5月31日为估值基准日的昆仑信托的PB为1.85，PE为9.16；以2017年9月30日为估值基准日的中粮信托的PB为1.59，PE为11.68。

二是信托公司资产注入上市公司，也促进了上市主体价值的提升。在宏观经济增长压力较大的背景下，信托公司经营业绩相对稳定，且信托牌照稀缺，信托公司资产注入信托公司，有利于提高上市主体的资产质量，增强上市主体的盈利能力，提高上市主体的市场价值。以经纬纺机为例，2010年收购中融信托股权后，受益于中融信托持续高盈利能力带来的稳定并表收益，经纬纺机的复权股价大幅增长。

三、上市信托公司可以通过资本市场拓展资本补充途径

如前所述，决定信托公司经营发展速度、收入和资产规模的最重要因素是净资本

和净资产，通过资本市场拓展资本补充途径，也是信托公司谋求上市的重要诉求。

一是信托公司的业务开展在相当程度上受制于资本实力。与银行类似，银保监会对信托公司按照《信托公司净资本管理办法》（银监会令2010年第5号）实施以净资本为核心的风险控制指标体系，且对各项信托业务制定了风险资本比例系数。实践来看，近年来已发生多起信托公司增资案例，包括信托公司上市后，也多有通过非公开发行募集资金补充资本实力的案例，"集体普增，轮番追增"对信托公司的业务拓展和经营业绩产生了良好的促进作用，行业资本实力大增，行业受托资产规模快速增长。

二是信托公司净资产的提升受股东投入影响较大。据统计，2018年多家上市信托公司通过集团增资、配股等方式获得股东资本投入，还有多家未上市信托公司增资扩股及引进战略投资者，综合考虑信托公司股东投入、实现净利润和分红的影响，当年信托公司股东投入对净资产增长的规模贡献为264.97亿元，贡献度达到54%，高于利润留存的贡献度46%。

三是通过资本市场补充资本金有利于信托公司稳健发展，增强抵御风险的能力。近年来，信托公司加大转型创新力度，但宏观经济下行压力较大，创新业务尚未形成利润支撑，信托公司增厚资本金，有利于在信用风险暴露多发的背景下，提升抵御风险的能力。

四、上市信托公司与其股东开展业务协同促进高质量发展

曲线上市和整体上市的信托公司多为大型企业集团金融板块整体上市，从财报及相关公开资料可以看出，集团公司在资源共享、风险管理、资金与项目深层合作方面给信托子公司以大力资源支持，亦有建立产融信息对接平台和所属金融企业间合作平台，通过产融结合、融融协同促进高质量发展。

一是集团公司下属信托子公司为实业板块提供投资、融资、资产证券化等多方面的金融服务，促进与实业板块的产融结合发展。例如，昆仑信托挖掘集团内部油气产业链资源，提供供应链金融服务；中粮信托在农业金融的产融结合方面做了诸多探索，围绕中粮集团的上下游产业链，积极推动农业金融产业链的整合，构建和完善公司的产业金融服务能力。

二是集团公司推动下属信托子公司与其他金融子公司的合作，协同对接资金资源、优质金融资产和产品资源。例如，银行系信托公司与上市银行开展了大量的银信合作业务，尤其是产品销售和信贷资产证券化业务等，金融控股系信托公司与上市主体内公司开展了资产管理、产品销售等项目合作，例如，平安信托与平安人寿合作的保险金信托业务即是典型代表。

（执笔人：崔继培）

当前发展环境对信托公司发展战略的新要求*

党的十九大以来，我国经济由高速增长阶段转向高质量发展阶段，信托业作为金融行业的重要组成部分，2018年以来处于增速回落、结构调整、由高速增长向高质量发展阶段转换的关键时期。在宏观环境、监管环境发展深刻变化的背景下，信托公司的发展战略面临着新挑战和新要求。

一、战略制定更注重长期性

战略规划作为公司长期经营发展的主要纲领，对业务的开拓和实施起到了引领和推动的积极作用。在当前宏观环境复杂多变的大背景下，信托公司的发展战略不仅要着眼于三至五年的短期发展，而且更要着眼于中长期布局，着力打造并提高自身专业能力，这将体现在两个方面。

（一）战略定位更加着眼长远

从年报披露信息来看，多数信托公司在战略定位上明确提出成为资产管理机构或财富管理机构，有的还提出要成为"百年老店"。这种着眼于长远的战略定位，一方面取决于信托公司作为金融市场上专业的受托人，必须具备诚信、专业、久远的基本特质，才能赢得客户的长期信任；另一方面也取决于信托公司转型发展的要求，构建长期持续的本源业务专业能力，围绕客户需求，提供综合金融服务及综合金融产品。因此，更加长远的战略定位是信托公司发展战略重要的新要求。

（二）保持战略定力的重要性更为突出

近年来，信托公司快速发展的原因之一在于其灵活性、综合性优势，但也造成了部分信托业务短期化的特点。在新的发展环境下，信托公司保持转型发展战略定力的重要性将更为突出。一方面是因为更加复杂的宏观环境需要信托公司提升基础专业能力，如风险控制、价值判断、运营管理等，基础专业能力的打造需要一定时期的战略坚持；另一方面业务孵化和培育也需要在机制保障、资源投入等方面给予长期、持续的支持。此外，面临越来越激烈的市场竞争，随波逐流无法获得长期有效的竞争优势，保持战略定力，做优做强特色业务才是提升市场核心竞争力的有效方式。

---

* 本文写于2019年11月。

二、业务布局更注重均衡性

宏观经济下行,以房地产、基础设施等为主要领域、以"非标"债权融资为主要特征的信托主流业务面临着巨大挑战。着眼于未来,信托公司的长期战略布局需要着眼于多元化和均衡性的新要求。

(一)业务领域的多元化

近年来,信托在工商企业、房地产、基础设施、证券市场、金融机构的资金配置领域随着市场形势变化和监管政策调整受到了不同程度的影响,例如,信托资金在同业金融机构配置的规模受限,房地产信托的监管力度不断加强,政信业务受地方平台负债水平和融资政策的影响而不断波动,工商企业领域中的小微金融和供应链金融仍有一定发展空间。若信托公司的业务布局集中在某一领域,将会面临集中度过高、受某一阶段政策影响过大、经营业绩波动的风险。因此,信托公司的业务布局应走向多元化,以分散经济周期和监管政策带来的风险和冲击。

(二)长短期业务的均衡化

除了信托资金配置领域外,信托业务的收入贡献在长短期进行均衡化布局也十分重要。对于融资业务而言,其发展主要受到经济和政策的短期影响,因此开展此类业务需要抓住周期和政策机会,贡献较为短期的收入。对于以业务规模为基础、以管理费为主要收入的业务而言,做大规模、维持较长的期限可以为公司贡献较为稳定的中长期收入。此外,在专业能力要求较高的股权投资、证券投资等领域,需要以更长时间提升专业能力,获得较高投资回报。因此,信托公司未来的发展战略需要根据业务特点进行均衡搭配,在时间上形成更为合理的收入结构。

三、转型创新更注重实用性

转型创新成为未来信托公司发展战略的重要内容,但在新的宏观形势下,信托公司的转型创新与自身发展将更加紧密结合,其实用性也会更加突出。

(一)转型创新的方向选择更加符合公司实际

目前,多数信托公司已积极推进转型创新,同时我们看到信托公司的转型创新不是盲目地为了创新而创新,而是通过业务探索和培育,为公司寻找新的利润增长点,因此具有较强的实用性。一是更加符合公司的业务实际,在推进转型创新时非常注重与既有业务特色和专业优势相结合,如房地产的真实股权投资业务、ABN 业务等;二是更加符合信托公司所特有的发展优势,如对于实业企业控股的信托公司而言,其可以借助股东在产业领域的优势,发挥产融协同作用,开展特色化的创新业务;三是更加符合信托公司的经营基础,对于业绩基础薄弱的信托公司而言,其转型创新的方向选择一定和该类业务能给公司带来的收入密切相关,而实力雄厚、经营业绩较好的信托公司往往可以为转型创新业务提供一定的发展空间。

(二)转型创新业务的复制性将得到进一步加强

转型创新业务的快速复制和推广是信托公司获取规模优势及规模收益的前提,也是持续完善和优化产品和服务的前提。如家族信托,自 2012 年首单业务以来,截至 2018 年年底,已有超过一半的信托公司开展了家族信托业务,多家公司管理的家族信托资产规模超过百亿元。领先的信托公司继续通过加大业务系统投入、加强股东资源协同、开展非货币家族信托创新等多种方式,巩固家族信托的业务优势,继而推动我国家族信托及财富传承市场的发展。从未来的发展看,像家族信托这样能够为公司带来一定规模和持续收入的业务,必将在全行业得到进一步的复制和推广。

四、体制机制更注重有效性

(一)组织架构设计更有针对性

在过去几年中,信托机构的组织模式整体变化不大,多数通过增设、合并撤销机构进行组织架构微调。未来在面临不确定性的背景下,信托公司对组织架构的弹性能力要求更高,一方面追求扁平化,保证内部沟通效率,对市场保持敏感和前瞻;另一方面,需要前、中、后台的密切配合,满足业务创新和拓展的灵活性要求。

(二)考核激励机制的精细化

信托公司考核激励机制要进一步与业务发展的要求相匹配。一是考核激励将更多体现业务类型的差异化,以价值创造为导向,分类建立以创新、质量、贡献为导向的激励机制,树立鲜明的正向激励导向;二是合理设置经营业绩及管理类考核指标,形成与经营业绩紧密挂钩的差异化薪酬决定机制,匹配相应奖惩制度,树立竞争意识;三是完善市场化激励机制,鼓励基层创新,可尝试探索中长期激励工具,建立风险共担、利益共享的机制;四是完善优化创新容错机制,宽容在改革创新中的失误错误,形成担当负责的文化导向。

(三)风险防控体系的专业化

复杂经济环境下,信托公司风险防控体系的重要性更加突出,风控体系的专业性要求也进一步提升。一是要根据不同业务发展的内在要求,搭建分类、专业风险防控体系,尤其是在信托公司业务条线逐步专业分化,风险管理的职能和岗位设置也进一步向专业化部门延伸,在部分信托公司的事业部体系中已有所体现。二是强化前期风险控制和中后期风险管理有机结合，采取有效措施实现二者有效结合，推动项目信息的顺畅传递及风险管理责任的有机统一。三是提高风险预警、缓释和处置的有效性，在中后期管理阶段建立风险预警机制。提前预判项目风险，做好风险预案；在风险出现但未到期兑付时，建立风险缓释机制，采取各种手段缓释并化解风险；在项目风险形成之后，建立有效的风险资产处置机制，提高风险处置效率和回收效果，降低风险的不利影响。

（执笔人：和晋予、张炜）

当前信托公司核心竞争力的主要表现和提升建议[*]

经过近二十年的规范发展，在宏观经济下行、强监管持续、资管竞争激烈的当下，信托公司也已处于增速回落、结构调整、由高速增长向高质量发展阶段转换的关键时期。信托公司亟须在发挥好制度优势和业务优势的同时，不断提高和强化核心竞争力，才能在经济社会转型期继续实现可持续发展。

一、企业核心竞争力的主要要求

企业核心竞争力的识别一般以其特征或性质出发。美国著名学者巴尼在《企业资源与可持续竞争优势》中提出 VRIN（价值性、稀缺性、难以模仿性和不可替代性）模型，并在后续研究中改进成为 VRIO（价值性、稀缺性、难以模仿性和有组织性）模型，帮助企业识别核心竞争力。他认为企业核心竞争力是有价值的（Valuable）、稀缺的（Rare）、不易模仿的（Imperfectly Imitable）、有组织性的（Organization）。

"有价值"即核心竞争力可以为企业带来经济收益，应当有利于企业效率的提高，能够使企业在创造价值和降低成本方面比竞争对手更优秀，能够为企业带来超额的利润空间，并且能够给顾客带来独特的价值和利益。"稀缺"即核心竞争力是企业独有的、特殊的，是其他企业不具有的，至少是暂时还不具备的，这也是企业成果的关键因素。核心竞争力的差异性决定了企业之间的效率差异和绩效差异。非差异性的资源和能力不能产生竞争优势，仅可以提升生存的概率。"不易模仿"即核心竞争力是难以模仿和难以替代的，并且能够给企业带来持续的竞争优势。如企业获得某种积累性的知识和能力，比竞争对手具有领先性或差异性，难以被竞争对手模仿。"有组织性"即企业需要良好的组织来开发有价值、稀缺、不可模仿的资源与能力。企业组织具备整合内部、外部资源的能力，有效组织管理能够产生竞争的"倍增能力"，组织性是企业保持核心竞争能力的一条有效途径，也是企业核心竞争能力的重要特点之一。

二、当前信托公司核心竞争力的主要表现

在具体的业务实践中，我国的 68 家信托公司各不相同，在发展过程中展现了具有一定差异的业务特征和差异较大的经营管理特征，形成了强者恒强且有弯道超车者不

---

[*] 本文写于 2019 年 12 月。

断出现的竞争格局。部分信托公司资本金充足、人力资源丰富，开展全能业务，亦有信托公司在某一领域形成市场优势实现立足之案例。从业务模式和管理模式角度，以财务结果为表征，业务牌照、资源禀赋、资本实力、资产拓展能力、资金拓展能力、主动管理能力、盈利能力、风险管理能力、创新研发能力、运营管理效率等能力情况是信托公司核心竞争力的具体表现。总体来看，信托公司核心竞争力主要表现在以下六大方面。

（1）业务牌照和资源禀赋，决定了信托公司的业务范围和先发优势。金融牌照方面，与其他资管机构和非金融机构相比，金融牌照的垄断性和金融牌照下独有的业务范围是一种现实的竞争力。资源禀赋方面，股东背景所意味的股东能够给予的资本补充支持、资产端和资金端的协同支持以及股东自身对信托公司经营发展的要求和诉求，这也体现了信托公司在发展起点和发展路径方面的竞争力。

（2）资本实力，主要通过注册资本、净资产、净资本等指标体现。资本实力决定了信托公司业务规模，并决定了某些特定业务的开展资格，更强的资本实力是信托公司核心竞争力的重要体现。一是监管部门对信托公司实施净资本监管，对注册资本、净资本、不同业务风险资本占用、净资产/各项业务风险资本之和、净资本/净资产等设有绝对金额和比例要求。二是部分业务规则对信托公司的资本实力设置了显性门槛。例如，信保合作中，保险公司、保险资产管理公司投资集合资金信托要求上年末经审计的净资产不低于30亿元人民币。

（3）资产和资金的拓展能力。资产拓展能力主要通过信托资产规模余额、新增信托资产规模、信托资产结构等指标体现。资金拓展能力，主要通过销售规模，包括直销规模、代销规模、承销规模等指标体现。信托资产规模余额及新增规模是信托公司资产和资金拓展能力的重要表征，信托资产结构则是信托公司在不同资产领域拓展竞争力的重要体现。

（4）主动管理能力和受托服务能力，主要通过集合资金信托规模及占比、信托报酬率、服务业务类型和服务效率等指标体现。更高的主动管理能力意味着资产端更高的获取、识别、判断和议价能力，以及资金端市场化、高效的募资能力，因此主动管理能力是信托公司最为重要的核心竞争力之一。事务服务能力体现了信托公司利用牌照优势和制度优势发挥权益重构、风险隔离、信托财产独立性等信托功能的应用能力，是信托公司服务战略客户和同业客户竞争力的重要体现。

（5）盈利能力，主要通过营业收入、利润总额、净利润、资本利润率、人均净利润等指标体现。盈利能力是信托公司经营效益的财务体现，是信托公司发挥核心竞争力的最终表现。

（6）保障支撑能力，包括运营管理能力、创新研发能力、风险管理能力等。其中，运营管理能力主要通过治理机制、组织架构、审批效率、人力资源、成本费用率等指标体现；创新研发能力主要通过业务创新情况、研发支持情况等指标体现；风险管理能力主要通过固有资产不良率、信托资产风险率、全面风险管理能力、风险资产处置化解能力等指标体现。保障支撑能力是信托公司组织和调动内部资源、形成对前台业务支持的重要体现。随着信托公司业务和领域的不断扩展和业务结构的不断进化，保障支撑能力在信托公司核心竞争力中的地位也越来越重要。部分信托公司通过完善战略引领、打造专业化事业部制、运用金融科技等多种业务保障机制措施，有力支持甚至引领了业务的开展。

三、提升信托公司核心竞争力的思路建议

在我国现代资管行业中，信托公司起步较早，并先行取得了一定的竞争优势。但是，在资管行业统一监管的背景和趋势下，一些行业性的问题和个别公司的特殊性问题的存在，影响了信托公司核心竞争力的进一步提升和发挥。这些问题突出表现在：一是"资管新规"统一监管标准，信托公司的业务牌照优势和制度优势有所弱化；二是信托公司面临的资管行业竞争有增无减，其他资管机构不断挤压和蚕食信托公司的业务空间；三是信托公司的业务模式和盈利模式仍显单一，信托业仍在寻找长期持续稳定且能够形成规模的盈利模式；四是信托公司的内部治理机制不尽完善，深化治理机制改革、为转型提供发展动力和制度保障仍在路上。

信托公司提升核心竞争力仍任重而道远，可以从以下几个方面加以完善。

（1）建立和完善资本补充机制，保障业务拓展。一是要坚持适时补充资本以不断扩大业务规模、提高市场影响力的总体原则；二是通过利润累积、股东增资、引进战投甚至上市等方式构建良好的多渠道、多样化的资本补充机制；三是与股东形成良好的沟通互动，在股东投入、支持信托公司发展和取得利润分红之间实现满足股东诉求和支持信托公司短中长期发展的需要之间的平衡。

（2）优化业务模式和盈利模式，促进转型发展。一是在持续开展融资类业务的同时，通过不断加强资产和资金的获取能力，以及提高主动管理能力，获取更高利差，以更好更稳的业绩保障业务模式和盈利模式的顺利转型；二是做大资产管理业务和信托本源业务，如资产证券化业务、代客理财业务、家族信托等，通过长期的共赢合作获取长期、可持续的管理费收入；三是深入挖掘市场中的交易客户的需求，充分利用信托优势，采取投融联动、投贷联动等方式，通过股权投资等方式，配合传统业务为

客户提供综合解决方案，以期获取更高回报。

（3）不断完善治理机制和内部运营效率，以规范、高效发展提高经营质效。信托公司应根据自身实际，规范、合规、高效经营，向管理要效益。一是进一步提高信托公司经营的规范性，同时加强内部合规学习和教育，避免出现合规性方面的监管处罚对公司造成的不良影响；二是根据经营和业务实际不断完善内部组织架构和审批决策效率，通过适宜、顺畅的流程保障业务流程的高质效和低成本。

（4）加强风险管理，从风险管理角度夯实发展基础。一是要重视对市场风险的研判，面对热点多变和风险多发的市场实际，深入剖析和研究市场，向市场学习，争取事前守住风险底线；二是注重风险化解，要在方案设计、项目运行期间和项目结束全流程中做好项目价值研判和风险预案，一旦出现突发状况，在多元化的合作渠道和处置方式中尽快找到有效的处置合作渠道和方式，最大限度地保障受益人和公司的权益。

（执笔人：崔继培、张炜）

第三部分
信托业务重点领域研究

房地产领域

2019 年房地产市场政策判断及其影响预判[*]

2018 年，房地产政策调控面临的宏观经济环境更加复杂，房地产供需两端信贷资金逐渐收紧，土地出让限制等房地产调控政策频出。但是，2018 年 12 月部分城市开始放松房地产政策，则标志着新一轮房地产政策及对应的小周期来临。由于政策的边际改善以及房地产对于经济稳定和经济增长的重要作用，我们判断 2019 年整体销售相对于 2018 年仍将保持 5%—10% 的增长。基于上述对市场中性偏乐观的预期，在监管政策允许的前提下，新建商品房市场的体量仍然支持信托公司开展传统的债性融资信托业务；同时，应当高度重视以下两类机遇性时机：一是股权投资时机正在当下；二是存量房金融服务正值战略性布局之时。

一、2019 年房地产政策呈现渐进式放松的基本判断

纵观政府近二十年的房地产调控历程，此前过于强烈的政策刺激导致了两轮房价涨幅（2008 年、2014 年），有此两次前车之鉴，我们预计，此次政策放松，将不同于 2008 和 2014 年的"强"刺激，而是走渐进式的放松路径。渐进式的放松路径对市场产生的效果将是表现为渐进式累积，不同城市对政策的反应也将因城而异。

一是预计限价政策将适度放松。土地拍卖限价政策导致以下扭曲市场的情况：一是新房与二手房价格高挂或逼近，产生了市场中原本没有的套利需求；二是由于价格传导机制改变，导致资金被迫向低能级的不限价城市转移，违背了城市化向大城市集中的经济规律。预计对地块限制售价的政策将有所调整，2019 年 1 月 9 日，北京市朝阳区孙河乡新推的两幅地块，均已取消限价。

二是限购政策有序放松。以连续缴纳一定年限的社保或个人所得税为要求的限购政策将逐渐调整，包括对年限及补缴的放松都有可能实施，目前，杭州已适当放松外地居民的限购条件。对限购政策的调整还包括对本地居民和外地居民购房套数的限制等。

---

[*] 本文写于 2019 年 1 月。

三是房贷政策开始改善。房贷政策的改善主要包括以下方面：首套住房的首付比例、贷款利率优惠、二套房首付比例、二套房贷款利率以及首套房、二套房及其贷款政策的认定等。类似于"认房又认贷"等过于严厉的房贷政策亦有可能有所调整。

四是其他类政策改善，如人才引进、税费减免等政策。人才引进将直接提升房地产需求，部分城市已有落实，后续我们仍将看到更多的城市将推出人才引进计划。

二、政策放松的拐点已经出现

（一）地方政策拐点信号已十分明确

目前，中央并没有对房地产政策是否继续收紧或是放松的明确表态，但是，我们对2017年以来，中央层面的会议中关于房地产的主要表述内容的变化进行分析，可以清晰地发现：2018年10月底和12月中旬的中央政治局工作会议内容均未提及房地产及去杠杆，可见，中央层面对房地产的政策正在调整，与此同时，房地产市场也确实处于颓势之中。

而从地方来看，不断有城市出台对房地产放松的政策。从出台政策的内容看，皆属于比较温和的微调，有些调整尚不能对商品房供需产生直接影响，但部分城市的政策变化则信号明显，如深圳的房贷利率下调、北京的土地拍卖地块的限价条件取消、杭州的外地购房者社保缴纳条件放松，皆为十分明确的转向信号。

（二）利率拐点确认

房贷利率回调，拐点形成。2018年12月全国首套房贷款平均利率为5.68%，环比下滑0.03%；二套房贷款平均利率为6.04%，环比下滑0.02%，连续两月下滑。全国首套房贷款利率自2016年7月的4.44%的阶段性低点稳步增长至2018年11月的5.71%，连续上涨28个月。此次2018年12月的回调为两年多来的首次改善。结合当前宏观经济环境与房地产政策转变，笔者认为，房贷利率拐点已正式形成。

全面降准将缓解房地产行业资金压力。近期中央经济工作会议提到，"宏观政策要强化逆周期调节""稳健的货币政策要松紧适度，保持流动性合理充裕，改善货币政策传导机制"，经济下行压力下，逆周期调节与相对宽松的货币环境逐步出现，房地产资金环境边际改善。

三、2019年信托公司应重点关注两类机遇

（一）新形势下的股权投资时机

本轮房地产调控收紧始自2016年8月苏州和厦门等核心二线城市重启限购，已历时27个月，超过前几轮小周期中调控持续时间；在空间上，已经覆盖全国百余城市及

全国超半数县城，覆盖范围之深广，已超过历次调控。

房地产政策与市场的"时滞"体现在两个方面。一方面，一线、二线城市收紧政策与三线、四线城市去库存放松政策并存，在库存并非高位时，仍在加大力度推进的去库存加剧了供需关系的恶化，导致了房价从一线、二线向三线、四线城市的全面暴涨；另一方面，政策调控从市场反馈、政策研究、政策落实、政策效应评估，再到政策调整，周期往往经历数月，由于市场与政策研究的不完整性，导致市场表现与调控预期不符的情况历来皆极为常见，同时，将彼时之政策用于此时之市场，本身亦会造成市场变化与预期不符，地产调控较强的"时滞性"再辅以不同层级的政策及市场的研究能力，"因城施策"逐步演化为"一城一策"，造成了当前房地产市场极为紊乱的市场表现。反之，在政策再次放松时，我们仍将看到错综复杂且存在明显"时滞"的政策与市场。

综合上述政策与市场分析，我们看到，房地产行政调控与房贷政策已经形成由紧转松的拐点。政策放松的可能性和放松的尺度将随着库存增长而放大，持续的库存积累将使得房地产政策放松成为必然。在当前市场背景和监管背景下，地产股权投资（含并购）具有合理性，且收益较债性融资信托报酬具有更大的弹性。

（二）战略布局存量房地产金融服务

我国房地产存量市场将日益庞大，仅按原值计算，1991—2017年累计销售商品房（仅住宅）达71.2万亿元，现有价值保守估计超过200万亿元。一线城市二手房交易远超一手房交易，以深圳为例，2012年至2018年年中，二手房交易5173万平方米，新房交易2680亿平方米。二手房交易面积为新房交易面积的1.93倍。从全国范围来看，全国二手住宅交易金额已逼近新房交易金额，照当前进度看，全国二手住宅交易金额将在未来5年超越新建商品住宅交易额。

随着城市化的不断推进，存量房规模将逐年增加，二手房交易超过一手房交易的城市将越来越多，基于存量房基础资产的金融服务将越来越多，市场容量极大，存量房金融服务仍是一片蓝海。金融机构陆续开始进入存量房金融服务市场，尤以房抵贷金融服务突出。信托公司应该看到当前机遇，对其进行重点战略布局，丰富房地产信托业务的类型，形成更加多元的产品体系和更加专业的管理能力。

（执笔人：邹文军）

房地产政策微调背景下的交易对手选择分析*

随着房地产市场持续回落,自2018年12月以来,全国多地启动了房地产政策的微调,包括下调二手房交易税费、放宽购房资格要求、取消限售规定、下调首套房个人贷款利率等措施。在房地产市场回落,同时房地产政策微调、渐进式放松的政策预期下,信托公司开展房地产信托业务在交易对手的选择上也将有所调整。

一、今年以来房地产市场整体增速有所放缓

(一)销售情况回落,投资增速回升

国家统计局近日发布了房地产市场运行数据,2019年1—2月,中国商品房销售面积为14,102万平方米,同比下降3.6%;销售金额为12,803亿元,同比增长2.8%,增速回落9.4个百分点。1—2月,房地产开发投资同比增长11.6%,增速比去年全年提高2.1个百分点;其中,住宅投资增长18%,增速比去年全年提高4.6个百分点。房地产开发企业房屋施工面积增长6.8%,增速比去年全年提高1.6个百分点,自去年初以来增速持续回升。

(二)一线、二线城市回暖,三线、四线城市下探

2019年2月,51个重点城市一手房总体成交同比下降2.8%,但降幅较上月收窄1.7个百分点,其中一线城市(4城)销售同比增速达到44.6%,较上月的4.9%的同比增速大幅提高,主要是由于去年同期基数较小,而二线(17城)、三线(30城)销售同比增速分别为14.1%和-26.2%,三线、四线城市成交下滑明显。

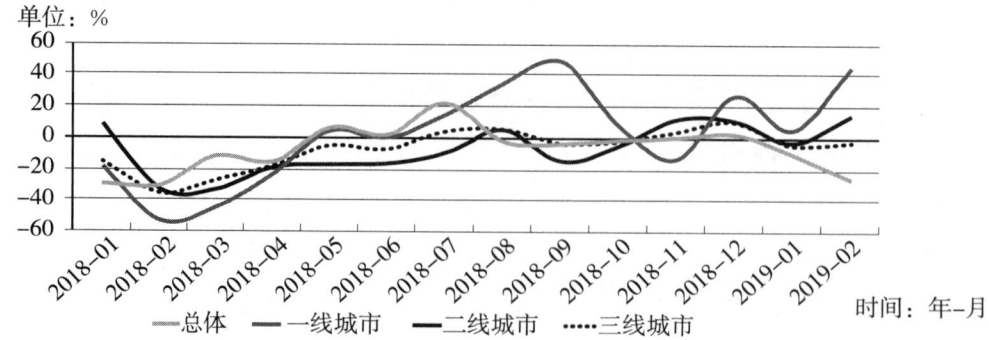

数据来源:Wind,中诚信托有限责任公司战略研究部整理。

图1 商品房销售额同比增速

---

* 本文写于2019年3月。

(三) 百强房企销售增速持续下降，拿地放缓

根据克而瑞披露的百强房企销售数据，2019年前两月百强房企全口径销售额达到11,743.2亿元，同比下降2.8%，分级别来看，Top3、Top10、Top20、Top50房企销售额分别为2613亿元、5088亿元、6895亿元和9857亿元，同比增速分别为-21.9%、-12.3%、-9.1%和-4.4%。

数据来源：Wind，中诚信托有限责任公司战略研究部整理。

图2 百强房企1—2月累计销售额及同比增速

从房企拿地的角度观察，2019年前两月拿地面积百强房企共新增土地建筑面积8,550.7万平方米，同比下降22.8%，拿地金额百强房企新增土地价值共4,020.1亿元，同比下降24.9%，具体到各指标Top20房企，拿地面积和金额分别同比下降17.5%和22.1%。从房企新增货值来看，共有24家企业新增货值超过百亿，其中Top10货值占百强货值的47%，集中度较1月提升了2个百分点。

二、房地产政策出现微调

(一) 淡化房地产调控目标

2019年国务院政府工作报告中房地产调控目标有所淡化。2018年"两会"中提及的"坚持房子是用来住的、不是用来炒的定位"在这次报告中并未提及，在中央与地方的调控目标中，房价的调控目的将弱化，一线、二线城市的"一城一策"也将获得更大的自主性政策空间。住房和城乡建设部部长表示，2019年将继续促进房地产市场平稳健康发展，具体做到"五个坚持"：一是坚持"房子是用来住的、不是用来炒的"定位；二是坚持完善住房市场体系和住房保障体系；三是坚持落实城市的主体责任，因城施策、分类指导，把稳地价、稳房价、稳预期责任落到实处；四是坚持调结构、转方式，大力培育租赁市场，重点解决新市民的住房问题；五是保持政策连续性

和稳定性，防止大起大落。

（二）多城市渐进式放松楼市调控

2018年12月，在"一城一策"调控思路框架下，包括北京、广州、深圳等一线城市在内的诸多城市皆出现了政策微调，包括取消限售规定、放宽购房资格要求、下调首套房个人贷款利率等措施。稳定房地产市场成为2019年各地政策主流，楼市也出现不同程度回温。

表1 各地房地产政策微调情况

城市	调整内容	房地产政策微调具体情况
菏泽	取消限售	取消"对主城区和住房成交量高、房价稳控压力大的县区实行新购住房限制转让措施，即所购买的新建商品住房和二手住房取得产权证书至少满2年后方可上市交易，非本地居民购房限制转让时间不少于3年"的规定
广州	放宽购房资格	发布《关于完善商服类房地产项目销售管理的意见》，不再"一刀切"地执行"商服类地产项目不得销售给个人"政策，规定2017年3月30日前土地出让项目不限定销售对象，可以销售给个人
深圳	下调利率	五大行中，建设银行、工商银行、中国银行将首套房贷利率从原来的基准利率上浮15%下调至上浮10%
上海	下调利率	工商银行、农业银行、中国银行、建设银行、交通银行对首套房贷利率打九五折
杭州	下调土地出让溢价	在近日的土地出让文件中，杭州将封顶溢价率由50%下调至30%，即当溢价率达到30%时锁定限价，转入竞报自持比例

资料来源：中诚信托有限责任公司战略研究部整理。

（三）二手房交易税费下调

作为国家减税降费的措施之一，2019年1月，财政部、国家税务总局发布《关于实施小微企业普惠性税收减免政策的通知》（京财税〔2019〕196号），对增值税小规模纳税人按50%征收增值税附加、印花税等相关税费。随后，北京、上海、广州税务部门明确该政策适用于个人出售住房。根据测算，一线城市房地产交易税费减免约0.3%，1000万元房产可减免2万—3.25万元。此次减税降税降低了二手房交易成本，促进了二手房交易，尽管由于所降税费占房屋价值比例较小，对楼市来说直接影响不大，但在当下楼市出现部分区域轻微企稳与回暖的情况下，对市场有一定的心理影响。

（四）稳步推进房产税立法

在2019年3月5日的政府工作报告中，李克强总理表示：健全地方税体系，稳步推进房地产税法。3月8日，十三届全国人大二次会议提到，今年要集中力量落实好制定一系列法案，其中包括房地产税法。从房产税实施的技术路径来看，立法是第一步，第二步则为基于产权登记的完整商品房数据库以及海量的二手房交易数据，构建商品房价格评估体系，并依此确定税基税率，第三步则为税收的征缴。因此，对于房产税的实施，短期来看，更多的为心理影响；长期来看，持有环节的房产税终将实施，将相应减少房地产持有价值，对价格的影响是负面的，其影响程度视税基税率而定，总体预估，对商品房价格形成短期冲击后，与其他因子共同构成决定房价的因素。

三、对房地产信托业务的交易对手选择的思考

从历年调控政策与市场反应看，政策终将引领市场，而市场也必然反应政策，二者存在时滞，使得市场与调控常出现"超调"、价格波动过于剧烈，从而给项目开发带来较大的不确定性，同时，城市圈级别的规划将对地产价值产生巨大影响，在区位的选择上，亦更需要基于国家战略角度去判别。因此，在交易对手的选择上，尤其是个体项目上，需结合上述判断综合衡量。对于新政策与市场环境下的房地产业务交易对手的选择，有以下三点建议。

（一）百强房企仍是信托公司房地产业务交易对手之优选

根据国家统计局最新发布的房地产运行数据，2019年1—2月中国商品房销售面积为14,102万平方米，销售金额为12,803亿元，以及根据克而瑞披露的百强房企销售数据，2019年前两月Top3、Top10、Top20、Top50、Top100房企销售额分别为2613亿元、5088亿元、6895亿元、9857亿元和11,743亿元，市场占有率分别为20%、40%、54%、77%和92%，百强企业市场占有率已近92%。市场容量之大，与百强房企市场占有率之高，使得百强房企仍是信托公司地产业务交易对手之优选。

（二）上升为国家战略的三大城市圈机会值得重点关注

根据2019年政府工作报告，政府将促进区域协调发展，提高新型城镇化质量、将长三角区域一体化发展上升为国家战略，编制实施发展规划纲要、落实粤港澳大湾区建设规划，促进规则衔接、京津冀协同发展重在疏解北京非首都功能。粤港澳、长三角、京津冀三大城市圈发展规划将持续释放红利，宜结合"一城一策"评估城市地产投资价值。

（三）应当高度重视中上游房企的多样化投融资需求

2019年，房地产行业融资预计仍保持紧缩态势，房企需要拓展多元化融资渠道缓解资金压力。对于信托公司来说，在开展传统房地产融资业务的基础上，还应当围绕合作伙伴的新型融资需求，延伸地产业务链条，推进房地产业务模式转型升级。信托公司可与中上游房企或区域市场中的主流开发商合作，开展房地产真实投资、并购等业务，提升房地产业务主动管理能力。信托公司也可围绕房地产核心企业，提供购房尾款融资、供应链应付账款融资以及在商业地产、长租公寓等领域开展Pre-ABS/ABN等新型融资业务。

（执笔人：邹文军）

从房企百强榜单排名看房地产信托的新趋势[*]

房地产企业百强排名是衡量房地产企业综合实力的重要指标，也是信托公司选择房地产交易对手的重要参考。2019年房地产企业百强排名发布以后，我们看到百强企业总体排名变化较大，但强者恒强的特征依然存在，变化的百强名单反映出房地产市场的新格局，对房地产信托业务也会产生一定的新影响。

一、新排名：百强变动相对较大但二十强相对稳定

2019年中国房地产开发企业榜单前三强仍由恒大集团、碧桂园集团、万科集团占据。其中，恒大集团再次蝉联第一。从榜单来看，二十强房企名单微变，百强变动相对较大。与2018年榜单相比，百强榜单中排名上升最快和下降最快的五家房企如表1所示。

表1 百强榜单同比排名上升和下降最快的房企

上升最快的5家房企			
企业名称	2019年排名	2018年排名	排名变化
上海建工房地产有限公司	75	151	+76
越秀地产股份有限公司	66	122	+56
中国金茂控股集团有限公司	25	55	+30
亿达中国控股有限公司	98	128	+30
中天城投集团有限公司	84	113	+29
下降最快的5家房企			
企业名称	2019年排名	2018年排名	排名变化
国购投资有限公司	213	69	-144
文一地产有限公司	125	68	-57
荣和集团	139	87	-52
实地集团	123	79	-44
保集控股	132	90	-42

数据来源：中诚信托有限责任公司战略研究部整理。

这次榜单百强房企中，中国金茂控股集团有限公司（以下简称中国金茂）排名的迅速上升给人印象深刻。年报显示，2018年中国金茂实现合同销售额1280亿元，首

---

[*] 本文写于2019年4月。

次突破千亿元大关，同比增长85%，业绩增幅明显高于同规模房企。中国金茂的排名上升主要可以归结为以下四个因素：一是销售贡献主要集中在一线城市及热点二线城市，销售业绩占比分别为45%、43%，长三角区域业绩贡献占据半壁江山，占比达56%。二是物业开发与租赁业务提升了公司盈利能力，2018年中国金茂毛利率增长至38%，同比上升6个百分点，净利率达19%，同比上升2个百分点，归母净利率为13%，其中物业开发营收同比增长26%实现营收337亿元，毛利率提升了7个百分点至36%，物业租赁毛利率同比增长4个百分点至87%，营收同比增长6%。三是土地资源储备充裕，2018年新增土地总价896.31亿元，新增建筑面积达1,103.32万平方米，截至2018年年底总土地储备量达6278万平方米，其中物业开发土地储备面积为4148万平方米，能够支撑企业完成2019—2020年1500亿元、2000亿元的销售目标。四是注重未来发展布局，从土地储备区域分布上看，中国金茂持续重仓二线城市，并逐步扩大潜力三线、四线城市的土地资源。

排名下降最快的百强房企TOP 2是国购投资和文一地产，其排名分别从2018年的第69位、68位下降至2019年的第213位、125位。值得注意的是，这两家房企均来自于安徽省合肥市，且地产业务板块的布局也主要在合肥。其中，国购投资的房地产项目集中于安徽省内，且合肥市占比高达70%。截至2019年3月19日，国购投资未兑付债券还有10只，总计金额接近50亿元。由于出现违约，联合信用将国购投资主体及债项信用等级下调为"C"。而在2018年，其位列中国房地产开发企业69强、中国民营企业243强，企业联合信用评级AA。自2016年10月起合肥市房地产限购限贷政策陆续出台，合肥市商品房销售额和销售面积增速持续回落，导致企业房地产业务受挫，盈利下滑。

二、新格局：房地产行业集中度持续提升

2019年中国房地产企业500强测评报告显示，2018年房地产行业马太效应依然十分明显。市场因素是造成房地产企业分化加剧的重要原因之一。一方面，领先房企的销售集中度较高，前百强房企销售规模增长28.94%，前50强房企销售规模占比全行业51.95%，销售破千亿的房企数量创纪录地新增至30家；另一方面，头部企业货值集中度较为显著，51%的土地被排名前十的企业购得。同时，龙头房企的优势并不局限于住宅开发，已逐步向长租公寓、物流地产、商业地产、物业服务等领域扩展。强者恒强更加明显，少数实力雄厚的大型房企受益于行业整合与融资优势，业绩得到进一步提升，优势进一步扩大；而中小型房企依然举步维艰，成长空间及市场份额进一步被挤压，500强房企中销售额低且呈现负增长的企业不在少数。由于融资困难，尾部企业则要面临资金链断裂等问题。

房地产调控政策对房地产行业的集中度也有一定影响。2014到2018年的本轮房

地产调控周期具有一些不同的特点。首先，去库存的政策延长了景气周期。在一线、二线城市出现回调的情况下，棚改货币化政策和配套的金融宽松，支撑了三线、四线房地产市场近几年的繁荣。对于在三线、四线城市布局的房地产企业来讲，其综合实力得到了政策的持续支撑。其次，政策收紧相比过往更长一些。从2016年的"930"（北京市人民政府办公厅转发北京市住房城乡和建设委员会等部门《关于促进本市房地产市场平稳健康发展的若干措施》）到2018年年底部分区域开始放松，长度跨越27个月。在漫长的政策收紧期内，综合实力较强的公司与中小房地产企业之间的差距在不断扩大。最后，与以往全国政策"一刀切"不同，目前政策调整为"房住不炒"和"因城施策"（甚至"一城一策"），各线城市之间周期出现对冲，对房企来说，除了关注全国大环境外，也要兼顾深耕区域的具体情况和所处周期。因此，市场前景较好的区域、综合实力较强的房企，其项目风险相对可控，发展前景整体较好。房地产市场以及房地产企业的集中度随着政策的变化出现了整体更加集中的趋势。

三、新影响：房地产信托业务在集中趋势下积极探索新模式

（一）房地产信托仍是信托业务的重中之重

据用益信托网数据显示，2019年3月房地产集合信托业务成立规模为569.68亿元，依然处于历史高位。信托业协会发布的2018年第四季度信托公司业务数据显示，受到打破刚性兑付、资金紧缩等一系列政策的影响，2018年行业集合信托成立规模较2017年下降约8%。但是与总体规模变化趋势相反的是，房地产类集合信托规模较2017年增长了约36%，由此可见，房地产信托依旧是信托业务的重中之重。但是，房地产投向集合信托成立规模的增速已出现回落，2018年第一季度房地产投向集合信托成立规模1,385.09亿元，同比上涨幅度高达115.56%，而今年第一季度房地产投向集合信托成立规模1,580.69亿元，同比增速降至14.12%。

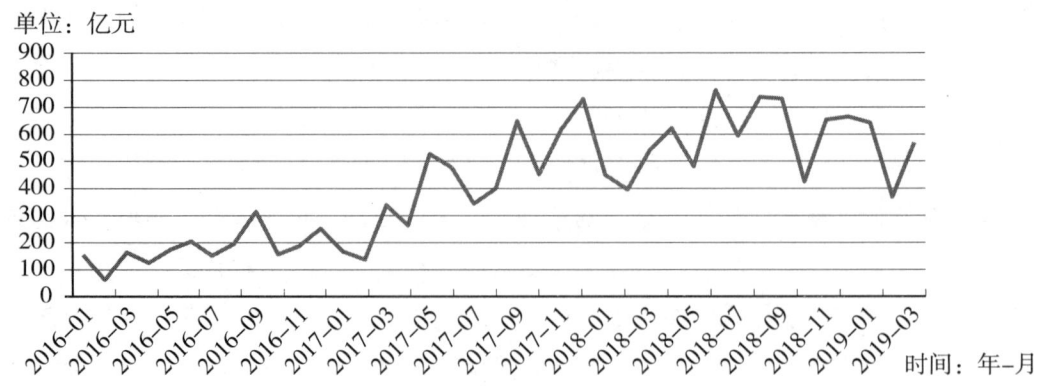

数据来源：中诚信托有限责任公司战略研究部整理。

图1　2016年1月至2019年3月房地产投向集合信托成立规模

（二）房地产信托出现两方面的集中趋势

一是交易对手继续向百强企业集中。克而瑞披露的百强房企销售数据显示，2019年前两月 Top10、Top50、Top100 房企销售额的市场占有率分别为 40%、77% 和 92%。在两极分化、强者恒强的新格局下，信托公司更应该选择头部房企进行合作以降低项目风险，榜单中的百强房企自然成为首选。

二是项目区域向热点地区集中。在"因城施策"的政策背景下，房地产项目所处的区域就显得极为重要了。信托公司应优先选择市场行情较好的区域进行展业。2019年政府工作报告指出，政府将促进区域协调发展，提高新型城镇化质量、将长三角区域一体化发展上升为国家战略、编制实施发展规划纲要，落实粤港澳大湾区建设规划、促进规则衔接，京津冀协同发展重在疏解北京非首都功能。粤港澳、长三角、京津冀三大城市圈的战略地位已相当突出，并将持续释放红利。同时，信托公司应结合"一城一策"评估各城市地产的投资价值。

（三）房地产业务模式向多元化发展

数据显示，2018年房地产销售增速略有回调，结合当下政策形势，房地产行业已告别高速发展周期，转为精细运作、深入挖掘的发展阶段。房地产信托作为房地产融资的主要渠道，目前通过债权的方式为房地产企业开发建设项目以及并购提供融资支持仍占据房地产信托业务的主导地位。但是"资管新规"对于资管产品投资非标准化债权资产在限额、期限错配方面有更为严格的限制，未来房地产企业通过非标准化举债放大杠杆的路径会越来越窄。新的市场形势和政策环境下，房企需要新的融资模式以谋求发展，信托公司则需要加快业务模式的转型升级，积极探索新的业务类型，以满足房企多元化的融资需求。真实股权投资、REITS（房地产信托投资基金）、上下游供应链应收账款融资、商业地产等新型融资业务模式都是值得信托公司努力探索和积极尝试的新方向。

（执笔人：韩鸣飞）

对房地产真实股权投资信托业务的风险分析[*]

23号文发布之后，银保监会的严监管和高压态势仍将持续。真实股权投资将成为信托公司开展房地产前端融资业务的重要模式。本文重点探讨房地产真实股权投资信托业务的风险点和信托公司可采取的风控措施，为信托公司开展相关业务提供参考。

一、房地产真实股权投资信托业务可能存在的风险

（一）资产价值评估风险

股权投资金额应与投资资产的价值相匹配。若前者小于后者，则造成的资金缺口会影响项目进展，或者需要再融资，这些都会影响项目收益；若前者大于后者，则会产生过度投资，多余资金的沉淀会影响资金使用效率，同样会降低投资资金的收益率。因此，合理评估投资资产的价值就显得极为重要了。

（二）经营风险

导致经营风险的因素有很多，如公司管理不规范、成本进度把控不严、公司决策出现严重失误、工程出现重大事故等。经营风险的遏制需要通过合理设计、规范经营、加强管理等措施实现。

（三）财务风险

财务风险是指股东未来收益的可变性和企业降低或丧失盈利能力的可能性，其往往是由项目的经营风险导致，直接体现在项目现金流和盈利能力不能达到投前测算的水平。

（四）法律风险

股权投资没有抵押、质押担保来兜底，协议条款往往非常复杂且涉及非常多的细节。相比债权融资协议，股权投资协议存在法律漏洞和风险缺口的概率要高得多，这对信托公司后台风控提出了更高的要求。

（五）政策和市场风险

当项目所处区位发生政策调整或市场波动时，都可能影响项目的开发、销售进度，进而影响到项目的现金流。信托公司在投前尽调和存续管理中都应密切关注当地的政策和市场行情，以便作出及时的调整，维护投资人利益。

---

[*] 本文写于2019年6月。

二、信托公司可采取的风控措施

（一）全面细致的投前研究

在对房地产项目进行股权投资前，应对区域市场、项目可行性、交易对手、项目现金流测算等方面进行充分的调研与分析。

（1）区域市场研究：应重点研究项目区位的经济社会环境、房地产市场环境和竞品（即同类型产品）环境。人口变化趋势和竞品去化水平的研判是关注的重点。

（2）项目可行性研究：主要集中在项目历史、项目板块、目标客户、开发业态、开发计划和财务分析这六个方面，综合考量项目的合规性、可行性和盈利性。

（3）交易对手的研究：主要包括集团情况、当地口碑、项目团队能力三个方面。既包括对开发商集团公司的全面调研，也包括对区位项目管理团队的深入了解。

（4）项目现金流测算：需综合项目规划及定位、项目已投及成本控制、项目施工现状及进度计划、销售策略及销售计划、证照获取计划、财务预算、税收及清缴政策、资金筹措、模拟清算等一系列分析进行，力求现金流量表的测算足够精准，对产品设计和可行性研判提供强有力的参考价值。

（二）派驻管理

信托公司对项目要做派驻管理，并且要控制项目公司的核心岗位（如法定代表人、董事长及董事会多数名额、财务负责人等），对整个项目的进度、成本、销售、资金、印章、证照等几乎所有关键事项都要做全程的管控，这就需要信托公司拥有强大专业管理团队支撑。

（三）对赌和管控

1. 成本对赌和管控

前期项目方案设计时，既要做单项成本对赌，也要做总成本对赌，要对开发商提供的成本数据做到二级科目的审核。在锁定成本的同时，允许有一定合理的浮动空间。在派驻管理中也要严格进行成本管控，原因有二：一是通过成本管理获得更大的利润空间；二是对冲可能的市场下行风险。

2. 进度对赌和管控

整个项目的现金流测算是以项目进度为基准的，相关产品架构也依据项目进度来设计，因此一旦项目进度出了问题，会直接影响现金流，进而影响信托产品的收益、分配和清算。因此，项目进度的对赌和管控就显得尤为重要了。在相关协议中应对项目开发的重要节点（例如，什么时候拿到"四证"、什么时候达到预售条件等）做对赌约定，并在项目存续期内加强对项目进度的管理和督促。

（四）降价销售权和强制随售权

1. 降价销售权

在某个期限内，如果现金流达不到约定条件，信托公司有权进行降价销售。降价销售权的设置，另一方面可以督促地产公司积极推进工程进度和销售进度，一方面可以保障信托计划的按期退出和兑付。

2. 强制随售权

当地产公司触发违约条件而其又拒绝回购信托公司股权时，信托公司有权将自己的股份按照己方给出的对价卖给任意第三方，同时要求地产公司将其所持有的股份按照己方给出的对价转让给第三方。因为当信托公司转让部分股权时，很多地产商不愿意接受，但是如果强制将所有的股权都一起转让出去的话，就有足够的诱惑力了。强制随售权的设立是为了在违约条款发生时，信托计划能够顺利处置股权，实现退出。

（五）差额补足和流动性支持

在设置成本对赌和进度对赌后，可以约定集团公司对项目公司的成本和流动性缺口有补足义务。

（六）再融资与盈余资金调配管理

1. 项目再融资

项目在开发过程中可能需要进行"四三二"债权再融资，双方应约定好融资价格和担保措施。通常情况下，可以约定不低于某融资价格（往往是信托公司所能承受的最低融资价格）时，必须由信托公司自己进行融资，否则可以向其他金融机构进行债权融资，以实现信托公司利益的最大化。

2. 再融资担保

因为信托公司无法提供担保，所以需在协议中约定，发生对外担保时，开发商要做超额担保（即不按照股权比例做担保），超额替代担保部分，信托公司需向开发商支付担保费，担保费可从股权收益里扣除。

3. 盈余资金调配管理

再融资的资金和销售回款的资金，会形成盈余资金。在投资协议中应明确盈余资金的定义，并明确盈余资金调配管理的方案。

三、结束语

房地产股权投资往往需要"一事一议"，其交易架构较为个性化，以上列举的风险点和风控措施也仅是经验总结。在信托行业，房地产股权投资业务尚处于摸索阶段。新的监管政策和市场环境为房地产股权投资业务提供了良好的环境，加强对此类业务风险及其防控措施的理解，将成为信托公司的重点研究课题。

（执笔人：韩鸣飞）

新形势下的房地产融资压力与风险挑战*

在经历了2019年年初房地产市场的"小阳春"后,随着一系列监管政策的出台,房地产融资环境不断收紧,房企融资压力持续加大。新形势下,房地产企业的融资环境将促进行业分化,并在客观上带来了一定的房地产融资业务风险。

一、房地产融资政策持续收紧

2019年第一季度,房地产企业的整体融资环境延续了2018年年底的回暖趋势,前4个月到位资金同比增速8.9%,比上年同期高6.8个百分点。随着部分区域房地产价格的持续增长,从5月开始,监管部门陆续出台了一系列房地产融资政策,发表相关意见并进行窗口指导,房地产融资收紧力度持续加大。

表1 2019年5月以来针对房地产融资的相关政策或新闻

时间	监管部门及政策文件	主要内容
5月17日	银保监会《关于开展"巩固治乱象成果 促进合规建设"工作的通知》(银保监发〔2019〕23号文)	要求商业银行、信托、租赁等金融机构不得违规进行房地产融资,重点申明了要对银行、信托等金融机构对房地产行业的放款加强监管工作
5月底	中国人民银行、证监会	中国人民银行、证监会将联手对此前拿地较为激进的"地王"房企在公开市场融资加以限制
6月中旬	银保监会	在第十一届陆家嘴论坛上,银保监会主席郭树清表示:必须正视一些地方房地产金融化的问题。房地产业过度融资,不仅挤占其他产业信贷资源,也容易助长房地产的投资投机行为
7月初	银保监会	多家信托公司收到银保监会窗口指导,要求控制房地产信托业务规模
7月12日	国家发展改革委《关于对房地产企业发行外债申请备案登记有关要求的通知》(发改办外资〔2019〕778号)	要求房地产企业发行外债只能用于置换未来一年内到期的中长期境外债务
8月初	银保监会《中国银保监会信托部关于进一步做好下半年信托监管工作的通知》(信托函〔2019〕64号)	坚持去通道目标不变,力度不减;加强房地产信托合规管理和风险控制;推动优化信托机构业务结构,防止信托资金流入限制性或禁止性领域

资料来源:中诚信托有限责任公司战略研究部整理。

---

* 本文写于2019年8月。

二、房地产企业面临的压力不断增加

在融资收紧的大环境下,房地产企业面临的压力不断增加,行业分化不断加剧,具体体现在以下四个方面。

(一)传统融资渠道明显受限

一是监管政策明确对房地产融资加强监管。2019年5月17日银保监会印发23号文,明确要求商业银行、信托、租赁等金融机构不得违规进行房地产融资,特别申明了要对银行、信托等金融机构对房地产行业的放款加强监管工作,重点针对市场上的违规前端融资行为。房企从银行、信托等金融机构获得开发贷款等资金支持一直是其获得融资的主要途径,监管要求趋严势必提高其从金融机构融资的难度。

二是房地产信托规模受到严格管控。在23号文的基础上,7月初,多家信托公司接受银保监会窗口指导,被要求控制房地产信托业务规模,房地产信托规模不得超过6月末的规模;已备案项目不影响发行及成立,未备案项目一律暂停;符合"四三二"的通道业务也包含在内。8月初,银保监会向各银保监局信托监管处室下发《中国银保监会信托部关于进一步做好下半年信托监管工作的通知》,进一步强调了加强房地产信托合规管理和风险控制,坚决遏制房地产信托过快增长、风险过度积累的势头。

(二)境内外债券发行难度提升

从境内发债来看,5月地产境内债发行量239亿元,环比减半,同比减少近60亿元;6月发行量继续减少,仅发行172亿元,同比减少近200亿元。此外,今年也是债务到期的高峰期,净融资额仅100多亿,同比大幅减少了近1000亿。新增债券融资向高评级龙头房企集中,今年顺利发债融资的房企主要是AAA级主体,累计净融资量478亿;AA+级发债房企今年上半年累计净融资额-74亿元,而AA级及以下评级房企月度净融资额均为负。

从境外发债来看,今年上半年房企在境外发债的金额达到491亿美元,同比增长26.7%;同期到期量206亿美元,同比增长62.5%;净融资额累计291亿美元,同比增长9.7%。但是,7月12日后对房地产境外发债募集资金的要求更加严格,房企发行外债只能用于置换未来一年内到期的中长期境外债务,并要求在外债备案登记申请材料中列明拟置换境外债务的详细信息。据统计,房企境外债在下半年到期的规模有124亿美元,2020年上半年还有213亿美元,也就是说未来一年到期大约337亿美元。在新的监管要求下,房企境外融资的新增规模将受限。

(三)资产负债压力较大

在房地产开发需求带动下,房企往往通过大规模融资用于项目建设或者拿地,整个行业的负债规模不断攀升。以债券融资为例，据统计，40 家发债的上市房企中有多家的融资成本不断抬升：2018 年年底合计带息债务规模达到 4.92 万亿元，较 2017 年年底增长了 19.8%。

除负债规模不断增长外，房企的资产负债率也一直居高不下。据统计，120 家上市房企的资产负债率平均水平约为 65%。其中，资产负债率在 65% 以下的也只有 43 家，仅占 36% 左右；24 家房企的资产负债率在 80% 以上，占比 20%；9 家房企的资产负债率在 70%—80%，占比 7.5%。房企普遍的资产负债率都比较高，融资环境的收紧无疑会加剧房企的偿债压力。

（四）销售回款面临压力

一方面，今年以来，中央及地方关于房地产的政策思路，依然延续"以稳为主、因城施策"的基调。政府坚持"房住不炒"、稳妥实施落实房地产市场发展长效机制方案。因此，各地限购限售政策依然没有明显的松动迹象。楼市交易在 3 月、4 月呈现短暂回暖之后，随着楼市政策环境收紧预期增强，市场又在降温。上半年重点城市商品住宅成交规模稳中有降。Wind 数据显示，第二季度全国 30 个大、中城市商品房成交面积 4755 万平方米，同比大幅下跌 14.66%。另一方面，房贷利率的居高不下对房产销售也构成了非常不利的因素。融 360 大数据研究院监测数据显示，今年 7 月全国首套房贷平均利率为 5.44%，环比上涨 2 个 BP（基点）；二套房贷平均利率为 5.76%，环比上涨 1 个 BP。预计下半年楼市限购限售政策将持续，房企依然面临严峻的销售资金回流压力。

三、加强对存量房地产信托业务的风险关注

融资收缩的环境下，房地产企业承受的经营压力不断加强。房地产市场下行周期内，房地产项目也面临着许多风险。新形势下，信托公司应对存量房地产信托业务进行深入剖析，采取有效措施积极应对，化解项目潜在风险，保证业务顺利到期清退。

（一）关注房地产企业的资金状况

如本文前述，房企一方面遭遇融资困境，另一方面面临销售回款压力，企业资金运转必然面临严峻考验。因此，现在对存量房地产业务的存续管理工作中，应重点关注房企或项目公司的资金周转情况。

一是对存量业务房企的资产负债情况应保持关注，警惕资产负债率过高、短期偿债压力大、资金准备不充足的交易对手。

二是关注房企及项目公司的现金流情况，对企业和项目的融资、债务兑付、销售

回款等状况深入调查了解,发现未来现金流有可能出现问题从而影响到本息偿还的,应提早拟定应对方案,及时采取有效措施。

三是关注房企的投入情况,主要是通过拿地进行项目储备。有些房企在融资收紧前过度拿地,在融资变得困难后就很容易爆发拿地资金本息难以兑付和项目开发资金紧张等状况。信托公司应细心排查此类交易对手,谨慎开展业务。对于存量业务交易对手存在此类风险的,应积极制定和采取应对措施。

四是关注房企的破产、并购风险。融资收紧导致行业马太效应加剧,中、小房企面临更严峻的融资困难。另外,市场处于下行周期,能力较弱的房企也会出现经营困难。因此,新形势下中、小房企被并购或者申请破产的情况也会时有发生。人民法院网站显示,截至7月12日,全国已有200多家房企申请破产,主要以中、小企业居多。在业务开展过程中,对这种情况的发生也应做到早发现、早准备。

(二)关注房地产项目的资金监管

融资环境进入下行周期,房企面临诸多困境,急需资金缓解经营压力,其挪用项目资金的风险也大幅提升。为防范这一风险,项目资金监管的加强刻不容缓。

项目资金监管主要有两方面:一是业务放款资金的监管,信托公司应加大对放款资金使用的审核和监督力度,要确保业务放款资金全部用到项目上;二是销售回款资金的监管,确保销售资金回款部分或全部继续用于项目建设或偿还贷款,保证项目施工、销售进度和贷款本息的偿还。

房地产项目资金监管的具体方式和手段有以下几点可供参考。

(1)贷款资金监管:对企业的放款户进行监管,监管措施可以是预留印鉴、资金监管或网银密钥,其核心目的是如果没有信托公司同意,资金无法对外划转。

(2)委派人员跟踪项目进度:对施工合同、工程款项、施工进度进行查核,确保每一笔工程款的真实性,这个委派人员可以是信托公司自己的员工也可以是信托公司委派的第三方。

(3)章证照共管:信托公司将项目公司的所有印章和证照进行共管,非经信托公司同意,项目公司不得使用印章。

(4)销售回款账户监管:信托公司必须对销售户进行最严格的监管,预留印鉴、资金监管协议或者网银密钥。

(5)委派人员核查项目销售进度:核实项目销售的数量和金额,确保每一笔销售资金都进入销售回款账户。

(6)设置销售进度对赌条款:如果达不到预设的销售进度,可以要求对方交罚金、提前部分还款等。

（三）关注区域市场的动态变化

一是密切关注区域市场的需求变化，主要是人口流动情况等。目前房地产市场调控政策和区域人口人才政策下，一些经济发达区位（如北京等地）虽然暂时可能出现人口流入减少的情况，但从长远来看区域发展优势明显，具有核心竞争力，依然是值得开展业务的区域。还有一些地区（如雄安新区等地）虽然目前尚处于发展初期，但因国家发展战略和政策倾斜等，未来极具发展前景，也是可以考虑的展业区域。信托公司应密切关注区域市场的需求变化，调整存量业务的风险预案，最大程度降低项目可能出现的风险。

二是及时关注市场政策变化。在"因城施策"政策基调下，各区域将结合自身发展特点，不断调整区域政策。因此，信托公司应时刻关注区域行业政策的变化，相应地对业务的风控措施和管理手段进行调整，对可能出现的风险进行预判和预防。

三是时刻关注抵押物、质押物价值的变化。市场行情和政策的变化，无疑都将直接影响抵押物、质押物的价值。信托公司应结合市场行情和政策的变化，不断对抵押物、质押物的价值进行评估判断，即是对存量项目风险的实时研判，以便及时采取应对措施，将可能出现的风险扼杀在摇篮里。

（执笔人：韩鸣飞）

信托公司开展城市更新业务的主要类型与发展空间*

2019 年中央经济工作会议提出，"要加大城市困难群众住房保障工作，加强城市更新和存量住房改造提升，做好城镇老旧小区改造，大力发展租赁住房"。城市更新是城市发展到一定阶段的必然产物，也是房地产市场高阶发展的必然出路。目前在我国城镇化率较高的发达地区，房地产开发已从增量时代进入存量时代。信托公司应及时把握市场转型机遇，配合国家发展战略，响应中央政策号召，积极拓展城市更新业务。

一、信托公司开展城市更新项目的基本情况

2017 年以来，信托公司参与的城市更新项目明显增多，且具有以下特点。

（一）项目多在重点城市的核心区域

信托公司参与的城市更新项目多数位于重点城市的核心城区，如北京、上海、广州、深圳、武汉等重点一线、二线城市的核心腹地，且以深圳市的项目居多。

（二）城市更新信托产品大部分归类为房地产信托

城市更新项目大致可以分为城市基础设施建设和建筑物改造，后者又分为商业物业改造和住宅地产改造。信托公司发行的城市更新产品中，只有少数是纯粹的基建信托产品，其余均归类为房地产信托。

（三）项目兼具基建和房地产双重属性

城市更新改造项目往往由政府统一规划并组织招标、投标，政府在城市更新改造中扮演重要的角色。城市更新项目实质上大多是与当地政府（或政府平台公司）开展的合作，可以类比政信类项目。

（四）项目的参与机构主要为政府、投资机构、开发商和服务商

城市更新项目前期的参与者为政府，中、后期引入投资机构、开发商和服务商。其中投资机构主要为房地产投资基金、投资管理公司和金融机构等。

二、信托公司开展城市更新项目的主要类型

（一）传统债权、股权、"股+债"模式

信托公司积极通过股权投资、"股+债"等模式深度参与城市更新项目，通过专

---

* 本文写于 2019 年 12 月。

业的主动管理获利。从过去信托公司开展的城市更新项目来看，形式并不局限于简单的债权融资。目前城市更新常用的融资方式为"股+债"，通过股权和债权相结合的方式，为城市更新项目提供资金支持。

【典型案例】安信信托深圳罗湖城市更新项目：安信信托发行集合资金信托产品募集资金，用于向项目公司增资和提供股东借款。资金最终用于支付罗湖项目的拆迁安置补偿费用、补缴土地出让金和项目开发建设。增资款和股东借款根据项目资金需求分期投入。安信信托实施财务审计、工程与销售节点管理等主动管理措施。

（二）操盘管理模式

信托公司直接投资控股并操盘管理城市更新项目，充分发挥全程主动管理的作用，发现并获取城市中具有可更新改造机会的商用物业，通过改造升级以及提供持有期间专业的运营管理服务，使其成为现金流稳定的核心资产，从而在实现物业价值提升的同时获得收益。

【典型案例】中融信托太阳宫中融广场项目：中融信托成立全资子公司中融长河资本投资管理有限公司（以下简称中融长河）。中融长河子公司与中融信托发行的集合资金信托产品共同收购北京百盛百货太阳宫店。项目收购完成后，中融信托综合周边业态及区域特色，将该商业物业全新升级改造成国际绿色环保认证的LEED（能源与环境设计先锋奖）金级甲级写字楼。在预租阶段，德国大众集团已锁定本项目作为其中国区总部，并于2018年完成整租签约，正式启用。

（三）夹层基金模式

信托公司往往选择与专业的资产管理团队合作，在产品设计上充分发挥信托优势，兼顾各方需求，以夹层基金模式为主，参与到城市更新项目中。通过合理的资金组织和灵活的结构安排，解决了各方在参与城市更新业务中所面临的资金需求大、久期长等难点，并且各方能够充分发挥自身优势进行互补，因而这种模式获得普遍好评。

【典型案例】爱建信托上海广场项目：爱建信托发行结构化集合资金信托产品，用于并购改造上海广场项目。由信托公司控制收购主体公司股权，收购完成后，委托专业资产管理团队入场进行全封闭管理。产品设计上发挥信托优势，兼顾各方需求，以夹层基金模式为主。爱建信托向SPV（特殊目的载体）和项目公司分别派驻一名董事，拥有重大事项一票否决权，同时设置对赌条款。

三、信托公司开展城市更新业务的发展空间

（一）城镇化发展进程带来城市更新市场需求旺盛

一般来说，当城市化水平超过80%后，城市更新的作用就开始凸显出来，成为城

市可持续发展的重要方向。尽管我国平均的常住人口城镇化率在2018年年末依然低于60%，但超大型城市、特大城市、部分大城市人口城镇化率已经超过80%或位于70%—80%，通过城市更新盘活存量土地资源实现可持续发展已经势在必行，这将带来大量的城市更新需求，值得引起信托公司的高度关注。

从区域对比来看，我国珠三角城市群连片发展最彻底、常住人口城镇化率也最高：广东省城镇常住人口占比为70.7%，具体来看，截至2018年年末深圳达到了100%、佛山为95.0%、东莞为91.0%、珠海为90.1%、中山为88.4%、广州为86.4%，均超过85%。长三角是我国最大的城市群，包括上海、江苏、浙江和安徽四省共计26个城市，其中上海和南京常住人口城镇化率都超过了80%；杭州、无锡、苏州、合肥、宁波、常州和镇江在70%—80%。京津冀城市群城镇化率从2010年的55.7%上升到2018年的65.8%，其中北京、天津城镇化率均超过80%，而其他城市城镇化发展水平相对落后。上述这些城市都有巨大的城市更新潜在需求，值得高度关注。

（二）城市产业、人口、资源调整为城市更新提供动力

城市的产业结构的变迁和升级、人口资源的集聚、内部结构的调整，也会给城市更新提供驱动力。从国际经验看，一个城市的发展一般会经历由工业型经济向服务型经济的升级转变、低端服务向中高端服务化发展、区域性中心向国际中心城市跨越的过程。产业、人口、资源的集聚能带来更高的效率，中心城市会对人口有持续引力。当城市进入存量房交易为主的发展阶段后，特别是像现在又面临限售时间的限制，城市的住房土地供应必须要通过城市更新才能保证一定的持续性，来满足民生居住问题。从城市内部结构来看，各区域的配套功能和空间承载能力需要与周边的产业特征、人口密度和土地开发强度相适应。土地的稀缺性、维持"地价及房价"的稳定也导致了土地节约集约利用的必然性，这都需要通过推进城市更新来统筹解决。城市更新不仅提升改善了城市面貌、丰富完善了相应的城市功能，也可以是推进区域或城际融合、产业协同嫁接、空间格局重新塑造、经济利益重新划分的重要抓手。信托公司在开展城市更新业务时，应充分结合当地产业、人口、资源结构调整情况，配合地方政府政策和发展方向，优化和提升存量资源的改造价值。

（三）城市更新市场方兴未艾，信托公司参与潜力巨大

政府政策导向方面，在2009年以前，我国绝大部分城市的房地产市场还没进入存量发展时代，新房供应依然是以增量土地供应为主，很多城市还在不断推进新区规划，城市更新的概念还没有形成，更多的是"违法建筑拆除""城中村改造""棚户区改造"等相对单一的概念。2009年原国土资源部与广东省开展部省合作，推进节约集约

用地试点示范省建设。2009年10月，深圳市在全国率先颁布了《深圳市城市更新办法》，将原有的"旧改"概念升级为"城市更新"，是全国最先迈入城市更新常态化和制度化阶段的城市。当下越来越多的城市开始注重城市更新概念，把城市更新作为经济增长的内生新引擎。但因为各地城市发展进程和产业布局的区别，城市更新政策也不尽相同，更新改造模式也在不断迭代。

项目区域分布方面，城市更新主要区域为北京、上海、广州、深圳等一线和热点二线城市，城镇化率较高的中西部城市，如西安、武汉、贵阳等也在纷纷加大力度推进城市更新，加速城市建设，改善人居环境，并取得显著成效。

投资参与主体方面，目前的市场主力主要是房地产开发商和私募基金。前者侧重于旧城、旧村、旧厂的拆除重建类的项目投资，后者偏重于存量资产的改造盘活。也有一部分以轻资产运营为核心竞争力的企业，通过与房地产商或者私募基金合作，正在往重资产模式延伸。信托公司参与城市更新显得远远不足，拥有巨大发展潜力。

（四）信托公司开展城市更新业务的专业能力亟待提升

从披露的市场数据来看，多数信托公司开展的业务还未涉足城市更新领域。面对现阶段城镇化发展带来的旺盛需求，信托公司应积极配合国家发展战略，响应政府政策号召，努力拓展城市更新业务。总体而言，信托公司应在以下几方面进行战略部署，以提升自身业务能力，适应当下市场发展。

1. 深入开展行业研究，准确把握项目风险点

信托公司要充分了解各城市、各区位的发展战略，进而掌握各城市更新项目的开发改造需求，甄别项目的可行性和营利性，对拆迁、施工、出租销售等管理运营过程中的风险点作出准确研判。因为城市更新项目大多由政府主导，其逻辑更接近政信类业务而非房地产业务，这一点需要格外注意。

2. 提升主动管理能力

目前城市更新项目通常采用股权而非债权的模式进行。并且相对于新建物业，旧物业改造更新往往更加复杂，具有更多"非标"特质。这些因素都对信托公司的主动管理能力提出了更高的要求。

3. 加强相关人才储备力度

操作城市更新项目需要非常专业的人才团队，既要懂投资管理，也要懂存量资产升级改造。房地产信托业务通常只涉及不动产从无到有的开发建设，相关人才未必具备存量物业改造升级的专业能力，这对信托公司是非常大的挑战。

（执笔人：韩鸣飞）

基础产业领域

2019年上半年政信业务发展特点[*]

2018年7月23日国务院常务会议微调政府融资监管政策,在防风险框架下保障融资平台合理融资需求以后,信托公司政信业务自2018年下半年开始出现快速增长。2019年,监管政策进一步畅通基础设施建设融资渠道,同时发布首部规范政府投资的行政法规《政府投资条例》。本文拟梳理近期政府融资监管政策,分析目前政信业务发展特点,并展望未来政信业务发展趋势。

一、近期政府融资主要监管政策

2018年以来,关于政府融资的监管政策一方面延续前期监管思路,进一步将地方政府债务与融资平台债务进行切割;另一方面在宏观经济仍需基建托底的情况下,对严控地方政府债务、去杠杆政策进行微调,在防风险框架下保障地方政府及融资平台合理融资需求。

(一)地方政府融资:加快地方债发行,同时控制政府投资冲动

在资金端,地方债发行提速。2018年12月29日,经全国人大常委会授权,国务院提前下达2019年全国新增地方政府债务限额合计1.39万亿元。2019年3月,财政部下发《关于开展通过商业银行柜台市场发行地方政府债券工作的通知》(财库〔2019〕11号),向个人投资者开放地方政府债券投资,从而缓解债券发行压力。4月,财政部发文要求加快地方政府债券发行进度,2019年6月底前完成提前下达新增债券额度的发行,并争取在9月底前完成全年新增债券发行。

在投资端,进一步约束地方政府投资冲动。2018年,内蒙古、新疆、湖南、福建等省因投资项目超前等原因叫停部分投资项目。2019年5月,国务院发布《政府投资条例》,这是规范政府投资的首部行政法规,旨在进一步规范政府投资决策行为。主要内容包括:一是明确政府投资边界,政府适用预算资金投资应当投向市场不能有效配置资源的公共领域项目,以非经营性项目为主,对确需支持的经营性项目,主要采用资本金注入方式;二是明确投资原则,政府投资应与经济社会发展水平和财政收支状况

---

[*] 本文写于2019年5月。

相适应，政府投资年度计划应当与本级预算相衔接，强化投资概算的约束力；三是规范资金来源，强调政府投资项目不得由施工单位垫资建设，进一步防止地方政府通过融资平台筹措项目建设资金。

（二）平台融资：保障平台合理融资需求，积极推进平台公司转型

在基建投资下行的压力下，从2018年7月23日国务院常务会议开始，政府融资平台监管政策有了微调，引导金融机构按照市场化原则保障融资平台公司合理融资需求。随后，国务院办公厅发布《关于保持基础设施领域补短板力度的指导意见》（国办发〔2018〕101号），银保监会发布《关于进一步做好信贷工作提升服务实体经济质效的通知》（银保监办发〔2018〕76号），要求保障在建项目顺利实施、加大对在建项目和补短板重大项目金融支持力度，按市场化原则满足平台公司合理融资需求，避免必要在建项目资金断供、工程烂尾。2019年3月，政府工作报告提出要妥善解决融资平台到期债务问题，不能搞"半拉子"工程。为落实政府工作报告要求，上海证券交易所发布窗口指导，放松城投公司用于借新还旧发债的申报条件，一定程度上缓解了平台公司的再融资压力。

二、近期政信业务发展特点

（一）基础产业信托规模出现大幅增长

信托公司政信业务从2015年起经历了近三年的低位徘徊后，从2018年下半年起规模逐月回升。2018年8月、9月集合基础产业信托成立规模都突破了200亿元，2018年12月更是突破400亿元。2018年，在行业总体信托资产规模下降13.5%的情况下，当年成立的集合基础产业信托规模却同比增长了27%。2019年以来，基础产业信托更是呈现爆炸式增长，1月行业集合基础产业信托成立规模突破400亿元，3月突

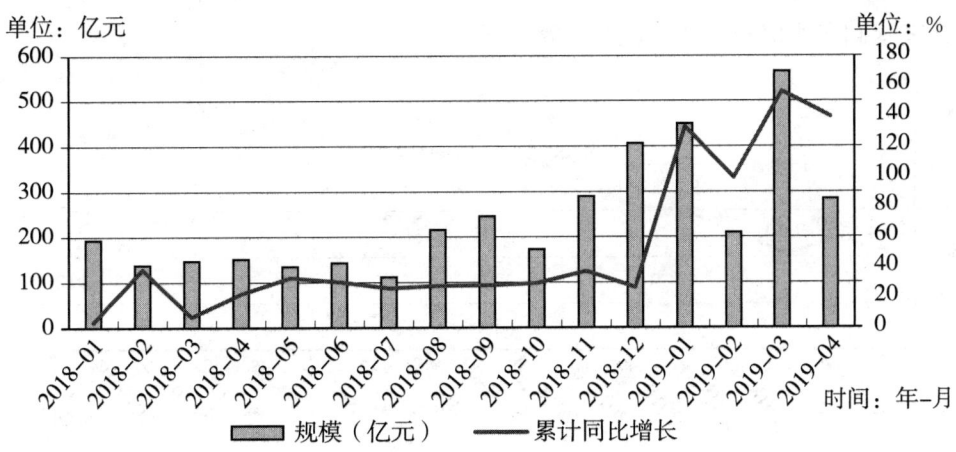

数据来源：用益信托网，中诚信托有限责任公司战略研究部整理。

图1 基础产业投向的集合资金信托成立规模

破500亿元。由于2018年上半年基数较低，2019年1—4月累计成立的集合基础产业信托规模同比增长140%，并已超过2018年前三季度规模之和。

从规模占比看，集合基础产业信托占全部集合信托成立规模的占比也从2018年第二季度后持续走高，从最低的8%一直提升到最高，即2019年3月的29%。2018年12月以来，集合基础产业信托规模占比已连续5月保持在20%以上。

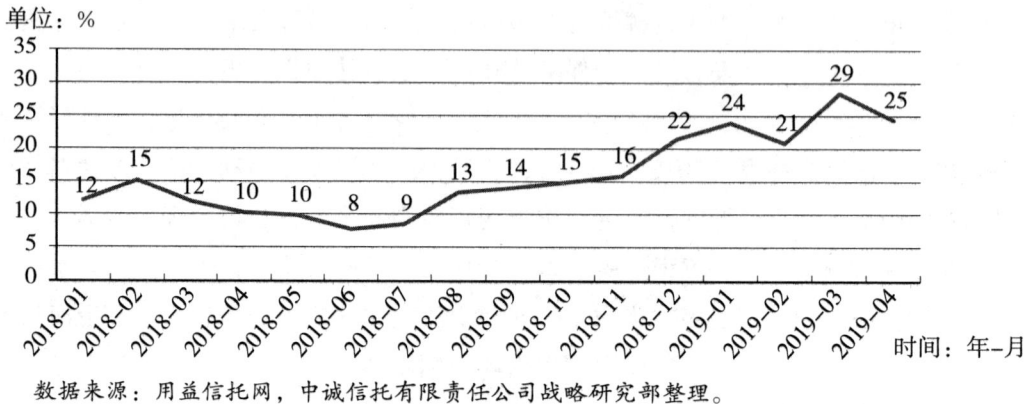

数据来源：用益信托网，中诚信托有限责任公司战略研究部整理。

图2 基础产业投向的集合资金信托成立规模占比

（二）基础产业信托收益率出现回落

2018年，在金融去杠杆造成资金面紧张的环境下，基础产业投向的集合信托收益率跟随市场一路上行，从1月的7.54%上涨到12月的8.77%，全年提升123个BP。2019年以来，中国人民银行通过开展定向中期借贷便利、定向降准等方式向市场投放长期资金，市场流动性得到极大改善，整体利率呈下行趋势。基础产业投向的集合信托平均收益率在2月达到最高的8.88%后，3月、4月收益率连续两月下滑，环比分别下降19个BP和11个BP。随着市场流动性整体宽松以及融资平台融资环境持续改善，预计未来基础产业信托收益率还有下降空间。

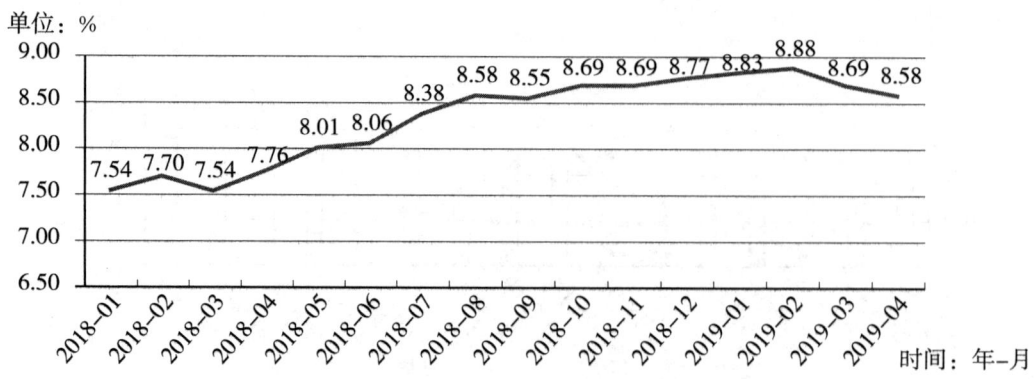

数据来源：用益信托网，中诚信托有限责任公司战略研究部整理。

图3 基础产业投向的集合资金信托收益率

(三)央企及政府股东背景的信托公司政信业务规模较大

对于多数央企股东背景的信托公司以及地方政府股东背景信托公司,政信业务是其重要的基础性业务。2019年1—4月,光大信托成立的基础产业投向的集合信托规模领先,达到171亿元;交银信托、五矿信托分别位列第二、第三,规模均为156亿元;华鑫信托、陆家嘴信托、中信信托、湖南信托、陕国投、紫金信托、建信信托紧随其后。值得注意的是,五矿信托、华鑫信托、陆家嘴信托等3家信托公司,2019年1—4月成立的集合基础产业信托规模已超过2018年全年。

从政信业务交易对手分布来看,信托公司的交易对手主要为江苏、浙江、四川、湖南、山东等经济较为发达地区的百强县及经济开发区。在业务模式中,除传统项目贷款以外,也采用应收账款融资、特定资产收益权融资、地方政府投资基金、PPP等多种融资方式。

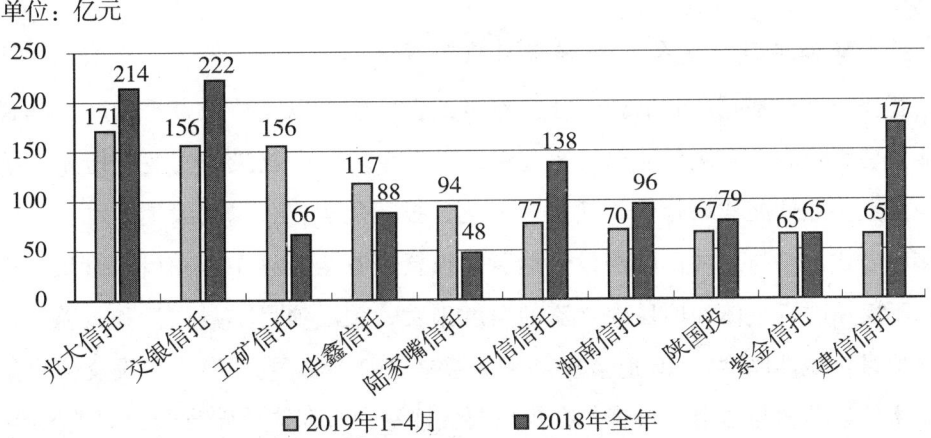

数据来源:用益信托网,中诚信托有限责任公司战略研究部整理。

图4　2019年1—4月基础产业集合信托成立规模TOP10

三、未来信托公司政信业务发展趋势

当前我国面临的外部环境不确定性增加,经济下行压力持续存在,基础设施建设将在拉动我国经济增长中发挥更加重要的作用。保障平台公司合理融资需求的政策导向,也为今后信托公司政信业务继续快速发展奠定良好基础。

(一)资产端:参与重大战略项目和新型基础设施建设

信托公司拓展政信业务,具体方向上可主要关注两类,一是国家级重大战略项目的融资需求,基础产业信托服务于"一带一路"建设、京津冀协同发展、粤港澳大湾区建设、推动长江经济带发展等重大建设项目。二是优质地区的新型基础设施项目。

2019年中央经济工作会议明确提出，要加强人工智能、工业互联网、物联网等新型基础设施建设，加大城际交通、物流、市政基础设施等投资力度。信托公司通过发起基础产业信托可以为新型基础设施建设提供融资支持。

（二）资金端：进一步拓展保险资金等机构资金来源

信托公司政信项目规模相对较大，对接机构资金是更加高效的选择。随着基础产业信托收益率下降，信托公司更要加大开拓机构资金对接政信产品的力度。银行理财资金曾是政信业务的主要资金方，但随着"资管新规"的实施，受期限错配等一系列监管要求限制，银行资金配置基础产业信托规模受到一定限制。而与此同时，保险资金投资基础产业信托的需求显著增加。据中保保险资产登记交易系统有限公司数据显示，保险资金投资信托计划占保险资金运用余额比例呈逐年上升趋势，由2012年的0.42%增长到2018年第三季度末的7.91%。基础产业信托可为保险机构提供低风险、稳定回报的资产。

（三）延伸投融资链条，加强项目风险管理

信托公司开展基础产业信托，在合作方式上，应当以支持融资平台转型和建设运营企业发展为核心，升级目前单一融资模式，延伸基础产业投融资业务链条。信托公司可与重点企业开展战略合作，通过基金化、投行化运作，以及股债联动、资产证券化等多种方式，参与到项目的建设、运营及投资回收全流程中。在风险管理方面，信托公司不仅从融资主体和项目现金流的角度出发，关注项目本身质量和效益，也要更加关注项目合规性风险。《政府投资条例》要求施工单位不得为政府投资项目垫资建设，未来信托公司与融资平台合作，也更要关注平台公司应收账款的合规性风险。

（执笔人：沈茜妙）

2019年下半年政信业务发展趋势展望[*]

从2018年7月起,在宏观经济下行压力加大的背景下,政府融资政策由紧转松。后续一系列政策的出台,旨在防范风险的前提下,进一步满足政府及其融资平台合理的融资需求,加大对基础设施建设的投资力度,以促进国民经济的发展。伴随着政策和市场的利好,政信信托规模持续增长。结合当下市场行情,信托公司应理性分析市场风险,把握政信业务要点,在充分研判项目风险的基础上,积极配合国家经济方针政策,同时谋求自身业务发展。

一、当前政信业务发展现状

(一)政信业务规模持续增长

用益信托网数据显示,自2018年7月起,基础产业投向信托产品成立规模快速增长,由最初7月的111.79亿元增长到2019年3月的590.06亿元。之后连续两个月回落至334.03亿元,随后又持续攀升至8月的401.00亿元。笔者认为,正是自2018年7月23日国务院常务会议开始,政府融资政策调控方向的转变,导致本轮政信业务规模的迅猛增长。在此之前,在经历了长时间的"控债务、去杠杆"调控周期之后,政府的债务状况得到一定改善,市场信心大幅提升,因此在政策转向利好时,得到了市场积极的响应。而政信业务规模今年年初有所回调,则是因为当时房地产融资环境的"小阳春",房地产信托业务挤占了政信业务的市场份额。自23号文发布之后,房地产信托政策收紧,政信业规模又得以释放。

从规模占比看,基础产业投向集合信托产品成立规模的占比也从2018年7月的8.65%提升到2019年3月的28.61%,之后回落到5月的20.44%,随后持续提升,8月的占比已提升至近三年的最高点,即28.88%。

---

[*] 本文写于2019年10月。

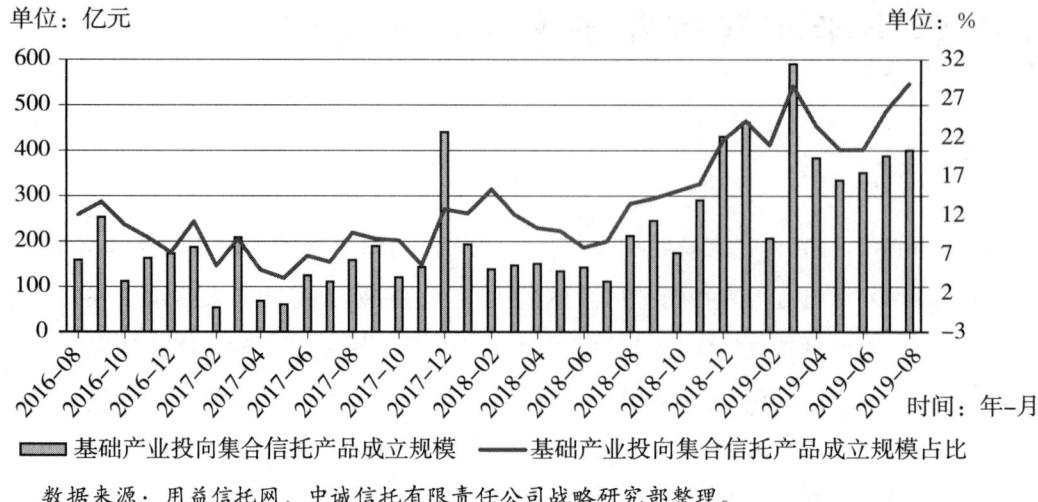

数据来源：用益信托网，中诚信托有限责任公司战略研究部整理。

图1　近三年基础产业投向集合信托产品成立规模及占比

（二）政信类集合信托产品收益率进一步提升

从产品收益来看，自2018年7月起，基础产业投向集合信托产品平均收益率从8.38%攀升到2019年2月的8.85%，之后缓慢振荡回落至8月的8.45%，但仍然处于较高历史点位。收益率的回落表示市场经过短暂的火爆后正逐渐归于理性，市场价格也逐渐归于合理区间。

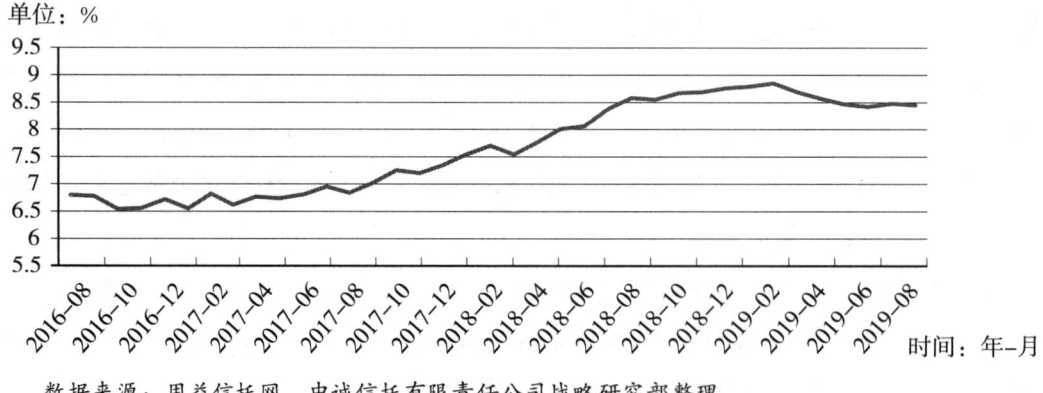

数据来源：用益信托网，中诚信托有限责任公司战略研究部整理。

图2　近三年基础产业投向集合信托产品平均收益率

（三）政信业务潜在风险有所提高

据21财经报道，今年上半年已有23款政信产品无法按时偿还贷款本息而违约（包含信托、私募基金等所有"非标"融资类产品），而2018年全年的数量仅有23款。这一数据是根据公开新闻报道而得，可能并不十分准确，但大体反映出违约增加的趋势。且去年8月，市场上出现了第一只违约的城投债，城投信仰遭到严重冲击。

23款违约产品主要涉及贵州、内蒙古、云南、青海、陕西、四川、宁夏、湖南等经济欠发达省或自治区（也就意味着基础设施建设投资需求较大，且地方财政收入相对薄弱）。其中，部分省份债务率较高。

违约主体县级城投居多。23个违约案例中，违约主体为县级的案例共17个，占比达74%。另外有四个融资主体为市级平台、两个省级案例。

二、政信业务发展仍面临一定政策空间

（一）保障地方融资需求仍是当前重要的政策手段

2019年第二季度，我国GDP同比增幅进一步下跌至6.2%。经济下行压力加大的背景下，政府急需加大基础设施建设投资力度来刺激经济增长，推动社会进步。自2018年下半年起，本轮政策调控的基调为：在严控风险的前提下，鼓励包括信托公司在内的金融机构按市场化原则满足地方政府平台公司合理的融资需要。另外，地方政府的融资需求也是切实存在的。据统计，从2019年开始，地方政府偿债额进入万亿级规模，2020年到2023年到期规模均超过1.6万亿元。地方政府负债规模基数庞大，且有加速扩张的趋势。概括来讲，市场需求和政策保障都为信托公司开展政信业务提供了坚实基础。

表1　2018年7月以来政府融资政策、新闻梳理

政策调控方向	时间	主要内容
保障政府平台合理融资需求	2018年7月	国务院常务会议：引导金融机构按照市场化原则保障融资平台公司合理融资需求
	2018年8月	银保监会发布《关于进一步做好信贷工作提升服务实体经济质效的通知》：要求积极配合地方政府对在建基础设施项目的建设情况和融资需求进行调查分析，按照市场化原则满足融资平台公司的合理融资需求，对必要的在建项目要避免资金断供、工程烂尾
	2018年10月	国务院办公厅印发《关于保持基础设施领域补短板力度的指导意见》：要求保障在建项目顺利实施，加大对在建项目和补短板重大项目金融支持力度，按市场化原则满足平台公司合理融资需求，避免必要在建项目资金断供、工程烂尾
	2019年3月	政府工作报告提出要妥善解决融资平台到期债务问题，不能搞"半拉子"工程。 随后沪深交易所窗口指导放松了城投公司发行公司债的申报条件，主要内容包括：对于到期债6个月内的债务，以借新还旧为目的发行债，放开政府收入占比50%的上限限制，但不允许配套补流

续表

政策调控方向	时间	主要内容
加快地方债发行	2019年3月	政府工作报告中明确提出，今年拟安排地方政府专项债券2.15万亿元，比去年增加了8000亿元 财政部下发《关于开展通过商业银行柜台市场发行地方政府债券工作的通知》，向个人投资者开放地方政府债券投资，从而缓解债券发行压力
	2019年4月	财政部要求加快地方政府债券发行进度，今年6月底前完成提前下达新增债券额度的发行，并争取在9月底前完成全年新增债券发行
	2019年9月	国务院常务会议对加快发行使用地方政府专项债券作出部署：除了重申今年限额内专项债券确保9月底前全部发行完毕，10月底前全部拨付到项目上，还呼应了市场需求，提出"按规定提前下达明年专项债部分新增额度，确保明年初即可使用见效。"
加强风险管控	2019年5月	国务院发布《政府投资条例》，这是规范政府投资的首部行政法规，旨在进一步规范政府投资决策行为。主要内容包括：一是明确政府投资边界；二是明确投资原则；三是规范资金来源
	2019年9月	国务院常务会议上，除了明确"按规定提前下达明年专项债部分新增额度"，还明确了这部分新增额度，是"根据地方重大项目建设需要，按规定提前下达"的。对该笔新增额度的适用范围，设定了三项要求和四个禁止

资料来源：中诚信托有限责任公司战略研究部整理。

（二）加快地方债发行将提高政府资金周转水平

尽管地方政府专项债2015年刚刚产生，但后续每年发行额度几乎都是跨越式增长，2015—2019年的发行额度分别为0.10万亿元、0.40万亿元、0.80万亿元、1.35万亿元和2.15万亿元。地方政府专项债的加速发行，提高了政府资金周转能力，带动有效投资支持补短板扩内需，也为政信业务的开展提供了更多的保障。

（三）新型基础设施建设为政信业务打开新空间

技术迭代更新（或者创新）的新型基础设施建设未来投资空间巨大。以5G为例，中信建投研报预测，2019年中国的5G基站建成量是15万站，资本支出约1200亿；未来3—4年基站投资额将接近万亿。而我国政府在新型基础设施建设中将承担举足轻重的作用。国家发展改革委发布的数据显示，2019年前5个月共审核批准固定资产投资项目20个，总投资516亿元，主要集中在高新技术和交通等行业；5G、人工智能、工业互联网、物联网等新型基础设施建设工作将在下半年加速推进。可见，由政府主导的新型基础设施建设也为政信业务发展提供了新的增长点。

三、未来政信业务风控措施将更加完善

当下政信产品违约情况时有发生，曾经的城投信仰已不复存在。随着市场发展逐步成熟和业务经验逐渐积累，信托公司开展政信业务的风险研判体系将更加完善。笔者列举以下四个业务关注点，仅供参考。

（一）首选经济发达区域

政信业务的还款来源主要是地方政府的财政收入，经济发达区域有着相对雄厚的经济基础和财政实力，还款来源相对有保障。有些时候，更细致的财政收入分析也是需要的，例如，地方财政收入结构不要过度依赖于卖地或者某些受进出口影响较大的行业（因为全球经济下滑和贸易摩擦容易造成财政收入大幅度下滑）。

（二）优选评级较高、优质的融资或担保主体

一般来说，融资平台（或担保主体）至少应有债券主体评级 AA 及以上资质，其能够通过发债来筹集资金，且历史信誉良好。另外应该注意的是融资方平台（或担保主体）公司的现金流情况，如果其现金流能够覆盖流动性负债，不完全依赖政府拨款，则显然更加优质，可多做考虑。

（三）业务期限不宜过长

考虑到未来政府融资政策和市场行情的不确定性，不宜开展期限过长的业务。利用政策和市场利好的"窗口期"，短期收割红利才是明智之举。笔者认为，开展政信业务的最好时机已过，一方面，随着地方政府负债率的攀升和宏观经济形势的下行压力，优质资产将成为市场稀缺资源；另一方面，产品收益率在回归理性，市场竞争也将进一步压缩盈利空间。

（四）地方政府债务率越低越好

地方政府债务率越低越好，100% 是警戒线。另外，在分析政府以及地方融资平台负债结构时，需要像分析企业负债一样分析其还款压力期限。例如，中长期负债（一般是借助平台发债）一般不影响短期信托项目的到期兑付。

（执笔人：韩鸣飞）

基建投资增速放缓下的政信业务空间分析*

2019年基建投资并未出现市场预期的大幅反弹，10月累计同比仅为4.2%。9月4日，国务院常务会议把做好"六稳"工作放在更加突出的位置，财政政策仍需持续发力。虽然政府将会加大逆周期调节力度，但受地方债务管理约束，未来基础设施投资可能更加依赖专项债。信托公司政信业务已经历了短期反弹，但下一阶段可能出现一些调整。

一、政府融资规模与基建投资增速出现背离

（一）政府融资规模增速显著提升

经济下行压力增大，财政政策持续发力。受内外部多重因素影响，经济下行压力持续增大，2019年第三季度GDP同比增长6.0%，不及预期，这是自1992年有纪录以来的季度GDP最低值。财政成为应对经济下行压力的重要抓手，除2万亿元的减税降费外，专项债的功能与作用也在不断提升。根据财政部的统计，截至2019年9月，地方政府债务余额为21.42万亿元，较2018年年底增加16%。其中，一般债务余额为11.90万亿元，增长8%；专项债务余额为9.52万亿元，增长29%，新增专项债由2018年的1.35万亿元增加至2.15万亿元，增幅达59.26%。

从信托行业角度来看，2018年下半年，基础产业信托业开始回暖。截至2019年

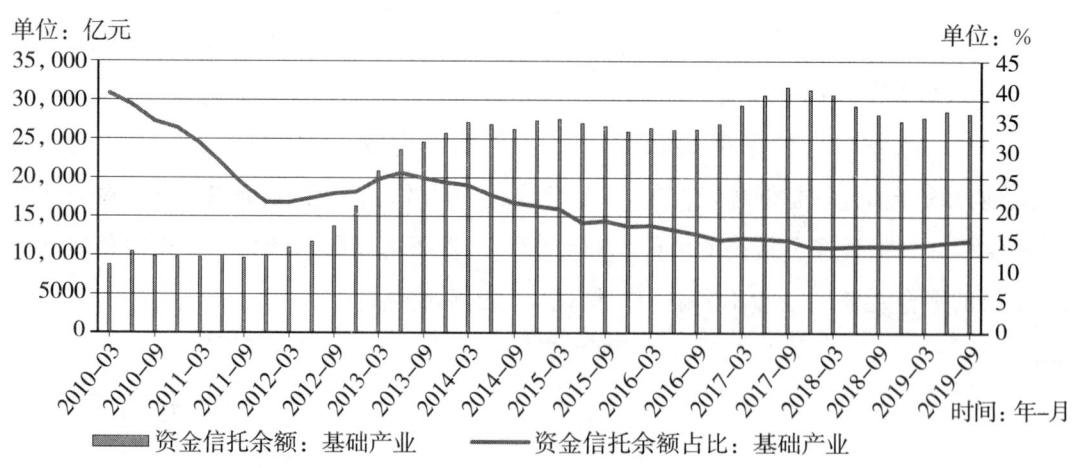

数据来源：Wind，中诚信托有限责任公司战略研究部整理。

图1　基础产业信托回暖

* 本文写于2019年11月。

第三季度,投向基础产业的信托资金余额为 2.86 万亿元,在资金信托中占比 15.45%,同比增长也达到了 5.55%。

(二) 基建投资规模增速乏力

逆周期调节政策发力,但基础设施投资反弹力度较弱。2017 年以来,基础设施投资快速下行,增速由 2017 年 6 月时 21.10% 的两位数增长,快速下滑至 2018 年年底的 3.8%。虽然 2018 年 7 月国务院常务会议对监管政策进行了微调,并将 2019 年新增地方政府债务限额的提前下达,2019 年基础设施投资较 2018 年有所回升,但增长仍然缓慢,最高的 9 月也仅为 4.50%。一方面地方政府债务余额和专项债余额保持两位数增长,另一方面基建投资弱反弹,二者走势出现背离。

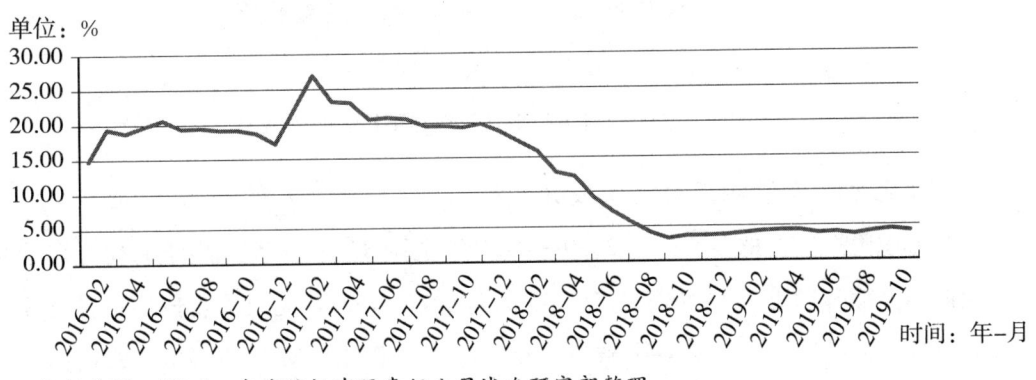

数据来源:Wind,中诚信托有限责任公司战略研究部整理。

图 2 基础设施投资增速(累计同比)弱反弹

二、政府融资规模与基建投资增速背离的原因分析

(一) 新增专项债对基建投资的支持力度不及预期

根据光大证券的测算,2018 年和 2019 年 1—8 月新增专项债主要用于棚改和土地储备。其中,2018 年两类专项债券发行额度占比总额发行额度的 65%,2019 年 1—8 月则为 67%,其余项目仅占 30% 左右,资金不足 0.7 万亿元,在剔除医疗、教育等领域后,专项债对基建支持的力度不及预期。

(二) 地方政府隐形债务治理力度加强

2017 年 5 月,财政部等六部委联合发布了《关于进一步规范地方政府举债融资行为的通知》(财预〔2017〕50 号文,以下简称 50 号文),明确地方政府债券是地方政府举债的唯一合法手段,禁止地方政府对城投公司提供的各种隐性担保,禁止明股实债类项目。从影响来看,50 号文进一步限制了地方政府的融资能力,交通运输、水利环境等对地方政府财政支持和城投企业融资能力较为依赖的行业投资增速快速下行,而电力等投资比重较高的行业则经过前期的快速发展,进入了调整阶段。

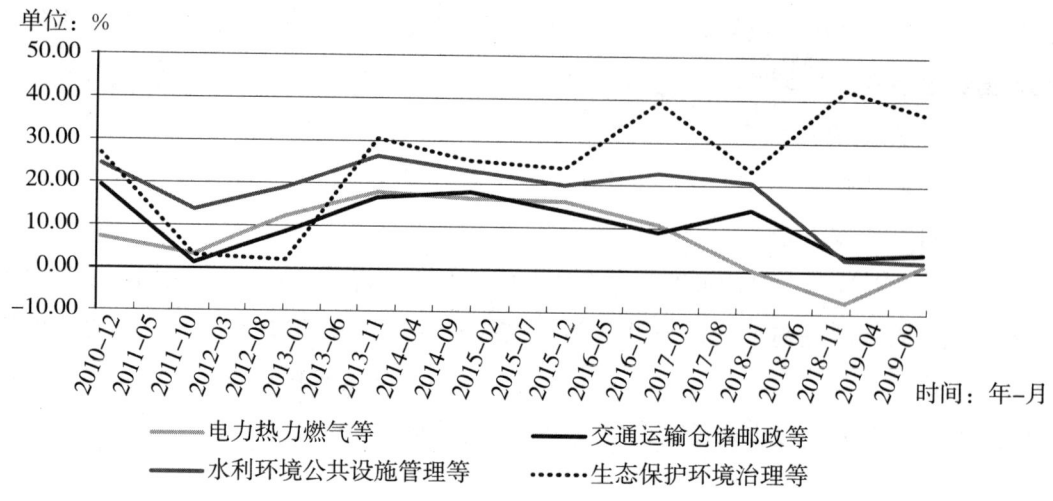

图 3　部分行业投资增速下行

数据来源：Wind，中诚信托有限责任公司战略研究部整理。

（三）地方政府债务压力总体较大

在不考虑隐形债务的条件下，2019—2021年全国31个省市需偿还的地方政府债和城投债的金额分别为3.18万亿元、3.45万亿元和4.57万亿元。若按照还债券金额占公共财政收入的比重来计算各个省市的偿债压力，粗略匡算湖南（62.58%）、江苏（59.12%）、陕西（58.45%）、云南（54.97%）、青海（52.13%）等省偿债压力较大，若再考虑隐性债务和县级以上平台的话，偿债压力较大的省市将进一步增加。

三、信托公司政信业务空间可能受到一定影响

（一）与信托融资相比，专项债将是未来基建投资的主要资金来源

增加专项债额度是加强逆周期调节的重要选项。2015年专项债发行以来，规模由当年的1000亿元，到2016年、2017年的4000亿元、8000亿元，2018年突破1万亿元，2019年则为2.15万亿元。专项债的大规模发行对稳投资、稳经济起到了积极的作用。国际上一般将财政赤字率的警戒线定为3%，2019年的政府工作报告将财政赤字率定为2.8%，即使2020年增加0.2个百分点至3%，按照GDP总量约90万亿元计算，大约能释放新增赤字额1800亿元，难以有效缓解收支压力。在加大逆周期调节力度及地方政府财政收入减少的压力下，提前下达2020年专项债额度，提升专项债规模是重要的选项。2019年9月国务院已明确提前下达2020年专项债部分新增额度，市场预估额度约为1.29万亿元。根据中金公司的预估，专项债发行规模将从2019年的2.15万亿元（GDP的2.2%）扩大至2020年的3.35万亿元左右（GDP的3.2%）。

（二）部分重大工程、重大项目的融资竞争将会更加激烈

2019年6月，国务院办公厅印发《关于做好地方政府专项债券发行及项目配套融资工作的通知》，允许将专项债券作为符合条件的重大项目资本金，但不得超越项目收益实际水平过度融资；11月13日国务院常务会议决定降低部分基建最低资本金出资比例，将港口、沿海及航运资本金比例由25%降至20%，对补短板的公路、铁路、城建、物流、生态环保、社会民生等基建，在回报机制明确、收益可靠、风险可控前提下，资本金比例可下调不超过5%，同时拓宽了资本金筹集的来源，明确可通过股权融资筹措资本金。对于部分盈利性确定、投资金额较大、回收期较长的项目，金融机构的竞争将会激烈。11月18日，国务院总理李克强要求当前扩大有效投资要把水利工程及配套设施建设作为突出重点。由此可见，水利建设将成为2020年的重点工作，并加大投入，这将有助于进一步提升基建投资的增速。

（三）政信业务的整体风险程度可能会有所攀升

部分区域债务压力过大，后续融资困难。部分区域政府融资平台由于前期债务扩张速度过快，在中央政府治理隐性债务政策的影响下，后续融资困难。虽然2018年7月23日国务院常务会议对政府融资平台监管政策进行了微调，金融机构可按照市场化原则保障融资平台公司合理融资需求。但2019年上半年以来，仍有23款政信产品无法按时偿还贷款本息而违约，城投信仰已被打破，信托公司在发展政信业务的同时需更加注重风险控制，部分公司过度风险下沉的情况将受到制约。专项债作为资本金的项目基本上为供气、供电、铁路和高速公路等几类，并非信托公司传统业务领域，且其后续融资受项目本身收益水平约束。此外，政信项目期限可能较为集中。2019年第三季度，信托公司新增基础产业信托规模为1,396.02亿元，同比增加了60.34%。基础产业信托短期内快速增长，信托到期兑付压力也会集中，整体业务风险程度可能会有所攀升。

（四）区域经济实力与地方政府财力将是开展政信业务的基础条件

政信业务的还款来源主要是地方政府的财政收入，经济发达区域有着相对雄厚的经济基础和财政实力，还款来源相对有保障。目前，信托公司开展政信业务的最好时机已过，一方面，随着地方政府负债率的攀升和宏观经济形势的下行压力，优质资产将成为市场稀缺资源；另一方面，产品收益率在回归理性，市场竞争也将进一步压缩盈利空间。随着地方政府融资政策的不断收紧、规范和市场行情的不确定性，信托公司不宜开展期限过长的业务。

（执笔人：杨晓东）

资本市场领域

资本市场是否迎来了阶段性的逆转[*]

2019年开年以来,上证综指连续四周上涨,北京、上海资金持续流入,市场的悲观预期有所改变。1月26日,中国工商银行原行长易会满成为新任证监会主席,这也为2019年资本市场增添了更多的遐想。因此,2019年资本市场是否会迎来阶段性逆转,是一个需要重点关注并认真研究的重要问题。

(一)关注一:宏观经济是否为上市公司业绩回暖提供支持

1. 2019年经济数据偏弱但并不悲观

2019年,国内宏观经济形势并不悲观,在基建投资托底和消费的带动下,经济走势将呈前低后高态势,预计国内经济最快可在第二季度触底反弹。中美贸易争端有望阶段性缓和,外部经济环境严峻的局面有所缓解。究其原因,主要有三方面:一是传统基建有望反弹,新基建保持高速增长。全国人大常委会2019年年初已经授权国务院提前下达2019年1.39万亿元地债,2019年基建托底经济的时间将有望提前,全年基建投资有望再反弹到7%左右。从行业上来看,新基建保持高速增长,计算机、通信和其他电子设备制造业投资增速势头不减,仍保持24%以上的增幅,新基建孕育新动能的作用在逐步提升。

二是消费反弹将增强经济增长韧性。2019年,国家发展改革委、工业和信息化部、民政部、财政部、住房和城乡建设部等部门将会共同努力,多措并举在汽车消费、托幼、家电产品更新换代、持续深化收入分配改革等方面持续发力,提升居民消费能力;此外,更大规模的减税降费陆续实施,有助于蓄积、提升居民消费潜力。

三是预计2019年进出口形势将比2018年有所好转。美国中期选举以后,随着第一轮税改计划效应的衰退,第二轮税改计划可能难产,叠加上政府债务约束和基建投资计划的不确定性,美国经济增长将面临持续推动力不足,最终加速见顶的局面。虽然中美贸易争端具有长期性,但在严峻的经济形势压力下,中美双方都具有达成和解

---

[*] 本文写于2019年1月。

的意愿，中美贸易争端阶段性缓和概率较大，2019年出口形势将有所好转。

2. 经济企稳有助于上市公司业绩修复

经济预期企稳将对上市公司业绩产生一定影响。根据国信证券的研究，2005年的市场底大约在政策底之后4个月出现，而估值底则在9个月之后才会出现。然而，国内外宏观经济环境与2005年已经截然不同，政策底的时滞将会有更多的不确定性。若宏观经济实现企稳，上市盈利能力下行势头将会趋缓，营收增速边际提升、现金流的好转有助于上市公司业绩修复。根据光大证券研究所测算，2018年前三季度，全部A股、A股（非金融）和A股（非金融石油石化）的归母净利润同比增速分别为10.4%、16.7%和13.1%，相比于2018年中报分别下滑3.7个百分点、5.6个百分点和6.5个百分点，中小创盈利增速下滑更快。大多数行业盈利情况在2018年第三季度出现了下滑，整体业绩增长靠前的行业集中在石油石化、建材、钢铁、基础化工等周期中上游。同时，景气度较高的钢铁、建材等行业增速放缓。目前，政策虽然由去杠杆到稳杠杆阶段，但部分杠杆率较高或流动性出现问题的上市公司仍可能会出现信用风险事件，高估值行业仍有继续下探的可能。

（二）关注二：政策宽松是否为资本市场带来了新的资金流入

1. 货币政策宽松将结构性改善市场流动性

根据中央经济工作会议的要求，宏观政策要强化逆周期调节，稳健的货币政策要松紧适度，保持流动性合理充裕。从目前来看，保持流动性合理充裕将是2019年全年货币政策的主题。2019年年初，宽松货币政策持续发力。通过降准1个百分点、第一季度TMLF操作和2018年度普惠金融定向降准动态考核等方式，中国人民银行最终净释放资金约8000亿元。这次降准采取MLF不再续作的方式，对于城市商业银行、农村商业银行等MLF到期量较小的机构可以获得更多的资金，这些机构的小微企业贷款意愿较强，相对增速会更快。针对资金在银行端淤积的问题，在资产端中国人民银行通过设立民营企业债券融资支持工具，运用再贷款提供部分初始资金，重点支持暂时遇到困难但有市场、有前景、技术有竞争力的民营企业债券融资；在资金端针对商业银行面临的资本约束和内部考核压力，中国人民银行鼓励商业银行发行永续债，创设CBS工具，提升永续债流动性和吸引力。

2. 对资本市场资金流入渠道的影响

相对宽松的市场流动性对资本市场基本面和金融面都会带来预期的改变进而对资本市场资金流入渠道产生影响。一是国内金融机构配置资金的渠道。国内商业银行理财资金、公募和私募基金、保险资金和其他金融机构资金等均有配置A股的需求，随着市场预期的改变，以及银保监会鼓励保险公司使用长久期账户资金增持优质上市公司股票和债券等措施，金融机构将会根据市场状况逐步改变资产配置策略，加大A股资产配置比重；二是国外资金配置渠道，近年来A股开放力度不断加大，沪港通、深港通、沪伦通持续推进，在继纳入明晟指数、富时罗素指数后，1241家A股上市公司又入选道琼斯标普全球基准指数，A股市场国际化程度逐步提升，投资吸引力也将不断提升；三是个人投资者，根据中国证券登记结算有限责任公司的统计，2018年期末，A股投资者的数量达到1.45亿，贡献了A股80%的交易量。虽然有2/3的账户处于"僵尸"状态，但若市场预期和表现程度发生改变，活跃账户数量将会持续增加。

（三）关注三：监管调整是否会为投资者带来更多的信心

1. 监管的优化调整有利于资本市场健康发展

2018年10月，刘鹤副总理曾表示，从全球资产配置来看，中国正在成为最有投资价值的市场，泡沫已经大大缩小，上市公司质量正在改善，估值处于历史低位。与1811年即设立纽约证券交易所、拥有200年股票交易历史的美国相比，中国的股票市场仍然过于年轻。此次证监会主席的调整，预示着资本市场监管结构和力度的进一步优化，主要体现在三个方面：一是注册制，为适应新时代的要求，加强对5G、人工智能、工业互联网、物联网等新兴基础设施建设的支持力度，注册制将成为改革的突破口；二是科创板，科创板作为资本市场改革的试验田，必将进行多项大胆的尝试；三是资本市场秩序整顿，监管部门对市场的关注将进一步加强，上市、信息披露、交易、退市等基础制度的改革将会进一步强化。

2. 综合预期决定了投资者信心的逐步恢复

政府高度重视股市的健康稳定发展，中国人民银行、银保监会、证监会以及其他相关部门都在研究出台新的改革措施，有了一些新的制度安排和政策工具。但在美国经济见顶回落、全球资本市场动荡的情况下，A股市场并未获得更大的提振，反应的是市场对经济走势和A股市场的悲观预期。A股市场正处于逆转的躁动期，短期来看，预期将是影响A股市场的阶段性行情的重要因素；当然，从长期来看，决定A股配置价值的仍是其规范发展的程度。

决定资本市场的预期因素是综合的。首先是经济企稳的程度，若经济实现企稳，企业盈利能力改善，上市公司经营情况好转，业绩改善，市场预期将会发生改变。此外，中美贸易磋商达成协议的可能性较高，外部环境不利的局面有望好转，市场预期进一步趋于乐观。其次是监管政策对市场的支持力度。2016年以来的严监管有助于规范市场秩序，完善优胜劣汰机制，但部分政策过于严格可能会造成市场交易活跃程度下降。为促进市场交易活跃程度的改善，合理引导市场预期，部分政策可能会边际上松动。监管政策对市场的支持程度将有助于引导市场预期。最后是市场无风险利率水平下降程度，随着严格约束地方政府举债、打破金融机构刚性兑付、房地产长效机制的实施等一系列政策的落地，无风险利率水平过高的情况大大缓解，这将是影响股票市场吸引力的第三个重要因素。

（四）关注四：信托公司2019年资本市场业务要做哪些准备

1. A股：重点关注央企、基建行业及战略新兴行业阶段性行情

关注央企和基建行业。基建从需求角度看，外部经济环境压力变大的过程中，需要加大基础设施领域补短板的力度，以确保经济平稳运行。从资金端来看，地方专项债正逐步取代城投等的融资功能，成为地方政府进行融资的重要方式。2016年、2017年、2018年新增地方政府专项债额度分别为4000亿元、8000亿元、1.35万亿元，2020年有望继续扩容。尤其看好建筑央企龙头在此轮基建投资的回暖中的投资机会。

从中央政治局经济工作会议精神来看，会议强调"高质量发展""先进制造与现代服务业融合""辩证看待外部环境变化，保持战略定力""建设现代化经济体系"。2019年虽然外部有所压力，但我们基于内部发展需要、转型需要，政策将会在这些维度有所倾斜、支持。从中长期看，会促使一批优质的企业真正成长起来，是下一轮国家发展红利的最大获利者。重点关注5G、芯片行业、军工行业、医药行业等。

2. 债市：继续把握阶段性牛市行情

中国人民银行2019年年初降准为市场提供了充裕的流动性，虽然市场风险偏好仍未见明显的提升，机构配置重点仍是高等级信用债及利率债。但随着政策的修复，通过中国人民银行民营企业债券融资支持工具、增加再贷款和再贴现额度等政策支持工具的作用，市场信心将逐步修复，适度提升风险偏好，关注对于暂时遇到困难，但有市场、有前景、技术有竞争力的民营企业债券融资需求。

对于获得非金融企业债券承销资格的信托公司，应抓住债券市场利好的窗口，加快债券承销团队建设力度，尽早形成"战斗力"；在"非标"受限，规模萎缩的情况下，信托公司通过信托计划或子公司平台，发行债券投资类信托产品，丰富产品体系，满足投资者多元化资产配置需求。

（执笔人：杨晓东）

如何看待社会融资企稳后的信托公司资本市场业务[*]

2019年4月12日,中国人民银行公布了3月和第一季度社会融资规模相关数据。总体来看,社会融资规模无论是在增速还是在结构上均出现较多改善,预示企业经营状况有所好转,短期经济实现筑底。4月19日中央政治局第一季度会议进一步确认当前经济"总体平稳、好于预期,开局良好"。社会融资企稳为资本市场提供了基本面支撑,虽然短期内市场对货币政策预期趋于谨慎,但企业盈利状况改善,有助于估值修复,提升市场信心。信托公司可积极推动资本市场业务,适度加大布局,推进业务落地。

一、社会融资企稳预示经济短期实现筑底

从数据来看,社会融资规模超出预期,稳增长政策效果开始显现。随着政策的持续发力,经济实现平稳运行的迹象愈发明显。

（一）社会融资企稳预示经济短期筑底

中国人民银行公布的数据显示,2019年3月新增社会融资2.86万亿元,同比大幅多增1.28万亿元;第一季度社会融资规模增量累计为8.18万亿元,比上年同期多增2.34万亿元。同时,国家统计局公布的数据显示,3月工业增加值环比1—2月增加3.2个百分点;1—3月房地产开发投资增速比1—2月提高0.2个百分点;3月社会消费品零售总额31,726亿元,同比增长8.7%。社会融资数据与实体经济数据双双印证社会融资企稳,经济增长实现短期筑底。从4月19日中央政治局第一季度会议总体判断来看,当前经济"总体平稳、好于预期,开局良好"。

（二）稳增长政策仍将持续发力

2019年第一季度,国务院提前下达的1.39万亿元新增债务限额政策效果开始显现,3月专项债规模为2,531.97亿元,同比增加1870亿元。根据Wind数据统计,截至4月10日,全国各地共发行地方政府债券14,577.52亿元,发行额度已经接近全年3.08万亿元的一半。从月度发行看,1月至3月分别发行4180亿元、3642亿元、6245亿元,明显高于去年月均发行规模。此外,随着减税、降费等政策的稳步实施,政策效果也将逐步显现,消费对拉动经济增长的贡献度仍将提升,稳增长的持续性将进一步提升。

---

[*] 本文写于2019年4月。

二、社会融资结构优化为资本市场提供基本面支撑

从结构来看,虽然人民币贷款仍是社会融资企稳的主要支撑,但企业短期资金周转和长期资本支出实现同步扩张,表外融资状况有所改善。从资金需求端来看,企业资金需求进一步修复,M1触底且与M2差值缩小,企业盈利状况有望持续改善。

(一) 人民币贷款仍是社会融资企稳主要支撑

2019年3月,新增人民币贷款1.96万亿元,新增贷款规模占新增社会融资规模的68%,虽较1月的77%有所下滑,但仍是社会融资企稳的主要支撑。从新增贷款期限上来看,新增居民短期贷款4294亿元,中长期贷款4605亿元,较上月分别增加7226亿元和2379亿元,这主要与一线、二线城市房地产市场回暖相关;新增企业短期贷款3101亿元,占比为18.35%,中长期贷款6573亿元,占比为38.89%,新增企业短期贷款与长期贷款合计9674亿元。相比2018年2月,新增企业短期贷款占比提高10.95个百分点,中长期贷款略降2.32个百分点。这表明企业短期资金周转和长期资本支出实现了同步扩张。

(二) 表外融资有所改善

从结构上来看,3月新增短期贷款和表内票据融资8373亿元,较1月的14,009亿元大幅下滑5636亿元。其中,新增表内票据融资978亿元,较1月的5160亿元大幅下滑4182亿元。短期贷款表内票据融资规模下降表明商业银行风险偏好偏低情况有所改善,M1增速由1月的0.4%反弹至3月的4.6%表明短期资金不能顺畅地进入企业活期存款账户情况已发生改变。

从表外融资的情况来看,新增委托贷款、信托贷款和未贴现银行承兑汇票分别为-1,072.25亿元、528.25亿元和1,365.39亿元,委托贷款、信托贷款与未贴现银行承兑汇票同比增加780亿元、885.15亿元和1,687.98亿元,表外融资状况有所改善,信托贷款规模持续增长。随着实体经济的改善,在宽信用、稳增长的作用下,信托等表外融资增长的情况仍将持续。

(三) 企业有效需求明显改善

从M1和M2的情况来看,3月M1、M2同比增速分别为4.6%和8.6%,环比增长2.6%和0.6%。M1、M2剪刀差为-4.0,较1月、2月的-8.0和-6.0分别下降4.0和2.0,剪刀差不断收窄。当经济上行时,企业的支付结算和投资需求增加,从而增加了活期资金持有。M1上行,M1与M2剪刀差收窄表明企业的有效需求改善,企业持有现金进行补库存扩大投资的意愿开始增强,企业盈利状况有望持续改善。企业盈利状况改善,有助于进一步提升资本市场信心。

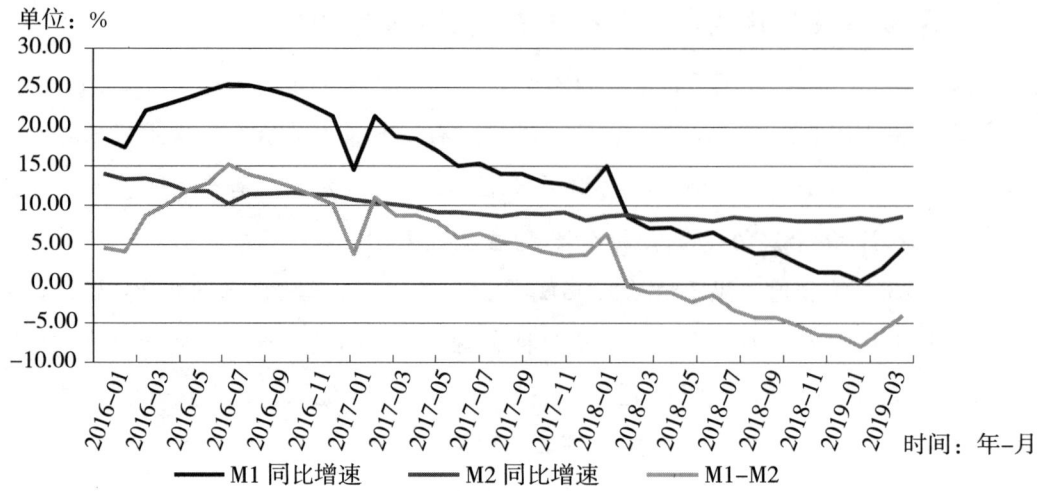

图1 M1 与 M2 增速差值

数据来源：中诚信托有限责任公司战略研究部整理。

三、短期内市场对货币政策预期趋于谨慎

社会融资规模超预期，中国人民银行再次提及把好货币供给总闸门，不搞"大水漫灌"。短期内，市场对货币政策预期趋于谨慎，资本市场可能会出现一定的震荡。不过，在外部环境总体趋紧，国内经济仍面临下行压力的情况下，货币政策仍将保持适度宽松。

（一）短期内资本市场可能会出现一定的震荡

社会融资数据企稳，企业经营状况改善，但资本市场反应较为平淡。这一方面表明，新增社会融资资金有效地支持了实体经济，基本上未发生资金空转的情况；同时也表明市场对货币政策可能收紧的谨慎预期。中国人民银行货币政策委员会在4月12日召开的第一季度例会中表示，稳健的货币政策要松紧适度，把好货币供给总闸门，不搞"大水漫灌"，同时保持流动性合理充裕，M2和社会融资规模增速要与国内生产总值名义增速相匹配。中国人民银行重提管好货币政策总闸门与中央政治局工作会议重提"坚持结构性去杠杆"表明在经济下行压力已经缓解的情况下，货币政策进一步宽松的概率降低。短期内，资本市场可能面临震荡和一定的调整。

（二）货币政策将保持适度宽松

不过，短期经济筑底并不意味着在经济出现回暖迹象后，货币将趋于收紧。松紧适度、不搞"大水漫灌"仍将是一段时间内中国人民银行货币政策的主基调。中央政治局第一季度会议也指出，经济运行仍然存在不少困难和问题，外部经济环境总体趋紧，国内经济存在下行压力。从信用利差来看，虽然AAA产业债信用利差已处于低

位，但 AA 产业债和 AA+产业债仍处于高位震荡，货币政策过于收紧将使中小企业重新面临困境，并不具备现实基础。

单位：BP

时间：年-月-日

——AAA产业债信用利差（中位数）　——AA+产业债信用利差（中位数）
——AA产业债信用利差（中位数）

数据来源：中诚信托有限责任公司战略研究部整理。

图 2　AAA 产业债、AA+产业债和 AA 产业债信用利差

四、信托公司可适度加大资本市场布局

2018 年，受资本市场不景气影响，证券投资信托业务较为惨淡，产品数量出现连续下滑。截至 2018 年第四季度末的资金信托余额为 2.20 万亿元，同比 2017 年第四季度末 3.10 万亿元下降至 29.17%。2019 年 2 月以来，资本市场持续回暖，商誉、股票质押等风险因素逐步释放，市场信心逐步修复。对于科创板所带来的重大制度变革，市场也充满了期待。中央政治局第一季度会议强调，要以关键制度创新促进资本市场健康发展，科创板要真正落实以信息披露为核心的证券发行注册制。信托公司可重点关注资本市场主动管理证券投资业务和配资业务可能迎来回暖的机会，逐步恢复股票质押业务。对于科创板业务，信托公司可尝试与优秀的券商、私募基金合作，采取以自有资金或 PE 子公司方式投资潜在上市公司股权，或对优秀标的以定增、大宗商品转让模式参与持续投资。

（执笔人：杨晓东）

科创板对信托公司资本市场业务的影响*

2019年3月1日,证监会、上交所正式发布了8项科创板制度规则,并自即日起开始实施。从上市规则来看,科创板的实施将为资本市场带来重大变革,将成为国内资本市场的重要试验场所,对信托公司开展资本市场业务也会产生一定影响。

一、"科创板+注册制"将为资本市场带来重大变革

(一)科创板上市规则实现了重大突破

从上市规则内容来看,与主板、创业板相比,科创板在上市标准、审批方式、IPO(首次公开募股)定价等方面都进行了重大变革,尤其是上市标准的设定,更符合信息技术、人工智能、新能源等行业的特点,符合其面向世界科技前沿、面向经济主战场、面向国家重大需求的战略定位。在信息披露、退市规则等方面内容也更加完善,为中国资本市场的发展带来了新鲜血液。

表1 科创板与A股上市规则对比

	科创板	A股
优先推荐企业	信息技术、人工智能、高端装备、新材料、新能源、节能环保以及生物医药	—
上市标准	以市值、营业收入、净利润、研发投入、现金流等设置5套上市标准。净利润水平不是硬性标准,亏损企业、红筹企业可以上市	净利润为硬性要求,例如,主板上市要求最近3个会计年度净利润为正且超过3000万元;创业板则要求最近两年连续盈利,净利润累计不少于1000万元,或者最近一年盈利,且净利润不少于500万元
投票权	可以同股不同权	同股同权
审批方式	注册制,20个工作日批复	审核制,排队时间较长。(2017年从预披露到上会的平均排队时间为566天)
IPO定价	机构投资者相互询价	参考23倍PE

---

* 本文写于2019年3月。

续表

	科创板	A 股
网下配售	70%—80%，50% 优先向公募基金、社保基金、养老金配售，设立回拨机制	至多 50%
限售	控股股东自上市后 36 个月内，核心技术人员自上市后 12 个月内不得转让首发股份	控股股东、实际控制人及其关联方自上市之日起锁定 36 个月；普通股东自股票上市交易之日起锁定一年
保荐机构责任	需跟投	—
交易规则	上市后前 5 日不设涨跌幅限制，5 日后涨跌幅比例为 20%，T+1	部分情况上市首日不设涨跌幅限制，涨跌幅比例为 10%，T+1
退市规则	重大违法、交易类、财务类、规范类四大类退市规则	重大违法、连续亏损、净资产为负等情形
投资者条件	个人投资者参与证券交易 24 个月以上，20 个交易日内资产不低于 50 万元	—

资料来源：中诚信托有限责任公司战略研究部整理。

（二）科创板是资本市场改革的试验田

与 1811 年即已设立纽约证券交易所拥有 200 年股票交易历史的美国相比，中国的股票市场仍然过于年轻。美国股市经历了市场操纵、内幕交易和大萧条的洗礼之后才开始进入规范发展时期。自 1990 年深交所和上海证交所设立以来，中国股票市场发展仅有不到 30 年的历史。不过，对于一个国内生产总值超过 90 万亿元的全球第二大经济体来说，提升直接融资比重，以资本市场支撑实体经济，尤其是孕育和促进新经济的要求越来越迫切。从 A 股的情况来看，实施核准制还是注册制一直存在争议，在不发生系统性金融风险的前提下，如何提升 A 股市场作用，改革各项机制的难度越来越大。作为增量的改革，科创板可单独作为一个改革试验田，首先与主板、中小板和创业板进行风险隔离，进而实施各项改革措施，并观察政策效果，为 A 股的改革和发展提供有益的借鉴。

（三）科创板要为经济新动能提供有力的支撑

A 股的核准制对持续经营年限、股权结构、净利润水平等均有明确的要求。虽然核准制在一定程度上有利于优质的企业上市获得资本市场资金支持，但随着科技、信息技术等快速发展，部分行业发展特点发生根本性改变，一些优质企业纷纷选择境外上市，A 股错失一批优质企业。作为全球第二大经济体，以科技引领经济发展将是中国经济转型面临的重要任务。2018 年中央经济工作会议明确提出，我国发展现阶段投资需求潜力仍然巨大，要发挥投资关键作用，加大制造业技术改造和设备更新，加快5G商用步伐，加强人工智能、工业互联网、物联网等新型基础设施建设。新基建必将孕育新的经济增长新动能，从定位来看，科创板主要服务对象就是新基建，为新动能提供有力的支撑。

二、科创板设立之后持续面临的难题

（一）难题一：如何充分发挥价值发现功能

与主板和创业板相比，科创板上市企业在股权结构、营业收益、净利润方面更加多元化，上市企业所处的行业发展阶段也不尽相同，其中不乏大量轻资产或净利润为负数的公司。作为支持高科技企业的重要抓手，如何在众多企业中实现优胜劣汰，发掘具有投资价值的企业，实现良币驱逐劣币将是持续面临的难题，后续在市场机制设计、投资理念等方面仍需要诸多的突破与颠覆。

（二）难题二：如何保持合理的流动性

根据上交所的数据测算，50万元资产门槛和两年证券交易经验的个人投资者约300万人，广证恒生则根据上交所统计年鉴2018年卷作粗略测算，该部分投资者所持有的资产总值约7.27万亿元。虽然科创板在上市前5日不设涨跌幅限制，但从交易机制设计上，网下配售最高可达80%，定价机制则更加贴近市场，意在一定程度上缓解新股上市的暴涨暴跌。但若科创板上市企业市值过低、可流通股份较少，在市场预期等因素作用下，上市初期及发生不确定性因素时仍不可避免地会出现暴涨暴跌；若市场表现不佳，投资者在一定时间内不能获取稳定的收益，也将影响投资资金的持续流入。

（三）难题三：如何更有效地持续监管

科创板作为资本市场改革的试验田，必将进行多项大胆的尝试，但尝试并不意味着监管的放松。从监管思路上看，监管部门将努力尝试由"拍板者"向"监管者"角色转变，在注册制各项制度的实施过程中不断尝试纠错，最终才能不断完善相关制度安排。上市、信息披露、交易、退市等基础制度的改革将仅会是强化监管的第一步，如何有效地严惩欺诈、持续监管、完善各项监管制度的手段将是监管部门面临的问题。

三、科创板对信托公司资本市场业务的影响

与头部证券公司、优秀的股权私募基金相比，信托公司投资科创板在项目储备和投资经验上还存在明显的短板，相关行业、标的的跟踪和研究也与公募基金存在较大的差距，因而信托产品竞争能力明显不足。信托公司可尝试与优秀的券商、私募基金

合作，采取以自有资金或 PE 子公司方式投资潜在上市公司股权，或对优秀标的以定增、大宗商品转让模式参与持续投资。

（一）选取头部券商、优秀的私募基金进行合作

目前，头部券商已经储备了一部分辅导待上市企业，资源掌握较多，对企业熟悉程度较高。保荐机构跟投制度会促使其认真履行相关职责，更加深入地对企业进行跟踪和研究；部分优秀的私募基金则对信息科技、人工智能等行业投资起步较早，对境内外上市经验较为丰富。信托公司可选取头部券商、优秀的私募基金合作，弥补自身缺少业务资源、行业研究能力较弱等弱点，尝试开展科创板投资业务。

（二）积极转变股权投资业务思路

信托公司可以自有资金或 PE 子公司方式投资未上市公司股权，近年来部分信托公司也在这方面做了诸多积极的尝试。不过，鉴于既有的境内企业上市规则的影响，净资产、盈利水平等指标是信托公司投资未上市公司股权的重要考量因素。科创板推出后，未盈利企业、同股不同权企业等投资退出渠道更加完善，信托公司可转变既有的业务评判指标，适度参与相关企业股权投资，通过被投资企业科创板上市实现退出。

（三）逐步开展科创板二级市场投资业务

科创板的二级市场投资业务则对信托公司的投研能力提出了更高的要求。目前，信托公司可开立科创板账户，积极参与打新业务。或者在 FOF 等配置型信托产品中纳入科创板投资板块；在市场发展一定时间后，通过对相关标的的持续跟踪积累一定的业务经验条件下，信托公司可以通过定增、大宗商品转让、二级市场买卖等方式参与持续投资。

（执笔人：杨晓东）

近期债券违约情况对信托市场的影响[*]

相关统计数据显示,2019年债券市场违约已经超过2018年的总和,违约主体中民营企业占据绝对比重。近期的北大方正和东旭光电违约事件更是将市场违约金额推向了新的高度。从2019年的情况来看,宏观经济下行、企业净融资额减少和企业融资渠道受限等是债券市场违约的深层次原因。对于信托市场而言,债券市场违约增加对"非标"融资和债券投资业务风险均有所提升,需密切关注市场和政策动向。

一、近期债券违约的主要特征

(一)2019年债券违约规模创历史新高

根据中国人民银行的统计数据,2018年信用类债券共有46家发行人的130只债券发生违约,涉及发行金额1243亿元,同比增长219%。其中,违约主体以民营企业为主,占比超过了70%。从违约时间分布看,2018年上半年违约数量较少,下半年违约数量明显增多。2019年,债券市场违约情况并未出现根本性的好转。从Wind统计数据来看,市场共有167只债券发生违约,涉及金额共计1,328.92亿元,违约金额已经超过2018年的水平,创历史新高。

(二)违约债券主体评级等级有所提升

不同于以往常见的低评级主体债券违约,部分评级较高的主体也出现了债券违约,违约主体评级由低等级向高等级蔓延。例如,近期违约的债券中,北大方正主体评级为AAA级,东旭光电主体评级为AA+,此前违约的青海盐湖工业股份有限公司、中民投、上海华信等主体评级也均为AAA。从2019年市场的反应来看,AAA和AA+主体民企净融资额快速下滑,分别为-726.54亿元和-1,552.72亿元,较上一年度分别减少1,303.89亿元和1,089.95亿元,高评级主体的民企整体债券市场融资情况恶化,进一步提升了违约风险。

---

[*] 本文写于2019年12月。

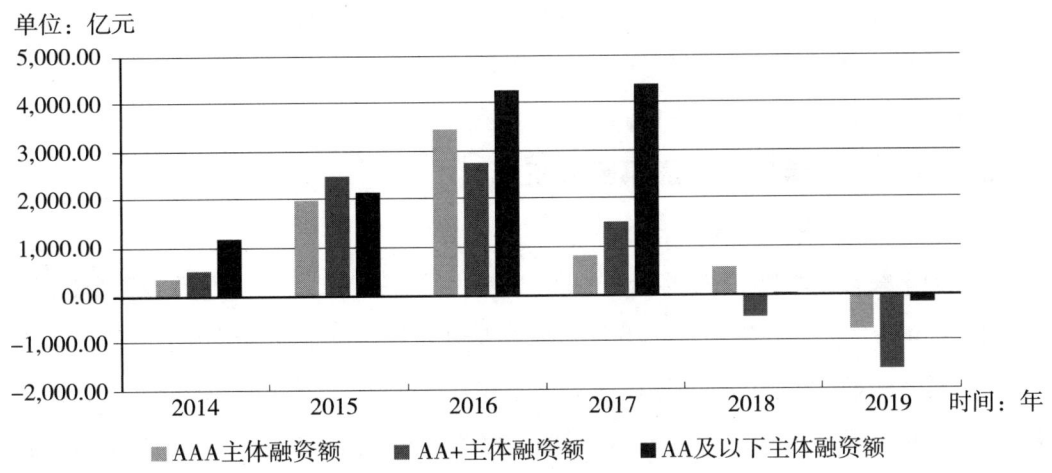

数据来源：Wind，中诚信托有限责任公司战略研究部整理。

图1 高评级主体民营企业净融资额持续下滑

（三）涉及行业更为广泛

从发行人行业上看，自2014年有债券违约事件以来，28个申万一级行业中有27个行业出现违约，家电行业是唯一没有出现违约的行业。从Wind统计的数据来看，截至12月9日，证监会行业划分中的批发和零售业余额违约率最高，达到7.38%，违约债券余额502.81亿元；其次是制造业，余额违约率为3.55%，涉违约债券余额608.77亿元。

表1 行业债券违约情况

行业	违约债券数（只）	违约债券余额（亿元）	余额违约率（%）
批发和零售贸易	44	502.81	7.38
制造业	110	608.77	3.55
信息技术业	1	20.00	1.17
综合类	51	406.54	1.06
建筑业	30	353.50	0.77

数据来源：Wind，中诚信托有限责任公司战略研究部整理。

（四）违约主体进一步扩展

从2015年央企保定天威集团违约开始，国企不违约的信仰就已经被打破。截至2019年10月末，国企违约债券余额累计484.84亿元，涉及22家国企和56只债券。在违约主体中，主体资质较弱的AA国企为多数，地方国企违约额占比66%。违约国企多集中在产能过剩和强周期行业，主要为商业贸易行业，钢铁、化工和采掘行业，电气设备和机械设备等。5月，银保监会实施接管，对于个人客户及5000万元以下的对公和同业客户本息实现全额保障，然而对于5000万元以上本息，预计平均保障比例在90%左右，打破了同业刚兑预期，市场流动性分层，中小银行同业资金续接难度倍增。12月6日，债券"16呼和经开PPN001"未能兑付回售资金，尽管目前已经兑付，但此类风险引发市场关注，城投信仰可能被打破。

二、债券违约增加的深层原因分析

（一）宏观经济的持续下行

从原因上来看，宏观经济持续下行是债券违约增加的首要原因。部分投资激进、过于依赖外部融资的企业在宏观经济下行、融资渠道收紧、企业盈利能力下滑等压力下，出现资金周转困难；产能过剩的行业在宏观经济下行过程中，竞争更加激烈，造成企业经营出现困难；部分公司由于治理存在问题、财务造假、债务结构安排缺陷、对外担保风险提升等，在宏观经济持续下行过程中均造成了违约风险的攀升，最终触发违约。

（二）企业净融资额的不断减少

违约主体中，民营企业仍占据绝大多数。在违约原因上，除经济下行压力下，企业经营状况未发生根本性改变、资金周转困难外，由于违约上升引发的市场风险偏好下降、流动性分层等造成净融资额大幅减少成为本年度企业违约率攀升的又一个重要原因，民营企业的情况则更不容乐观。截至目前，民营企业信用债融资金额为－2,447.46亿元，较2018年的146.85亿元和2017年的6,778.66亿元出现大幅下滑。

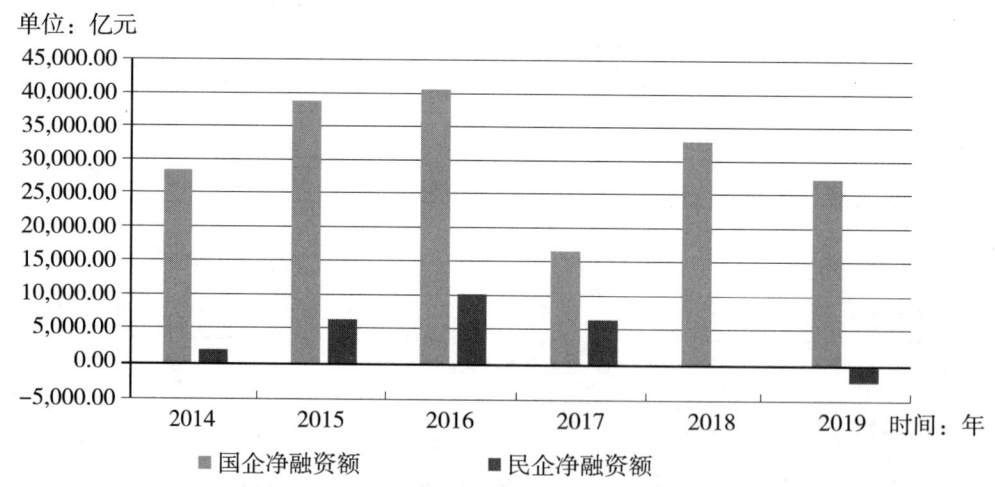

数据来源：Wind，中诚信托有限责任公司战略研究部整理。

图2　民营企业净融资额持续下滑

（三）企业融资渠道受限

企业违约率攀升与债券市场融资额减少、融资成本攀升实质上互为因果关系。从信用利差情况来看，整体均保持下行趋势，但高等级信用利差下降幅度更大。AAA等级信用利差从年初的 100BP 下降至 60BP 左右,降幅为 40%;AA+ 等级由 230BP 下降至 180BP 左右,降幅为 21.74%;AA 等级则由 350BP 下降至 280BP 左右,降幅为 20.00%,仍处于高位。从央企、地方国企和民企的信用利差来看,央企信用利差从年初的 93BP 下降至 56BP 左右,降幅为 40%;地方国企由 144BP 下降至 84BP 左右,降幅为 42%;民企则由 355BP 下降至 309BP 左右,降幅为 13%。信用利差处于高位,表明低等级主体、民企信用债发行困难、融资成本较高,民企可持续融资难度较大。根据相关统计情况,已发生违约的企业再次发生违约情况较为普遍。这种情况同样会发生在资质较差的中小银行和城投企业。

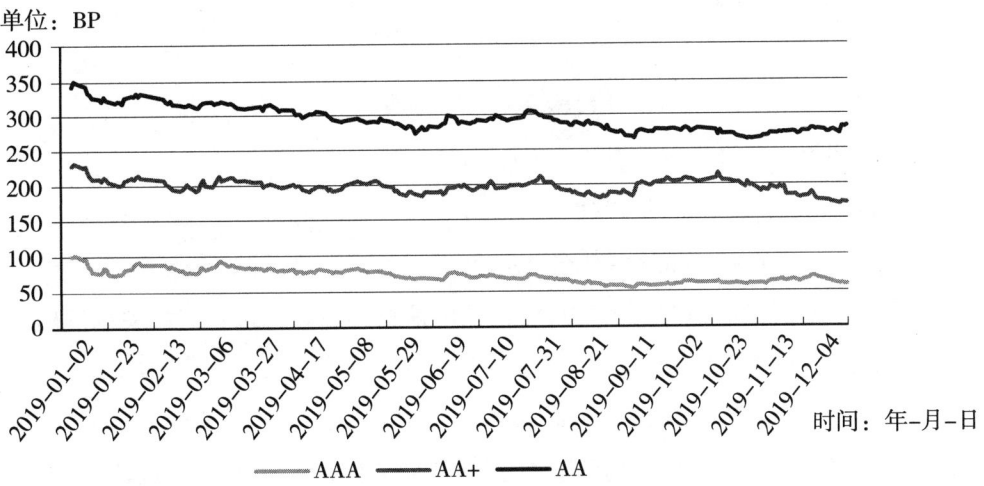

数据来源:Wind,中诚信托有限责任公司战略研究部整理。

图 3　民营企业净融资额持续下滑

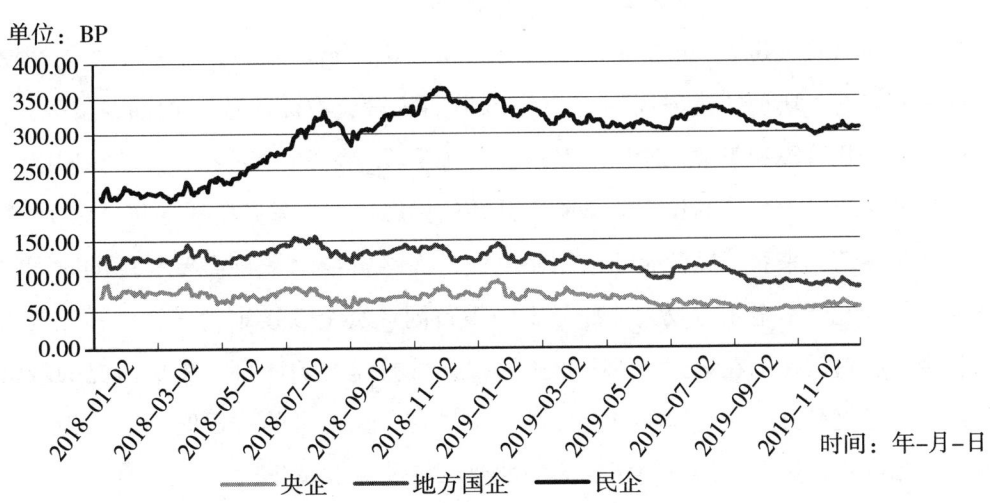

数据来源:Wind,中诚信托有限责任公司战略研究部整理。

图 4　民营信用利差处于高位

三、债券违约增加对信托市场的影响

（一）"非标"融资市场风险有所提升

部分信用评级偏低、资产负债率偏高的企业，或者所属地区债务率较高的城投公司在债券市场若不能获得足够的资金支持的情况下，必然寻求银行贷款、信托贷款、融资租赁等多种融资方式。当企业在债券市场可持续融资难度提升后，持续融资难度增加，若现金流出现问题，债券市场违约后，存量的"非标"融资等也可能会受到波及，新增的"非标"业务风险也将进一步攀升。从信托业协会统计的数据来看，截至2019年第三季度末，信托行业风险项目个数与规模方面均呈上升趋势，风险项目数量1305个，环比增加18.64%；风险项目规模为4,611.36亿元，环比增加32.72%。在严监管、强监管的政策措施下，信托资产风险率持续推高，第三季度末风险率增至2.10%，较年初第一季度末又提升了0.84个百分点。

（二）债券投资业务风险积聚

"资管新规"颁布后，部分信托公司选择债券投资作为重要的业务转型方向。部分信托公司积极发行以信用债为主要投资标的的信托产品。不过，受相关制度的约束，信托公司不能通过债券正回购方式提升信托产品收益率。为提升产品竞争能力，部分信托公司只能通过信用下沉和拉长久期两种方式提升收益水平。此外，多家信托公司积极发展现金管理类产品，信用债也是其重要的配置资产。在债券市场违约率不断增加的情况下，该类信托产品风险不断积聚，风险暴露不断攀升。

（三）对信托公司流动性要求进一步提高

从瑞·达利欧（Ray Dalio）在《债务危机》（*Big Debt Crises*）中对于通缩性债务危机的观察来看，典型的债务周期将会经历早期阶段、泡沫阶段、顶部、萧条阶段、和谐的去杠杆化阶段和正常化阶段。其中，萧条阶段持续36个月左右。若我们以2018年下半年债券市场大量违约作为萧条阶段开始的标志，那么萧条阶段还将持续18个月左右。从实际情况来看，民营企业信用修复提升净融资额水平将需要一定的时间；中小商业银行补充资本金压力较大。部分中小银行同业资金续接难度增大、补充资本金渠道较少，经营风险仍在集聚；"呼经开"拉开城投违约的序幕，类似情况的融资平台后续融资难度攀升，违约风险可能会进一步暴露。在未来的一段时间内，为了保证债券类产品的正常运营，信托公司的流动性要求将进一步提升。

（四）需密切关注宏观政策的未来动向

货币政策走向是首要的关注点。2019年11月CPI同比增长已达4.5%，叠加春节

因素，通胀高企将制约市场资金价格的进一步下行，这也将对债券市场违约产生负面影响；其次是政策对民营企业的支持力度。虽然2018年10月的国务院常务会议决定设立民营企业债券融资支持工具，以市场化方式帮助缓解民营企业融资难，但回顾2019年，民营企业在债券市场净融资额减少的情况并未出现根本性的好转，这与市场周期的惯性相关，民营企业的过度损伤对实体经济发展不利。此外，仍需关注政策对战略新兴行业等关键领域的支持力度，经济增长新动能对高质量的发展具有重要意义。

（执笔人：杨晓东）

通货膨胀预期差对 2020 年资本市场业务的影响*

2019 年 9 月以来,CPI 持续快速攀升,由 3.0% 上升到 10 月的 3.8% 和 11 月的 4.5%。市场普遍认为本轮 CPI 快速上行是猪肉价格持续上涨造成的直接影响。不过,猪肉对通货膨胀的扰动可能高估,由于地产调控造成的资金外流也不可能忽视,叠加油价的不确定性因素,机构对通货膨胀的预期差将是影响投资收益的重要因素。

一、当前通货膨胀预期差及其主要表现

(一) 市场普遍认为猪肉价格是影响当前 CPI 的主要因素

2019 年 11 月,CPI 同比上涨 4.5%,涨幅比 10 月扩大 0.7 个百分点。根据国家统计局的测算,2018 年价格变动的翘尾影响约为 0,新涨价影响约为 4.5 个百分点。食品价格上涨 19.1%,影响 CPI 上涨约 3.72 个百分点,是此次物价攀升的主要动力,其中,猪肉价格上涨 110.2%,影响 CPI 上涨约 2.64 个百分点。因此,市场也普遍认为猪肉价格是影响 CPI 的主要因素。

目前,为了平抑猪肉价格,政府部门通过投放储备肉、加大进口等方式增加供给;养猪企业及部分社会资本也加大生猪养殖投入。假设在其他价格不变的条件下对猪肉价格变动简单估算,依据猪肉价格变动在 CPI 中的 2.4% 的比重,计算其对 CPI 的影响,最终得出 CPI 的理论值(按照 11 月的数据,假设除猪肉外其他影响因素对 CPI 影响固定为 1.86%)。这与市场估算的 CPI 前高后低的思路基本一致。根据天风证券的调查,投资者对明年 CPI 高点和中枢显著高于今年的预期比较一致,认为 CPI 高点在 5—6 和 4—5 的各占 49% 和 45%,选择 CPI 中枢在 4—5 和 3—4 的各占 46% 和 40%。

表 1 猪肉对 CPI 影响的理论测算

	2019 年平均价格(元)	2020 年估算价格(元)	变动比重(%)	猪肉 CPI 权重(%)	实际影响 CPI 变动(%)	CPI 理论值(%)
1 月	19	50	163.16	2.4	3.92	5.78
4 月	21	40	90.48	2.4	2.17	4.03
7 月	26	30	15.38	2.4	0.37	2.23

---

* 本文写于 2019 年 12 月。

续表

	2019年平均价格（元）	2020年估算价格（元）	变动比重（%）	猪肉CPI权重（%）	实际影响CPI变动（%）	CPI理论值（%）
9月	36	20	-44.44	2.4	-1.07	0.79
10月	47	20	-57.45	2.4	-1.38	0.48
11月	47	20	-57.45	2.4	-1.38	0.48

数据来源：中诚信托有限责任公司战略研究部整理。

（二）其他用品和服务上涨值得警惕

在通胀上行、前高后低以及稳增长为重的预判下，股票市场聚焦的行业主要在低估值的金融股、周期股、科技股等；债券市场配置则主要认为第二季度后，通胀下行，随着稳增长压力增大，货币政策逐步趋于宽松，债券市场迎来向上的机会。

不过，上述判断主要基于猪肉价格对CPI的扰动。除了猪肉价格外，其他用品和服务上涨4.5%，成为除猪肉外第二高的项目。根据国家统计局发布的《居民消费支出分类（2013）》，该项目主要包括首饰、手表、箱包、婴儿用品、旅馆服务、美容、美发、金融、保险等项目，该项目在CPI中的权重约为4.4%。该数据与CPI走势整体相似，并在近期同步快速攀升。通常来讲，奢侈品消费增加存在通货膨胀引发的货币幻觉因素，但由于该数据可获取的时间较短，难以得出令人信服的结论，但该现象却值得警惕，猪肉对通货膨胀的干扰可能存在高估。

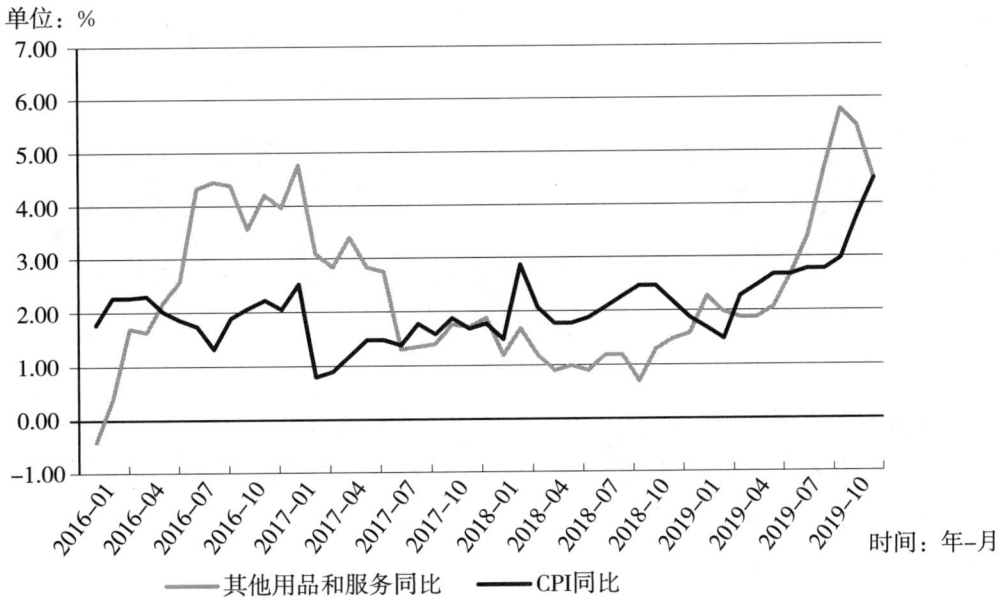

图1 其他商品和服务与CPI同步上行

二、通货膨胀预期差的形成因素

若2020年通货膨胀不是前高后低，而是全年整体偏高，机构的投资将产生预期差，关于通货膨胀的一致预期将被打破。虽然很多机构认为，猪肉价格上涨影响的只是食品消费，不会造成全面的通货膨胀，但由于房价调控，稳增长通货膨胀容忍度提升等因素作用仍可能会推升整体通货膨胀水平。

（一）因素一：房地产调控导致的资金外溢

在房价快速上升时期，房地产投资吸引着巨大的社会资金，即使M2保持高速增长，但整体对物价影响有限。但在房住不炒的调控政策下，房价快速上涨被有效遏制，房地产保有的机会成本高于租金收入，投资收益整体为负，这样将会导致资金从房地产行业变现后流入其他领域，继续寻求超额收益。根据可获得的数据，2015年以前，住宅价格与CPI基本同步波动，尤其是在2012年以前，这主要受房地产行业快速发展，以及4万亿元的影响所致，通货膨胀曾高达6.45%。2015年后，中央开始供给侧结构性改革，消除4万亿元的影响，房地产行业也开启去库存周期，此时住宅价格上行与CPI震荡向下，二者开始出现背离；2017年执行"房住不炒"政策以来，住宅价格下行而CPI上行，二者呈弱反向关系。

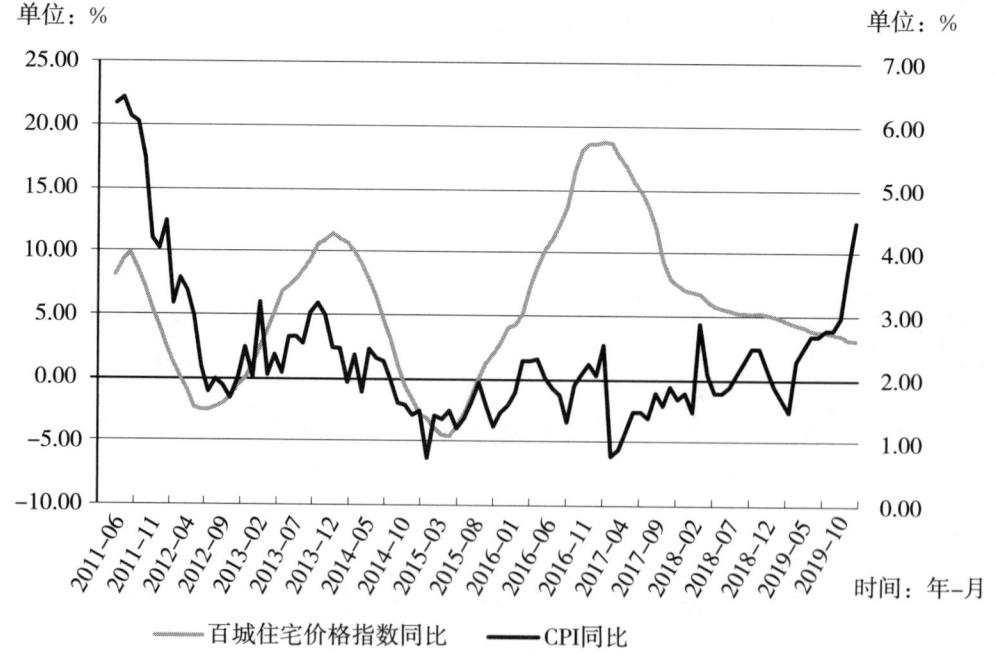

数据来源：Wind，中诚信托有限责任公司战略研究部整理。

图2　2016年以来住宅价格与CPI呈弱反向关系

(二) 因素二：稳增长将提升通货膨胀的容忍度

2020年是全面建成小康社会和"十三五"规划收官之年，稳增长将是主要任务。11月，财政部已提前下达了2020年部分新增专项债务限额1万亿元，相关项目储备已准备就绪，建设重点将是交通基础设施、城乡电网、水利工程等领域，基础设施建设托底，经济实现开门红难度不大。为配合专项债发行，降低小微企业融资成本，降准和定向降准、再贷款和再贴现等仍是重要的政策选项。不过，目前货币乘数已经处于历史高位，继续降准可能会提升货币供给进而推升通货膨胀。在稳增长和控通货膨胀的两难选择中，短期收紧货币，长期提升通货膨胀容忍度是可能的选项。

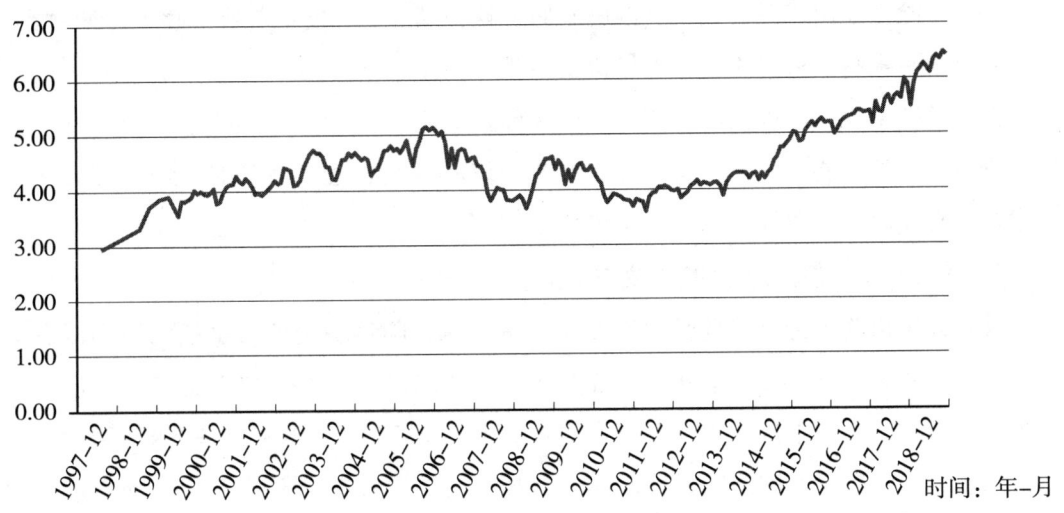

数据来源：Wind，中诚信托有限责任公司战略研究部整理。

图3　货币乘数处于高位

(三) 因素三：商品价格上涨可能是"黑天鹅"因素

国际油价在2018年年底跌至2017年7月以来的低点，2019年上半年大幅波动后，下半年呈窄幅区间波动。随着12月欧佩克和伙伴国就减产释放更加积极的信号，油价开始出现显著反弹。2020年，国际油价仍受国际需求、欧佩克减产以及地缘政治等多种不确定性因素的影响，甚至不排除擦枪走火的可能性。由油价造成的输入型通货膨胀，并形成猪油共振的风险仍在。此外，由于国内经济短期预期向上，受需求提升和铜原料谈判小组减产的影响，铜价格近期不断上涨，若上涨幅度超出合理水平也可能会对通货膨胀造成一定的影响。

三、通货膨胀预期差对信托公司资本市场业务的影响

由于对通货膨胀可能存在的预期差，信托公司在开展资本市场业务时需紧密跟踪

通货膨胀数据，及时调整业务策略，防范相关风险。

（一）股票市场需防范企业盈利回调风险

若2020年经济整体呈现前高后低，下行压力不减，并伴随通货膨胀走高，由于成本提升，企业盈利将会再次受到冲击，股票市场有进一步下探的风险。从近期的A股市场走势来看，有色金属行业走势强劲，以新能源汽车相关的行业为龙头持续上行。信托公司可采取增加大宗商品相关标的配置，提升收益水平。

（二）债券市场需防范利率上行风险

虽然政府部门维持经济稳增长将会提升对通货膨胀的容忍度，但若通货膨胀快速上行，不排除短期内货币政策收紧以遏制通货膨胀攀升的可能。若货币政策短期收紧，资金利率水平提高，将造成债券市场价格下挫。由于不能使用"加杠杆"方式，信托公司债券投资主要以拉长久期和信用下沉两种方式提升收益水平，虽然冲击相对较小，但不排除损失的可能。信托公司在开展债券投资和现金管理类业务时，需密切关注相关指标，必要时控制业务规模，缩短久期。

（三）国际业务需注意汇率波动风险

这次人民币兑美元贬值是受中美贸易摩擦影响，随着中美贸易争端的缓和，在全球货币宽松的条件下，人民币并不具备大幅贬值的基础，兑其他货币还有所升值。若国内经济短期企稳，不排除具有升值的可能；而若2020年下半年经济下行压力增大，通货膨胀上行，人民币则重回贬值区间。信托公司国际业务需关注汇率波动所造成的汇兑风险。

（执笔人：杨晓东）

第四部分
信托业务转型创新研究

家族信托资产配置中信托公司受托责任探讨*

在传统信托业务中,信托公司将受托责任分为主动管理型和被动管理(通道)两类。在家族信托中,信托资产配置的事务决策存在个性化安排,有时委托人及其指定的投资顾问参与投资决策,信托公司的受托责任则并不像传统信托业务这样非黑即白。当信托财产投资出现损失时,如何厘清委托人、受托人、投资顾问的责任是一大挑战。因此,探讨信托公司在家族信托资产配置中的受托责任具有重要意义。

一、家族信托受托人的主要义务

(一)信托公司受托管理的一般义务

我国《信托法》对信托公司受托责任作出基本规定。一是忠实义务。《信托法》第 25 条规定:"受托人应当遵守信托文件的规定,为受益人的最大利益处理信托事务。……"忠于信托目的和受益人,是受托人的基本受托责任。二是谨慎义务。《信托法》第 25 条规定:"……受托人管理信托财产,必须恪尽职守,履行诚实、信用、谨慎、有效管理的义务。"受托人是否履行了谨慎义务,是确定受托人是否需要对此造成的财产损失承担责任的关键。三是亲自管理义务。《信托法》第 30 条规定:"受托人应当自己处理信托事务,但信托文件另有规定或者有不得已事由的,可以委托他人代为处理。受托人依法将信托事务委托他人代理的,应当对他人处理信托事务的行为承担责任。"

(二)家族信托受托管理责任的特殊性

《信托法》第 2 条明确规定:"本法所称信托,是指……由受托人按委托人的意愿……为受益人的利益或者特定目的,进行管理或者处分的行为"。传统资产管理信托都是自益型信托,也即,信托产品的委托人与受益人为同一人。因此,委托人的意愿与受益人的利益是相统一的。因此在被动管理(通道)信托业务中,委托人自行承担交易对手的尽职调查责任,同时委托人作为受益人承担信托资产的投资风险,信托公司按照委托人指令运用信托财产,可以免除相应的受托责任是毫无疑问的。

在家族信托中,受托人仅仅根据投资指令执行信托事务并不能够完全免除相应受托责任。家族信托的委托人并不是唯一受益人。由于委托人与受益人身份的不统一,以及委托人专业能力不足等原因,就可能存在委托人的意愿、委托人投资指令、受益人利益三

---

* 本文写于 2019 年 4 月。

者不一致的情形。在委托人指定投资顾问负责信托财产投资管理的情况下，委托人、投资顾问、受益人三者之间也可能发生利益冲突。此时，信托公司作为专业受托管理机构，被动地根据委托人或投资顾问的指令执行信托事务，并不能够完全免除相应受托责任。

二、全权委托家族信托中的受托责任

全权委托家族信托中，受托人有权对信托财产投资管理自主决策，无须获得委托人的书面确认。根据客户资产规模不同，信托公司或者提供标准化的资产配置方案供客户选择；或者根据委托人的投资期望、风险偏好等意愿提供个性化资产配置方案。

全权委托家族信托中，信托公司亲自、自主管理运用信托财产，并承担主动管理责任。为做好受托管理工作，信托公司一是要充分了解委托人的资产配置意愿，就投资范围、方向、方式等事项与委托人充分沟通，使实际资产配置符合委托人风险偏好。二是对投资标的进行充分尽职调查，采购外部产品应当经过相应的产品采购决策程序。三是积极开展投后管理，做好投资风险防范。为控制投资风险，降低信托公司在全权委托型家族信托中的受托责任，可以在信托合同中对信托财产投资范围作出较为具体的规定，如仅投资受托人及其受托人的关联企业发行的资管产品，仅投资于风险较低的固定收益类产品等。

三、部分委托型家族信托中的受托责任

部分委托家族信托中，委托人与受托人共同协商信托财产投资范围，并在信托文件中加以约定。受托人就信托财产具体投资标的向委托人提供投资建议，委托人对受托人的投资建议进行书面确认后，受托人方可执行投资。

部分委托家族信托中，受托人承担部分受托责任。与全权委托相比，部分委托中资产配置方案由委托人和受托人共同协商确定，信托公司减少了进行主动资产配置方面的受托责任。但由于具体投资标的由受托人推荐，事实上部分委托中的投资标的一般为受托人自主开发的信托产品，受托人仍应当承担所推荐投资标的/产品尽职调查、主动管理方面的受托责任。

四、指令型家族信托中的受托责任

投资指令型家族信托是由委托人或委托人信任的投资顾问自主确定投资范围及资产配置方案，并向受托人发送投资指令，信托公司通过执行投资指令实现信托财产管理运用。

（一）委托人指令型家族信托中的受托责任

委托人指令型家族信托满足了高净值客户希望自主投资决策的需求。具体投资范围方面，委托人可能要求信托财产投资于由其他金融机构及私募基金管理人管理的产品；或者要求信托财产投资于某一资产，如以股权投资方式为子女提供创业支持等。

受托人按照委托人投资指令进行投资的，应由委托人承担相应投资决策责任。但同时，信托公司也应当对委托人指令是否符合信托文件约定进行确认，并向委托人做好充分风险揭示，必要条件下通过交易架构安排做好风险隔离。

（二）投资顾问指令型家族信托的受托责任

在由投资顾问发送投资指令的家族信托中，可视为受托人委托投资顾问代为处理资产配置决策等信托事务。

我国《信托法》规定，"受托人对委托他人处理信托事务的行为承担责任"，但并未具体明确应当承担哪些责任。从国际经验来看，相应受托责任可以在受托人和代理人之间进行分担。美国《统一信托法典》（2000）第807条规定，受托人以合理的注意义务决定是否委托第三人代为处理信托事务，"在一个具有同样技能的审慎受托人在同样情形下将委托职责和权利的"，受托人可以委托第三人代为处理信托事务。在此情形下，受托人的责任包括"选择代理人，确定与信托目的和条款一致的委托范围和条款，以及定期监督代理人的表现及对委托条款的遵守情况"。受托人遵守上述责任的，"对代理人的行为不对受益人或信托承担责任"。而代理人履行委托职责，对信托负有"给予合理注意以遵守委托条款的责任"。日本对受托人委托他人处理信托事务的责任也有类似规定。

从以上分析来看，家族信托中委托人指定投资顾问并不免除受托人对投资顾问的选择责任。受托人应当对家族信托的投资顾问进行资质审核，以保证其拥有相应的专业投资管理能力来代理执行信托资产投资决策事务。一般来说，私人银行等金融机构往往可视为具有相应专业投资管理能力；私募基金管理人、家族办公室、三方财富管理机构等非金融机构担任家族信托投资顾问的，受托人应当对投资管理团队、投资管理经验、历史业绩等情况进行充分调查。

投资顾问符合代理标准的，受托人主要承担对投资顾问的监督责任。受托人与投资顾问签订协议，明确由投资顾问作出投资决策的范围和条款，通过执行投资顾问的指令管理信托财产。受托人定期审核投资顾问的行为，对投资顾问的表现及委托条款的遵守情况进行监督。在此情形下，信托财产出现投资损失风险的，受托人仅承担对投资顾问的监督责任，投资顾问则应当承担遵守委托条款、审慎决策方面的责任。

投资顾问不符合代理标准，而委托人仍坚持聘用的，受托人应当在信托文件中向委托人充分提示上述风险。为最大限度降低受托人责任，可要求委托人在世时，投资顾问的投资指令应取得委托人书面确认；委托人身故后，投资顾问仍不符合代理标准的，继续聘用该投资顾问应当取得受益人一致同意。

（执笔人：沈苗妙）

对股权作为家族信托初始财产的基本要求[*]

股权/股票资产是我国高净值人士的重要资产构成,以股权作为初始财产设立家族信托也成为高净值人士的迫切诉求。根据《招行贝恩2019年中国私人财富报告》,我国高净值人群中,拥有较多股权、股票财富的高净值人群占比达到了85%,家族企业在家族资产中的占比也很高,亿元超高净值家庭中,企业主占比也达到了80%。根据《信托法》第8条、9条、11条、12条、14条、15条等的相关规定,《信托法》对股权作为家族信托初始财产的基本要求包括合法性、确定性、可交易性等方面。

一、对股权作为家族信托初始财产的合法性要求

根据《信托法》第7条的要求,作为初始信托财产的股权应具备合法性,即委托人取得、持有、处分、运营该股权合法且享有正当权益。其中,取得合法是合法性判断的重点。在实践中,作为初始信托财产的股权一般应由委托人出具个人合法资产声明或保证函,必要时,可由律师对该股权的合法性出具法律意见书。

一是股权作为家族信托初始财产应符合取得合法要求。取得合法可以从委托人取得该股权是否过程合法、是否支付了正当合理对价等标准来判定。业务实践中,受托人可参照《首次公开发行股票并上市管理办法》(证监会令[第141号])和《保荐人尽职调查工作准则》(证监发行字[2006]15号)中对股权清晰和股权合法性的要求作为判断标准,执行必要的尽调工作。

一方面,对于初始投资取得股权方式,受托人应核查委托人作为股东对标的公司出资情况的合法、合规性。例如,受托人可取得公司设立时的营业执照、财务报告等相关资料,核查设立时是否符合法律、法规和其他有关规定;受托人可核查信托委托人是否合法拥有出资资产的产权,资产权属是否存在纠纷或潜在纠纷,以及有关委托人投入资产的计量属性;受托人应调查委托人作为标的公司股东的出资是否及时到位、出资方式是否合法,是否存在出资不实、虚假出资、抽逃资金等情况;对于非货币出资的,受托人应核查委托人出资的非货币资产的产权过户情况,其中以实物、知识产权、土地使用权等非现金资产出资的,还应查阅资产评估报告,分析资产评估结果的

---

[*] 本文写于2019年12月。

合理性，对以高新技术成果出资入股的，应查阅相关管理部门出具的高新技术成果认定书；涉及股份公司的，受托人还应核实标的公司改制的合法、合规情况。

另一方面，对于受让取得股权方式，受托人应核查标的公司的股权变动和重大资产重组情况，核实委托人受让取得股权的合法、合规性。例如，受托人应核查股权受让是否经过标的公司内部和外部有权机构的批准，是否具备完整的三会决议、政府批准文件、评估报告、审计报告、打款凭证、验资报告、股权转让协议、工商变更登记文件等需要的证明文件。

二是股权作为家族信托初始财产应符合持有、处分、运营和收益各环节合法要求。持有合法是看委托人是否已事实或法律上有效占有该股权，非法持有的股权不能作为信托财产。处分合法是看委托人是否有权处分该股权，无权处分的股权不能作为信托财产。运营合法，是要看委托人持有股权的标的公司是否取得了运营的行政许可（如有）。收益合法是委托人是否有权自行取得该股权资产的收益，例如，已将收益权分离且该收益权作为单独的资产已设立第三方权利的股权不能作为信托财产。

二、对股权作为家族信托初始财产的确定性要求

根据《信托法》第7条和第9条的要求，作为初始信托财产的股权应具备确定性。一是股权状态确定，应当是现存的股权，且该股权的范围、种类和状况应当是明确的，将来取得和期待取得的股权不能作为信托财产。二是股权价值确定，要求该股权资产应拥有明确的、可以用货币衡量的价值，且由于家族信托的特殊性，该股权的价值应当满足监管的要求。一方面对于情况较为复杂的股权资产，或公司治理不够严谨和规范等原因，可能会出现无法提供资产评估所需要的必要资料，因而出现"评估受限"导致难以出具估值的情形，则不能作为信托财产；另一方面对该股权资产应选择合理、公允的估值方式，同时按照《信托部关于加强规范资产管理业务过渡期内信托监管工作的通知》（信托函［2018］37号）中家族信托的定义，评估的股权价值应满足不低于1000万元的要求。

三、对股权作为家族信托初始财产的可交易性要求

根据《信托法》第14条的要求，作为初始信托财产的股权应具备可交易性，该股权应当是可以合法转让的财产。如果作为初始信托财产的股权不能合法转让或流通，就无法用来进行交易和实现信托财产的保值增值，并影响到受益人的合法利益。信托财产的可合法转让，也同时要求该股权在信托成立时必须是客观存在、由委托人合法所有、可独立支配的可转让的财产。具体来看：

一是私人股权已符合《信托法》第 14 条第 3 款、第 4 款的要求，在其他条件满足的情况下，不属于《信托法》第 14 条释义所规范的法律、行政法规禁止流通或限制流通的财产。《信托法》规定的禁止流通、限制流通，是从维护国家利益、社会公共利益及公民合法权益出发，而对这些特定物的流通应作禁止性要求或适当限制。

二是股权如果存在权利负担或者完整性瑕疵，往往会导致出现权属不清晰之情形，影响股权的可交易性，因此作为初始信托财产的股权在设立之时应权属清晰、边界明确，不存在与他人存在权属争议或潜在权属争议的因素。如股权已质押之情形，尽管按照《担保法》第 78 条的要求，经出质人与质权人协商同意的可以转让，但同时也要求出质人转让股票所得的价款应当向质权人提前清偿所担保的债权或者向与质权人约定的第三人提存，则出质人取得质权人同意转让其已质押股权仍然存在权属不清晰、价值较难判定的问题。因此，在当前实践中，已质押股权不能作为信托财产，如希望作为信托财产，实践操作中应首先清偿债务解除质押。又如已婚人士婚前取得股权之情形，如果取得股权一方拟以自己一人的名义设立信托，则需判定该股权资产是否属于个人财产，如属于夫妻双方共同财产，则必须配偶知情并出具书面同意函。如夫妻双方无明确的婚内财产约定，或股权所属标的公司的历史沿革较为复杂，该类财产是否明确属于个人财产实践中往往较难直接判断。根据相关司法解释和司法实践，对各种形式的个人财产的婚后收益，法院会根据实际情况从是基于原个人财产的自然增值还是基于夫妻共同经营行为所产生来判断，前者原则为个人所有，后者原则为共同所有，但若收益是基于个人财产与共同财产混同后进行投资行为所产生，无证据证明具体比例的，推定为共同财产投资收益，归夫妻共同所有。目前家族信托业务实践中，以该类股权设立家族信托均要求配偶出具书面同意函。再如被司法机关查封、扣押、冻结的股权，不具有可转让性，也不能作为信托的初始财产。

信托财产的可交易性在设立环节也有显著的体现。信托作为一种财产转移和财产管理制度，拥有财产转移等基本功能。对于以股权作为初始财产的家族信托，信托的设立完成必然要求完成股权的转移，股权的名义所有权从委托人转移到受托人，实践中该转移行为通过股权转让的方式实现。

（执笔人：崔继培）

保险金信托的功能结合与未来发展探索[*]

保险金信托是近年来颇受重视的一类信托创新业务，最初诞生于英国，后来在美国、日本和我国台湾地区都取得了成熟的发展。由于结合了保险和信托的双重功能优势，保险金信托受到高净值人士、保险公司和信托公司的青睐，目前已形成多主体参与、快速增长的发展态势。保险金信托业务市场潜力巨大，各类功能也将持续发挥和深化。

一、保险金信托发展情况

经过近几年的发展，与信托机构合作、为客户提供保险金信托服务的保险公司已经超过了10家，设立保险金信托的客户最近几年增长态势明显，其发展情况主要呈现以下特征。

一是保险金信托的参与主体不断拓展。信托公司方面，中信信托、平安信托、外贸信托等十多家信托公司开展了保险金信托业务；保险公司方面，除中信保诚外，平安人寿、泰康人寿、友邦保险、中德安联等多家保险公司也参与其中。

二是保险金信托业务模式不断升级。目前市场上保险金信托主要有三类模式：保险金信托1.0模式，委托人（投保人）投保，并与信托公司签署保险金信托合同，指定（变更）信托公司为保险受益人，以保险金请求权委托信托公司设立信托，后续理赔后保险金进入信托专户，由信托公司按照信托合同的约定开展管理运用。为避免保单现金价值被司法强制执行，更好地实现破产隔离的效果，保险金信托2.0模式应运而生，即在1.0模式的基础上，委托人（投保人）投保，并与信托公司签署保险金信托合同，以保险金请求权及现金委托信托公司设立信托，将投保人、保险金受益人均变更为信托公司，如涉及后续保费，则由信托公司使用信托财产缴纳。保险金信托3.0模式是2.0模式的加强版，有利于保险金信托与家族信托的深度结合，操作模式为委托人与信托公司签署保险金信托合同，以资金委托信托公司设立信托，信托公司作为投保人投保，信托公司同时为保单的受益人，由信托公司使用信托财产支付保费和管理理赔金。在前述三类业务基础上，为更好地实现保险金信托业务的复制和规模

---

[*] 本文写于2019年9月。

化展业，部分信托公司开始构建保险金信托3.0模式的升级版，即通过打造统一的家庭保单和财富受托平台，将"大额保单+信托"中保单的险种和财富受托服务不断丰富，通过打通保险金信托全产业链，提高业务规模、市场占有率和竞争优势。

二、保险和信托功能的结合形成保险金信托的三大功能

保险金信托的最大优势，是通过"保险+信托"的结合，利用两种金融工具和制度保障的独立性、确定性、杠杆性和灵活性，充分发挥风险保障功能、财富管理功能和财富传承功能，这也是保险金信托受到客户青睐的重要原因。

首先，保险金信托具有的风险保障功能集合了保险的保障和信托的破产隔离两重保护。第一重保护是保险的风险保障，在被保险人发生保险事项时，按照保单约定将保险金支付给保单受益人。第二重保护是信托的破产隔离保障，保单的投保人和受益人均为信托公司后，《信托法》保障了保险金信托的相关财产与被保险人、信托公司及信托管理的其他资产的独立性，能够避免保单存续期间作为投保人的财产被追索、理赔后保险金作为受益人的财产被追索的风险。

其次，保险金信托具有的财富管理功能实现了财富放大。一是通过保单和信托两次增值实现了财富放大。第一次增值是保单的增值，即以较少的保费投保较大的保额。在实际运作中，保险金信托在平衡保险增值和信托足额运作中，为保障委托人（投保人）信托目的的实现，保险金信托的险种往往以终身寿险和年金保险等保险金给付的先决条件是确定的、保险金给付金额较大的保险品种，以保险金的确定性保障信托的确定性。第二次增值是信托阶段的增值，受托人通过管理运用保险金，也能够取得一定的投资增值收益。二是通过期缴保费方式，降低了初始入门门槛，首年保费甚至低至十几万元或几十万元，令中产阶层也可通过保险金信托实现财富放大和传承。

最后，保险金信托具有的财富传承功能更好地满足了投保人的财富规划诉求。一是由于保险金信托具备私密性，可以绕过继承权公证、遗嘱公证等手续，避免继承纠纷；二是由于保险金信托期限较长，保险公司和信托公司能够通过长期运用取得更高的增值收益，实现更多的可分配信托财产，反过来实现一定金额可分配财产的初始投入也较低；三是保险金信托的财富传承更为灵活，既能够突破保险受益人的限制，例如，可以将未出生的人作为受益人，也可以对家庭成员、子孙后代进行更为灵活的财产分配设计；四是信托公司作为保险金信托的受益人，保险金信托的信托财产不作为投保人的遗产，也因此可以避免被征收遗产税，这也是美国保险金信托的主要功能。

三、对保险金信托未来功能升级的方向探索

一是发展"保险驱动信托"模式，促进保险客户向保险金信托客户的转化。我国

保险金信托的展业模式包括"保险驱动信托"和"信托驱动保险"两类，以"保险驱动信托"为主。随着保险的深化、保险深度和密度的提高，以及保险和信托协同性的加强，保险金信托的市场潜力巨大。尤其是，在"保险驱动信托"模式下，保险客户基数巨大，从保险客户到保险金信托客户的转化率，将造就巨大的保险金信托市场潜力。以平安集团为例，据2018年年报数据，平安集团客户结构中，富裕客户5245万人，高净值客户19万人，客户基数远超信托公司。理论上，未来明确有最低现金流入的保险均可演化为信托财产，根据信托的委托人资格要求，市场中的大额保单客户均为潜在的保险金信托客户。

二是扩大保单险种，促进风险保障功能的升级。目前，有信托公司在开展保险金信托业务中运作更多类型的保险品种。对于出险概率更低的意外险等保险产品，出险时可以达到更高的保障杠杆，但如未出险，则保单终止时将不会有保险金进入信托专户，难以实现传承效果。业界已有整合投保人（委托人）名下多张、多类、可能涉及多家保险公司的存续保单和新增保单到同一个保险金信托之探索，更好地同时满足投保人（委托人）的保险保障诉求和后续信托保障诉求。

三是提高投资收益，促进财富管理功能的升级。从国外、国内实际运作来看，终身寿险和年金保险保单收益率并不高，较低的投资收益率，也限制了保险金信托的杠杆放大空间。根据《中国保险金信托发展报告》，欧美国家多数保险金信托产品年化收益率低于4%。从我国市场在售保险来看，大部分终身寿险和年金保险实际年化收益率也较低，许多产品的年化收益率甚至不足3.5%。为了更好地实现财富管理功能，保险金信托涉及保费在保险公司和信托公司运作时可尝试通过提高权益投资比例、采取长期投资、价值投资等方式实现更高的投资收益。随着保险公司投资管理能力的提高，通过更高的投资收益率能够实现更大的保险杠杆，将会有更多投保人符合保险金客户的门槛要求，保险金信托的基础客户也会实现更大拓展。

四是尝试标准化操作破除操作障碍，以更大规模促进保险金信托功能实现规模效应。目前，保险金信托已成为寿险公司和信托公司的合作重点，保险金信托的发展推动了保险公司高净值客户业务和信托公司入门家族信托业务的开展。在实际操作中，由于保险金信托的个性化强，期限长，涉及主体多、书面文件多，沟通成本和管理成本仍然较高。对此，各家信托公司可探索标准化或类标准化操作模式和操作流程，实现标准化与个性化的结合，推动保险金信托业务的规模化发展，争取尽快实现更高的经济效益。

（执笔人：崔继培）

保险金信托可对接的保险险种分析[*]

保险金信托是信托公司通过与保险公司合作发展财富管理业务的成功业务模式，是以财富传承为目的，将保险与信托相结合的一种跨领域结合的金融产品和传承工具，是一种具有高附加值特征的服务产品。主流的保险金信托模式为，保险金信托以保险金请求权作为信托资产，当被保险人身故发生理赔或保险期满保险金给付时，保险公司将保险金交付信托公司，信托公司依据信托合同的约定对保险金进行管理、运用，并将信托财产分配给信托受益人。

一、保险金信托的发展现状

近年来保险金信托业务在我国发展迅速，作为一种新型金融服务产品，其发展情况主要呈现以下特征。

一是业务规模呈上升趋势。2014年设立保险金信托的客户仅10位，2018年中国已有超过1000位客户建立了保险金信托，涉及信托资产总规模超过50亿元。

二是参与主体逐渐增多。2017年上半年，能够提供保险金信托服务的保险公司仅5家，2018年年底，能够与信托机构合作，为客户提供保险金信托服务的保险公司已经超过了10家，参与的保险公司除平安人寿外，基本均为合资或外资公司，如中信保诚、友邦保险、招商信诺、中德安联等。截至2018年年末，参与保险金信托业务的信托公司也已经超过10家，包括中信信托、平安信托和外贸信托等。

三是业务模式不断升级。保险金信托主要分三类模式：保险金信托1.0模式，委托人（投保人）投保，并与信托公司签署保险金信托合同，指定或变更信托公司为保险受益人，以保险金请求权委托信托公司设立信托，理赔后保险金进入信托专户，由信托公司按照信托合同的约定开展管理运用；保险金信托2.0模式，委托人（投保人）投保，并与信托公司签署保险金信托合同，以保险金请求权及现金委托信托公司设立信托，将投保人、保险金受益人均变更为信托公司，如涉及后续保费，则由信托公司使用信托财产缴纳，理赔后保险金进入信托专户，由信托公司按照信托合同的约定开展管理运用；保险金信托3.0模式，委托人与信托公司签署保险金信托合同，以

---

* 本文写于2019年10月。

资金委托信托公司设立信托，信托公司作为投保人投保，信托公司同时为保单的受益人，由信托公司使用信托财产支付保费和管理理赔金，有利于保险金信托与家族信托的深度结合。

二、保险金信托业务对接的主要保险险种

保险金信托业务通过"保险+信托"的结合，充分发挥了保险的确定性、杠杆性以及信托的操控性、灵活性等特征，充分利用了两种金融工具和制度的优势，发挥风险保障功能、财富管理功能和财富传承功能，因此其所对接的保险险种也具有相应的特征。

（一）用于设立保险金信托的险种需具备的条件

首先，保险金信托以保险金给付作为先决条件，根据信托财产的确定性要求，出险概率更低的意外险等保险产品较不适合作为设立保险金信托的保险险种；其次，保险金信托产品需要符合保险金信托设立的要求，需要满足信托产品设立金额的门槛限制，其所对应的保险金给付金额较大，这也限制了部分保额较低的保险险种用于设立保险金信托；此外，由于保险金信托大多具备保障未成年及弱势家庭成员目的，也对保险险种提出了更高的要求。

（二）当前保险金信托对接的主要保险险种

目前市面上用于对接保险金信托的保险险种主要是终身寿险和大额年金险。终身寿险是指不定期的死亡保险，是提供终身保障的保险，保险合同订立后，被保险人无论何时死亡，保险人均应给付保险金，其作为保险金信托最主要对接的保险险种，满足了保险金给付这一先决条件，同时有相对较高的保额，可以在时间和金额方面对保险金信托的受益人提供较为完善的保障，满足保险金信托的设立要求。

年金保险是指投保人或被保险人一次或按期交纳保险费，保险人以被保险人生存为条件，按年、半年、季或月给付保险金，直至被保险人死亡或保险合同期满，是人寿保险的一种，因此大额年金险也是保险金信托主要对接的保险险种。

三、对保险金信托业务未来对接保险险种的设想

（一）探索扩大对接保险金信托的保险险种范围

由于保险金信托以保险金给付作为先决条件，一些出险概率更低的意外险等保险产品，出险时虽然可以达到更高的保障杠杆，但若未出险，则保单终止时将不会有保险金进入信托专户，难以实现保险金信托的信托目的。对此，已有信托公司在开展保险金信托业务中运作更多类型的保险品种，探索诸如健康险等不同的保险险种对接保险金信托的可能性，实现业务进一步发展。

（二）探索家庭保单对接保险金信托

为了更好地实现保险金信托业务的复制和规模化展业，在当前三类保险金信托业务模式的基础上，部分信托公司开始构建保险金信托3.0模式的升级版，通过打造统一的家庭保单和财富受托平台，将"大额保单+信托"中保单的险种和财富受托服务不断丰富，据此，未来可充分利用家庭保单资源对接保险金信托，弥补保险金信托对接保险险种较为单一的不足。

（三）优化保险金信托产品结构

市面上的保险金信托大部分是作为家族财富传承业务的一个分支，结构较为单一，业内已开始探索打破目前"单一被保险人+单家保险公司+信托"的模式，通过为客户整体统筹名下的所有保险资产，完善保险金信托产品的结构，例如，整合委托人名下多张、多类、可能涉及多家保险公司的存续保单和新增保单到同一个保险金信托的业务形式，或者突破"单一被保险人"限制，整合家庭保单，未来可通过进一步整合委托人的保单设立保险金信托，同时满足委托人的保险保障诉求和后续信托保障诉求，充分扩大保险金信托可对接的保险险种范围，从产品结构设计方面进一步突破保险金信托对接保险险种的限制，同时也要求信托公司提高其完成保险金信托业务的实力，不仅实现保险金信托家族财富传承的作用，同时整合资源，充分发挥其财富增值、风险隔离、隐私保护以及税务筹划的功能。

（执笔人：殷晓薇）

慈善目的对慈善信托的基本要求[*]

慈善信托是指委托人基于慈善目的，依法将其财产委托给受托人，由受托人按照委托人意愿以受托人名义进行管理和处分，开展慈善活动的行为。慈善信托必须是以慈善为目的而设立的信托，这是慈善信托的基本特征。我国慈善信托属于公益信托。《信托法》和《慈善法》对公益慈善信托在信托目、受益人限制、信托财产用途等方面作出了明确规定。可以从以下四个方面理解慈善信托的慈善目的。

一、慈善目的及其范围

2016年《慈善法》将慈善活动分为六大类。《慈善法》第3条规定："本法所称慈善活动，是指自然人、法人和其他组织以捐赠财产或者提供服务等方式，自愿开展的下列公益活动：（一）扶贫、济困；（二）扶老、救孤、恤病、助残、优抚；（三）救助自然灾害、事故灾难和公共卫生事件等突发事件造成的损害；（四）促进教育、科学、文化、卫生、体育等事业的发展；（五）防治污染和其他公害，保护和改善生态环境；（六）符合本法规定的其他公益活动。"

总体上，《慈善法》所规定的慈善目的范围与《信托法》规定的公益目的范围基本相同。同时，《慈善法》也与时俱进对相关慈善活动类别的内涵做了扩展和调整。例如，《信托法》中的"救助灾民"，在《慈善法》中被扩展为"救助自然灾害、事故灾难和公共卫生事件等突发事件造成的损害"，受益人的范围不仅是灾民，而且也包括在突发事件中受到损害的相关企业、机构等。"扶助残疾人"也扩展为"扶老、救孤、恤病、助残、优抚"，将更多弱势群体纳入受益人范畴。"发展环境保护事业，维护生态环境"调整为"防治污染和其他公害，保护和改善生态环境"，使慈善目的更加具体，也响应了现阶段政府与社会公众对污染防治的迫切需求。

---

[*] 本文写于2019年9月。

表1　《慈善法》与《信托法》慈善目的比较

《信托法》	《慈善法》
（1）救济贫困	（1）扶贫、济困
（2）扶助残疾人	（2）扶老、救孤、恤病、助残、优抚
（3）救助灾民	（3）救助自然灾害、事故灾难和公共卫生事件等突发事件造成的损害
（4）发展教育、科技、文化、艺术、体育事业； （5）发展医疗卫生事业	（4）促进教育、科学、文化、卫生、体育等事业的发展
（6）发展环境保护事业，维护生态环境	（5）防治污染和其他公害，保护和改善生态环境
（7）发展其他社会公益事业	（6）符合本法规定的其他公益活动

二、公共利益要求

一项信托的信托目的属于慈善目的，还不能构成法律意义上的慈善信托。我国《信托法》规定，公益信托必须是为了"公共利益目的"而设立的信托。慈善信托以公共利益为目的，必须给社会公众带来利益。这一要求体现在三个方面。

（一）受益人不特定

我国《慈善信托管理办法》（银监发〔2017〕37号）对慈善信托的公共利益要求的规定是：慈善信托的委托人不得指定或者变相指定与委托人或受托人具有利害关系的人作为受益人，即慈善信托的受益人必须是不特定的，不能是委托人在信托文件中指定的具体人。委托人在信托文件中规定受益人的范围、受益人选定程序和方法，受托人据此从符合条件的社会公众中选择确定。

例如，一家公司作为委托人设立信托，信托财产用于资助公司或其附属公司职工的子女教育。由于信托受益人仅为公司员工的子女，与委托人之间存在利害关系，不符合慈善信托的受益人不特定要求。

受益人不特定是指具体承受信托利益的受益人，即最终享受信托利益的人不特定。委托人设立慈善信托，拟通过捐赠给一所大学，奖励本学校的优秀大学生。接受捐款的学校是特定的，但最终享受信托利益的优秀学生是不特定的，被选出来的这些优秀学生是信托的最终受益人。

（二）信托利益公共性

成立公益信托，必须使整个社会或社会公众中一个足够大的群体受益。就是说，潜在的受益人（即根据信托文件规定的范围，有可能成为受益人的人）应当是整个社会或构成社会公众的一个足够大的部分。因此，即使信托受益人不特定，但潜在受益人的范围太小，该信托就不具有公共性。

但从另一个角度看，实际获得信托利益的受益人的数量多少，并不影响信托利益的公益性。即不管最终受益人的数量是多少，只要潜在受益人构成社会公众的一个足够大的部分。例如，委托人出资5万元设立一项教育信托，每年从某地区选择两位品学兼优、家庭生活困难的学生，用信托资金支付他们的学费。虽然每年只有两个实际受益人，但由于潜在受益人范围足够大，也符合慈善信托的公共利益要求。

（三）信托利益客观性

慈善信托的公共利益还应当客观存在，而不仅仅是委托人的主观认为。如果慈善信托的委托人声称是为了公共利益，但如果不具有客观的、实际的公共利益，不能为社会公众带来好处，也不符合慈善信托要求。

三、完全公益性要求

信托目的是慈善的，是为了公共利益的，还不能成为慈善信托。慈善信托还要求信托是完全公益的，体现在两个方面。

（一）信托目的完全公益性

慈善信托的信托目的必须全部属于慈善目的，不能包含任何非慈善目的。慈善信托如有多个信托目的，则每一个目的都必须是慈善目的。如果委托人设立一个信托，信托目的包括发展教育事业和资助委托人的子女上大学，委托人并未明确哪些信托财产用于公益目的，哪些用于私益目的，由于信托目的并不绝对公益，因此不能构成一项慈善信托。如果委托人对信托财产的运用既有公益目的也有私益目的，委托人可确定分别用于公益目的、私益目的的信托财产数额或比例，并指定将用于公益目的的那一部分信托财产成立慈善信托。这在家族信托与慈善信托的结合安排中比较常见。

（二）信托财产完全公益性

用于设立信托的全部财产，必须全部用于公益目的，这是各国信托法、慈善法对公益信托的基本要求。我国《信托法》第63条规定，公益信托的信托财产及其收益，不得用于非公益目的。我国《慈善信托管理办法》第23条规定，慈善信托财产及其收益，应当全部用于慈善目的。

四、例外情形的探讨

（一）受益人不特定的例外——"穷亲戚"原则

如果一个信托的受益人是特定的穷人，在英美国家可被认定为慈善信托。英国法院很早就承认，救济贫困的信托本身即具有公共利益，不管受益人是否特定，均构成公益信托，因为贫困是整个社会面临的问题，少数人的贫困可能带来疾病、犯罪等严重社会问题，从而影响整个社会的福利和安定。即使通过信托救助特定的贫困者，客观上也减轻了社会的负担，有利于整个社会利益。因而，救济贫困的信托，即使受益人是确定的，例如，受益人是委托人的穷亲戚，也构成公益信托。美国的一部分州承继了这一例外规则。

（二）信托财产绝对公益的例外——分割利益信托

在美国，为鼓励公益信托发展，鼓励更多人参与公益活动，允许公益与私益相结合模式的存在，分割利益信托是慈善信托非常普遍的存在方式。分割利益慈善信托又可分为慈善先行信托和慈善剩余信托，这两种类型的信托在美国都能享受税收优惠待遇，所以经常被使用。慈善先行信托指的是设立人先设立慈善信托，在一定期间把信托财产中的一定比例或者一定数额用以公益慈善目的，在信托存在期间终了之后由委托人或者委托人指定的个人受领剩余的财产。慈善剩余信托则相反，委托人设立信托后，先将一小部分信托财产经营收益用于自己及家庭生活开支，而将本金和剩余收益全部用于公益慈善事业。

我国目前没有分割利益慈善信托的相关规定。中信信托试水国内首单"慈善先行信托"，由中国著名主持人孟非设立。在首个为期4年的捐赠周期内，委托人选定中国光华科技基金会作为捐赠执行人，以每人每年1万元的标准发放给受捐赠人，资助100名云南大学贫困新生至本科毕业。在信托文件约定的特定条件达成后，再将剩余信托财产分配给家族内受益人。这种信托不在民政部门备案，属于运用家族信托开展慈善活动的一种模式，既能利他做慈善，又能利己有收益，对高净值人群来说是一个不错的选择。

（执笔人：沈苗妙）

慈善信托持续创新发展的方向展望*

慈善信托作为一种新型的慈善方式，具有信托制度特有的安全性、灵活性、长期性、创新性等制度优势，有力促进了我国公益慈善事业健康发展。慈善信托的持续创新将更好满足我国公益慈善事业发展需求。

一、当前慈善信托持续创新发展的主要问题

（一）信托规模较小难以持续

根据慈善中国网站统计，截至2019年11月18日，我国共有238单慈善信托完成备案，信托财产总规模28.59亿元。尽管有多单慈善信托规模超过亿元，但大部分慈善信托规模较小。其中，规模不足100万元的慈善信托数量有118单，占比接近50%；规模低于20万元（含20万元）的数量有61单，占比超过25%；最小的慈善信托规模仅5000元。而且，与往年比较，2019年慈善信托规模小型化趋势更加明显。今年新备案的84单慈善信托中，规模不足20万元的数量达28单，占比达到1/3。慈善信托规模小型化，也导致慈善信托期限短期化。规模在100万元以下的慈善信托，期限以1—5年以下为主，慈善信托长期持续优势难以发挥。

（二）慈善项目多以消耗型运作为主

除少数规模较大的慈善信托采用不动本金的方式开展慈善活动以外，我国大部分慈善信托以消耗型运作为主。一方面，尽管闲置慈善信托财产进行一定保值增值投资，但是所得投资收益远远无法满足慈善支出需要，需要消耗本金以支持慈善活动；另一方面，慈善信托所开展的慈善项目以直接捐助为主，如信托资金直接（或通过执行机构）向受益人提供资助、救助，或以信托财产购买服务或实物（如培训课程、书籍等）后支付给受益人等。这种单纯的资金或实物资助尽管慈善效果直接清晰，但是缺乏信托财产自我增值的内生循环，难以产生长期持续效果。

二、慈善信托持续创新发展的主要方向

（一）财产来源可持续

可持续的慈善信托财产来源主要包括以下三类：一是大额资金的投资收益。委托人

---

* 本文写于2019年11月。

以大额资金设立不动本慈善信托，由信托公司担任受托人。信托公司对慈善财产进行专业的资产配置和投资管理，产生持续稳定收益用于开展慈善活动。二是股权或其收益权。委托人以股权或股权收益权设立慈善信托。成熟公司股权往往具有稳定分红，成长型公司股权更具增值潜力，都可以提高慈善信托运行的持续性。三是慈善信托成立后追加信托财产。追加信托财产的方式可以是委托人追加信托财产，可以是增加新的委托人并增加信托财产，甚至还可以由捐赠者以慈善信托"财产贡献者"的身份加入慈善信托。

（二）管理运用可持续

通过对慈善信托闲置财产的专业管理实现持续收益保障信托可持续运行，首先要建立合理的慈善信托治理机制。信托的受托人是为受益人的利益而管理和处分信托财产，而慈善信托的受益人是社会公众，因此慈善信托的受托人应当为了社会公众的利益而履行主动管理职责。慈善信托财产进行投资管理时，受托人不能仅仅依据委托人指令或委托人指定的第三方机构的指令执行投资，而是应当对投资项目进行自主风险决策。在成立慈善信托决策委员会对投资事项进行决策的情形下，受托人也应当拥有一票否决的权利。在此基础上，受托人充分发挥专业投资管理能力，通过资产配置使信托财产实现稳定收益，用于持续开展慈善活动。

（三）慈善支出可持续

一方面是进行慈善效果突出的项目设计。信托公司担任慈善信托受托人，可以运用金融工具放大慈善效果。如"中诚信托2018年度善爱扶贫慈善信托"探索了"产业扶贫+精准扶贫"的双重扶贫模式，通过产业扶贫贷款带动贫困群众就业和增收，扶贫贷款所得利息用于精准资助特殊困难群众，建立了慈善财产运用的良性循环。又如"中诚信托·中国信托业保障基金公司·2018内蒙古察右中旗扶贫慈善信托"通过与保险公司合作为贫困户提供养殖保险支持，发挥了保险的杠杆效应，放大了慈善效果。另一方面是进行运作型慈善模式的创新探索，学校建设、课程研发、艺术展览等都是运作型慈善项目的典型代表，可以使受益人长期持续受益。

三、慈善信托持续创新发展所需要的支持措施

（一）落实慈善信托税收优惠政策

以股权为代表的非货币财产可为慈善事业提供长期持续财产来源，但是以非货币财产设立慈善信托面临税收优惠缺失的制约。在以股权设立慈善信托方面，建议财税部门明确以股权设立慈善信托可比照《关于公益股权捐赠企业所得税政策问题的通知》（财税〔2016〕45号）规定享受税收优惠。无论是个人还是企业以股权设立慈善

信托，以标的股权的历史成本为依据确定转让收入，使委托人以股权设立慈善信托不产生额外纳税负担。同时，明确委托人可以标的股权的历史成本确定捐赠额，并在缴纳企业所得税或个人所得税前作纳税抵扣。

（二）加强对企业及高净值人群的慈善信托宣传

我国慈善信托运行三年多，累计备案信托财产规模还不到30亿元，与我国每年千亿元规模的慈善捐赠相比，慈善信托的发展还处于起步阶段。要改变当前慈善信托小型化、短期化比例较高的现状，未来应进一步加大向企业和高净值人士宣传慈善信托的力度。对于企业而言，慈善信托是企业开展慈善活动的一种更加灵活的方式，设立程序简便，财产运用高效。在社会影响方面，企业设立慈善信托可以进行专门冠名，达到更好的宣传效果，充分体现企业的社会责任。对于高净值人士而言，委托人可以深度参与项目设计和运行过程，有效解决慈善项目开展中的信息不对称问题。慈善信托还可以与家族信托相结合，满足超高净值人士家族财富传承与慈善精神传承的需求。

（三）进一步提升受托人专业能力要求

在建立合理的慈善信托治理机制及信托事务处理的决策机制的基础上，慈善信托受托人还应当具备三个方面的专业能力。一是慈善财产投资专业能力。对于慈善支出资金来源于投资收益的永续型慈善信托中，慈善财产投资管理的专业能力直接决定了慈善支出的规模及慈善效果。对此，受托人应提高跨市场配置资产的专业能力，提高慈善财产增值能力。二是慈善项目设计能力。信托公司担任慈善信托受托人，可以在慈善项目设计中充分运用金融工具来放大慈善效果，提高慈善活动持续性。三是慈善资源整合能力。受托人应有效组织及整合政府机构、慈善组织、执行机构等各方资源，高效推进慈善项目开展。

（四）进一步完善慈善信托财产追加等政策

追加信托财产是实现慈善信托可持续发展的重要途径。我国《慈善信托管理办法》规定，当慈善信托出现增加新的委托人、增加信托财产等情形时，受托人应当办理变更备案，从而肯定了慈善信托可以进行开放运作。在国外，慈善信托设立后，新的机构或个人往往不以委托人的身份加入慈善信托，而是以"财产贡献者"的身份加入慈善信托，这种操作下，慈善信托委托人及慈善信托决策机制不发生变化，从而可以大大简化慈善信托财产追加程序。这种慈善信托变更方式值得我们借鉴，其相应的变更流程及政策也期待监管部门予以明确。

（执笔人：沈苗妙）

2019年以来信托型ABN发展情况及趋势*

我国非金融企业资产证券化共有两种形式：一种是证监会主导的"专项资产管理计划"形式的非金融企业资产证券化，即企业ABS；另一种是银行间市场交易商协会主导的非金融企业资产支持票据，即ABN。起初，ABN并未强制要求基础资产的风险隔离，2016年，银行间市场交易商协会修订ABN指引，正式引入了SPV，从此真正实现"破产隔离"和"真实出售"，为信托型ABN提供了明确的规则指引，信托型ABN自此取得了快速发展。2017年后，ABN的发行主体均为信托公司。据Wind统计数据，至2019年5月底，ABN累计发行项目246单，累计新发行规模达到3,121.72亿元。

一、2019年以来信托型ABN发展情况

（一）新发行规模高速增长

2019年1—5月新发行ABN 83单，新发行规模达到884.01亿元，已经达到2012年全年新发行规模的15倍多，超过2017年全年新发行规模，同时达到2018年新发行规模的70%，较2018年1—5月同比增长330.63%。

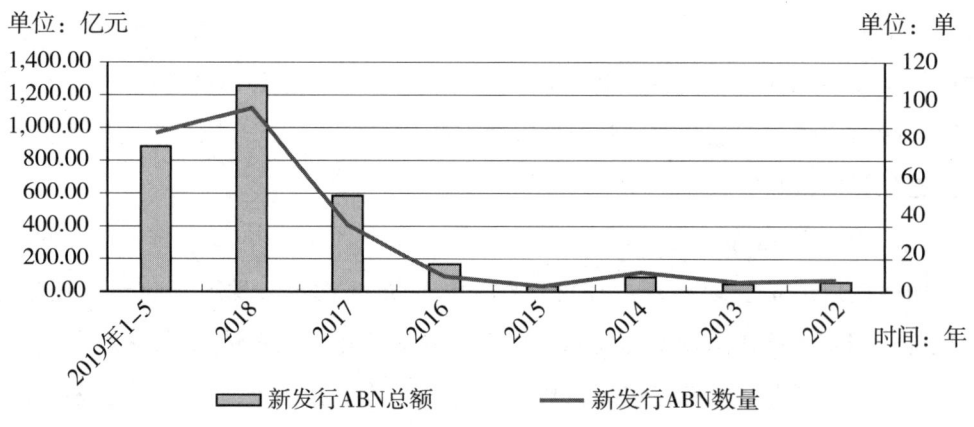

数据来源：Wind，中诚信托有限责任公司战略研究部整理。

图1　2012年以来新发行ABN数量及规模情况

2019年以来，1—5月各月新发行ABN规模分别为259.09亿元、75.81亿元、178.28亿元、267.41亿元和103.43亿元，较2018年及2017年同期均有大幅增长。

---

* 本文写于2019年6月。

从月度数据来看，近几年 ABN 新发行规模和新发行数量的大幅跃升发生在 2018 年 10 月之后。一是 ABN 指引修改后，尽管信托型 ABN 取得了合法、规范地位，但由于 ABN 标准较严，且各机构相关业务经验尚不丰富，ABN 的业务数量和规模并没有很快爆发，在 2018 年 10 月之前，单月发行产品数量均未超过 10 单；二是资产证券化业务符合信托回归本源的监管导向，监管明确依据金融管理部门颁布规则开展的资产证券化业务不在"资管新规"的规范范围，同时资产证券化业务不属于监管要求的规模压降范围，公募型资产证券化产品属于标准化产品，符合"资管新规"要求的净值化管理导向，资产证券化业务因此成为信托公司谋变创新的重要选择；三是 2018 年下半年以来，证券交易所 ABS 发行趋严，而银行间市场交易商协会则大力鼓励 ABN 的落地和发行，信托型 ABN 自此开始出现井喷态势。

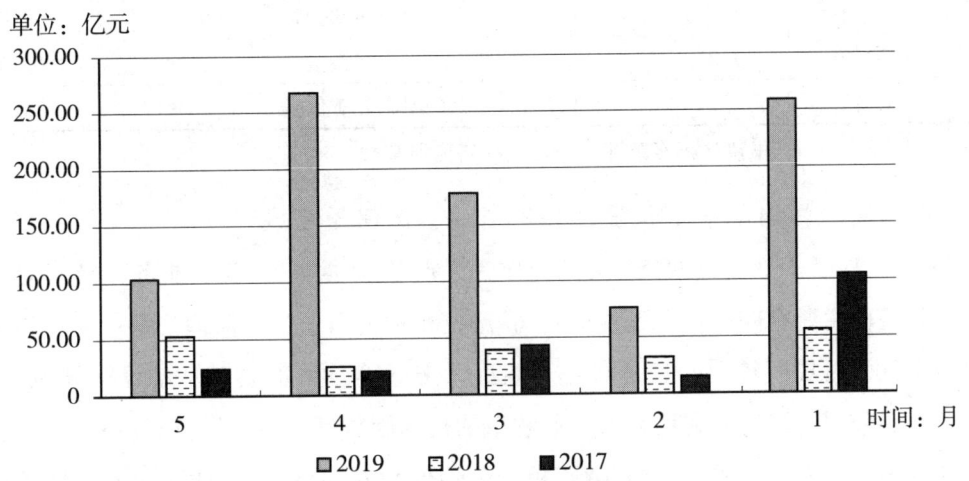

数据来源：Wind，中诚信托有限责任公司战略研究部整理。

图 2　近三年 1—5 月各月 ABN 发行规模

（二）发行机构热情高涨

2019 年 1—5 月，共 27 家信托公司落地了 ABN 业务，高于 2018 年的 25 家和 2017 年的 8 家，信托公司发行 ABN 的积极性仍在持续提高。

从行业格局来看，2019 年 1—5 月和 2018 年全年 ABN 发行规模合计前十名座次变化不大，华能信托、华润信托、中铁信托、平安信托近两年及历史累计发行规模均居于行业前五，在业务量上保持了较大的行业优势。尤其是华能信托，业务优势显著，不但居于 ABN 发行规模行业首位，还是信托行业首批获得"交易商协会非金融企业债务融资工具承销业务"资格和"交易所资产证券化业务管理人"资格之一，2018 年承销非金融企业债务融资工具 18 单，承销规模 11.8 亿，居试点信托公司之首，在资产证券化业务上形成了产业链多项增值服务体系。

表1 2019年1—5月、2018年全年ABN发行机构规模TOP10

排名	2019年1—5月			排名	2018年		
	发行机构	发行项目总数（项）	发行总额（亿元）		发行机构	发行项目总数（项）	发行总额（亿元）
1	华能信托	9	144.11	1	华能信托	11	203.07
2	华润信托	5	77.68	2	华润信托	12	131.63
3	中铁信托	7	72.59	3	中铁信托	6	110.31
4	平安信托	7	70.01	4	上海信托	5	77.22
5	五矿信托	11	65.15	5	平安信托	6	71.01
6	中建投信托	5	51.50	6	中建投信托	6	67.84
7	建信信托	4	46.52	7	建信信托	3	62.62
8	天津信托	4	40.00	8	西部信托	6	62.19
9	中海信托	3	32.81	9	交银信托	5	60.32
10	江苏信托	2	29.69	10	五矿信托	8	57.21

数据来源：Wind，中诚信托有限责任公司战略研究部整理。

（三）发起机构集中于租赁、公用事业、保理等领域

2019年1—5月，有超过54家机构作为发起机构参与了ABN业务。经不完全统计，发起机构主要有四类：一是租赁公司/融资租赁公司；二是保理公司；前两类机构数量最多且发行规模较大。三是水务、能源、交通等公用事业和基础设施领域机构；四是房地产公司；制造业和商业服务业领域的机构则数量较少，发行规模占比较低。

从具体排名来看，租赁公司/融资租赁公司作为发起机构的ABN项目占据行业前列。2019年以来，发行总额居首的中核融资租赁作为发起机构的ABN项目已有6单，发行规模达到90亿元，已超过其2018年全年4单、规模50亿元的成绩。

表2 2019年1—5月、2018年全年ABN发起机构规模TOP10

排名	2019年1—5月			排名	2018年		
	发起机构	发行项目总数（项）	发行总额（亿元）		发起机构	发行项目总数（项）	发行总额（亿元）
1	中核融资租赁	6	90.00	1	前海结算保理	9	62.48
2	平安融资租赁	3	38.29	2	中国中铁	1	59.57
3	江铜保理	4	31.80	3	中核融资租赁	4	50.00
4	光大幸福租赁	3	30.00	4	上海邦汇保理	4	50.00
5	广州地铁	1	30.00	5	中建三局	1	37.00

续表

2019年1—5月				2018年			
排名	发起机构	发行项目总数（项）	发行总额（亿元）	排名	发起机构	发行项目总数（项）	发行总额（亿元）
6	中垠融资租赁	1	25.18	6	北京兴投鼎沣资产管理	1	36.50
7	先锋融资租赁	1	25.00	7	国药控股融资租赁	2	34.01
8	中建投租赁	2	22.57	8	易鑫融资租赁	3	33.79
9	中南建设	1	22.00	9	前海建合投资管理	3	33.05
10	前海结算保理	6	21.15	10	中国中车	1	30.79

数据来源：Wind，中诚信托有限责任公司战略研究部整理。

（四）基础资产以租赁债权等居多

2019年1—5月，位居ABN新发行规模前三的基础资产主要是租赁债权、票据收益和应收债权，发行规模占比分别达到30.52%、30.16%和23.88%，占比合计达到85%左右，三类基础资产的新发行ABN项目均超过了20单，发行规模和发行数量远超过其他类别的基础资产。

以信托受益权作为基础资产的ABN项目并不多。2019年1—5月，以信托受益权为基础资产的ABN共3单，分别为红星美凯龙家居集团股份有限公司2019年度第一期资产支持票据、上海东兴投资控股发展有限公司2019年度第一期资产支持票据、信达地产股份有限公司2019年度第一期资产支持票据，均属于房地产及相关领域。以上3单项目发行规模合计36.60亿元，规模占比仅为4.14%。

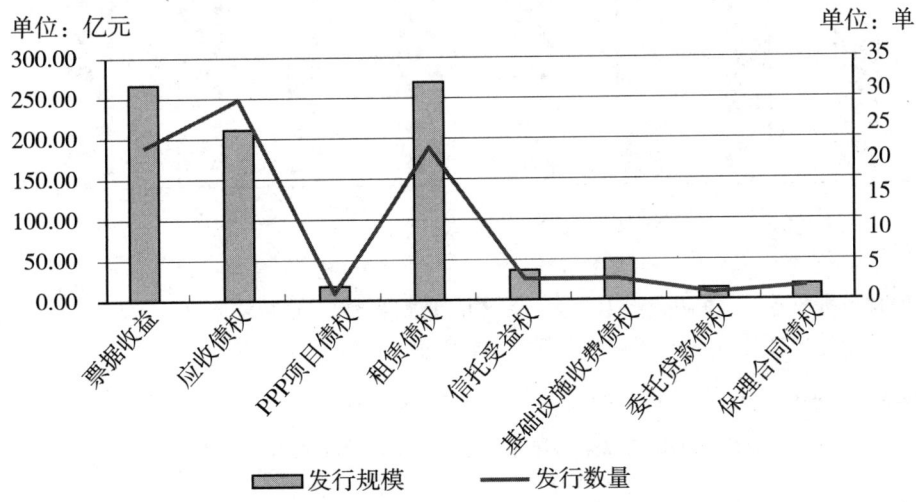

数据来源：Wind，中诚信托有限责任公司战略研究部整理。

图3　2019年1—5月不同基础资产ABN发行规模及发行数量

从历年发展来看，2012—2015年，所有发行的ABN项目的基础资产均为票据收益，此阶段监管未明确基础资产，实际多为公用事业及基础设施收费权，2016年ABN指引修订后基础资产可以是租赁债权、企业应收账款、信托受益权等财产权利，以及基础设施、商业物业等不动产财产或相关财产权利等，其中以租赁债权和应收债权等为主，至今仍占有较大的市场份额。

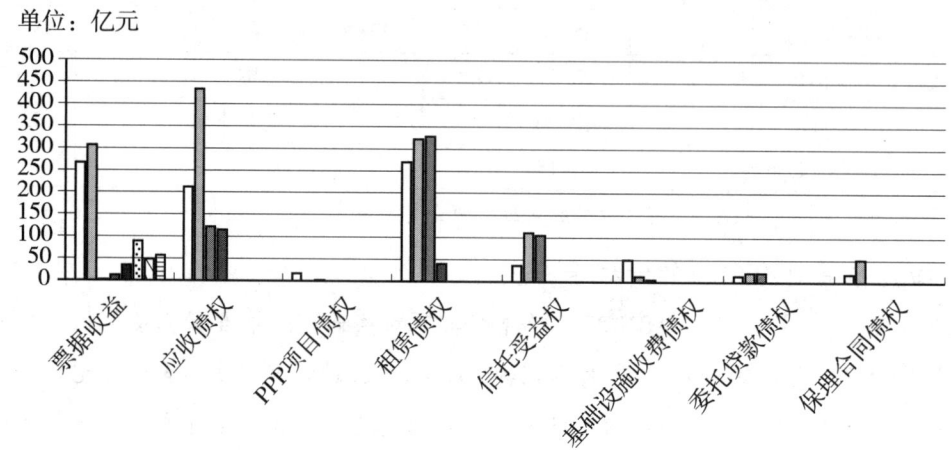

数据来源：Wind，中诚信托有限责任公司战略研究部整理。

图4 2012年以来各年不同基础资产ABN发行规模

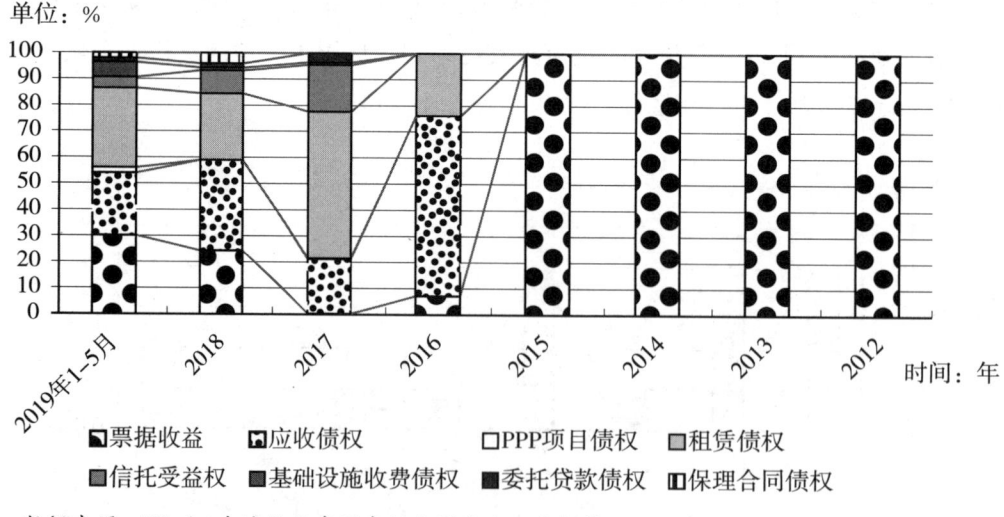

数据来源：Wind，中诚信托有限责任公司战略研究部整理。

图5 2012年以来各年不同基础资产ABN发行规模占比

（五）发行票面利率中枢有所下移

2019年，新发行ABN产品期限集中于5年以内，融资成本集中于4%—6%，相比往年，2019年以来银行间市场流动性非常充裕，相应的ABN发行利率中枢较往年下移，原始权益人也因此实现了更低成本的融资。以租赁ABN为例，2018年上半年租赁ABS加权平均发行利率低于租赁ABN，但2019年第一季度租赁ABN加权平均利率低于租赁ABS，更多主体信用等级较高的发起机构选择发行ABN产品融资。

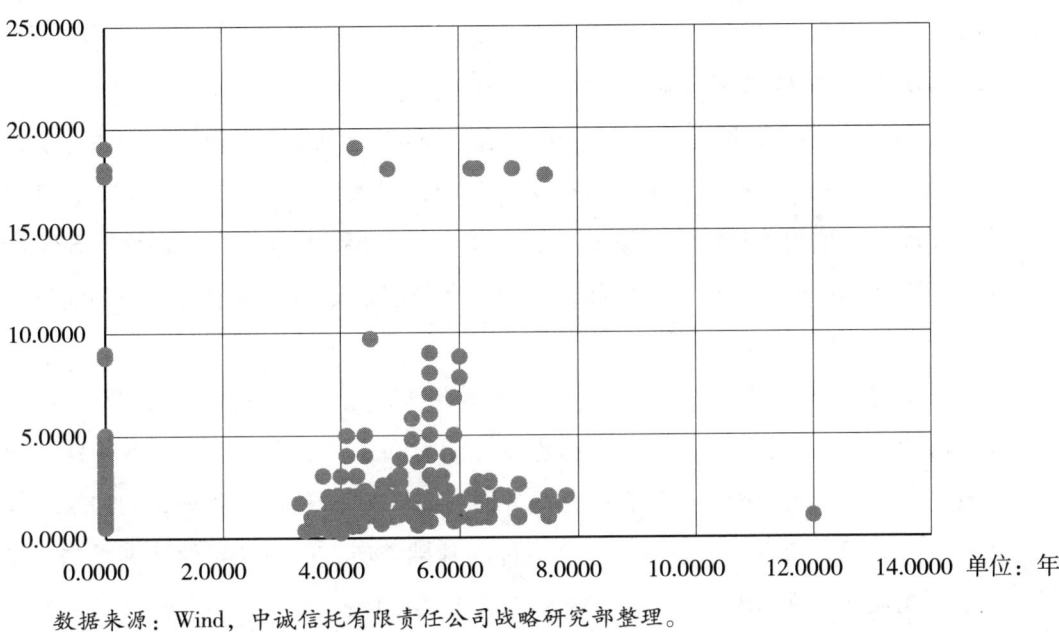

数据来源：Wind，中诚信托有限责任公司战略研究部整理。

图6　2019年1—5月新发行ABN发行利率及期限

二、ABN业务发展趋势

尽管参与ABN业务的信托公司越来越多，但各家机构业务重点各不相同，业务开展的深入程度也不尽相同。近一年来，将资产证券化业务作为战略业务开展的信托公司已逐渐从作为简单的SPV角色参与和机会性业务向ABN产业链的前端和后端逐渐渗透。短期内，信托公司将抓住发行场所的窗口期有利条件快速推进ABN业务，长期将从扩展业务链价值、深入了解和挖掘优质资产保持ABN业务竞争优势。

（一）充分利用发行场所优势

目前，ABN的发行数量和发行规模远不及ABS（资产支持证券）。一是起步较晚。2013年3月15日，证监会正式发布了《证券公司资产证券化业务管理规定》（证监会公告〔2014〕49号），ABS于2013年进入常规化发展，且在2016—2017年间的"非标"转标大潮中迅速爆发实现了跨越式发展。信托型ABN则于2016年才起步，至2018年才取得加速发展。二是银行间市场交易商协会对基础资产的主体信用要求更为严格，ABN项目最终由银行作为主承销商主要销售给各家金融机构投资人（主要是银行），因此ABN业务的发起人在银行基本都有授信额度。不过，由于现阶段银行间市场交易商协会鼓励ABN业务的开展，发行ABN也更加灵活高效，且银行间市场以金融机构投资人为主，资金充裕，交易量大，相比交易所市场有利于资产证券化产品的大量发行。现阶段，应利用好银行间市场鼓励ABN业务的窗口期，尽快落地和推广ABN业务。

（二）提高业务价值，提高业务收入

在ABN业务链条中，原始权益人、发起人、发行人、承销人、保管人、中介机构等因角色和地位不同而享有不同的业务价值。其中，如果信托公司仅充当SPV，则享有的价值很低，所取得信托报酬也较低。尽管信托公司开展ABN业务最初均以SPV角色介入，但业务团队的投入产出考虑和公司收入考核仍然是困扰各家公司该项业务的重要难题。

为有效、持续开展ABN业务，信托公司必须在SPV角色上进行多方面扩展，获取更高的业务价值和人均收入。一方面，锤炼业务能力和运营能力，加强业务的标准化管理，支持业务组同时开展多个项目；另一方面，在ABN价值链上扩展，向前端延伸开展Pre-ABN业务，以创造、改造成符合条件的基础资产，向后端延伸开展承销、交易、投资，拓展和发现ABN在一级市场和二级市场上的投资价值，形成更多业务收入。目前，ABN业务中SPV收费仅在0.03%左右，而Pre-ABN可以实现数个百分点的利差，后端销售也可以实现0.5%到0.8%的收入，这也是近期部分信托公司大力推动ABN在内的债券承销的重要原因之一。

（三）抓优质资产，抓优质客户

信托型ABN的未来发展，有赖于信托公司在优势大类资产领域中抓优质资产、优质客户，开发市场想象空间。从大类资产角度，信托公司目前应在以下三类领域的优质资产和优质客户发力。一是债权类资产，该类资产是资产证券化业务中规模最大的基础资产，也是可复制性最强、可持续性最强、最有生命力的基础资产；二是公用事业、城投公司等地方政府融资平台的收费权等基础资产，随着对地方政府债务管控的加强，这类机构的透明化、低成本、标准化融资需求也较大；三是产权类基础资产，如商业物业等，基础资产存量巨大，存量盘活市场很大，未来业务机会想象空间非常大。

（执笔人：中诚战研）

信托公司年金业务的发展设想及建议*

信托公司转型发展进入关键阶段，亟待深挖本源业务，找到新的业务模式和盈利模式。年金业务是发达国家信托业的主要业务之一，而我国信托公司的年金业务发展不足，未来具有一定的开拓空间。

一、我国年金业务的发展现状

（一）我国年金业务发展情况

我国年金包括企业年金和职业年金。企业年金始于2004年5月1日施行的《企业年金试行办法》（劳动和社会保障部令第20号）。根据人力资源社会保障部全国企业年金基金业务数据，截至2018年年底，建立企业年金的企业达到87,368个，参加职工人数达到2,388.17万人，累计基金规模达到14,770.38亿元，与2017年相比，分别同比增长8.63%、2.44%和14.68%。

职业年金建立于2015年，根据国务院印发的《关于机关事业单位工作人员养老保险制度改革的决定》（国发〔2015〕2号）和《机关事业单位职业年金办法》（国办发〔2015〕18号），机关事业单位及其工作人员在参加机关事业单位基本养老保险的基础上，开始建立职业年金这一补充养老保险制度。2016年9月，人力资源社会保障部、财政部联合印发《职业年金基金管理暂行办法》（人社部发〔2016〕92号），职业年金自此进入快速发展阶段。据招商证券测算，至2018年11月，职业年金实账积累的规模约7488亿元，未来每年新增规模约1870亿元。

（二）当前我国年金业务的参与机构

1. 企业年金的参与机构

《企业年金办法》（人力资源社会保障部、财政部令第36号）明确了企业年金相关机构包括委托人、受托人、账户管理人、投资管理人、托管人和其他为企业年金基金管理提供服务的自然人、法人或者其他组织等。从人力资源和社会保障部公布的数据来看，2018企业年金基金法人受托人共14家，包括2家信托公司、5家银行、6家养老保险公司和1家养老金管理公司；账户管理人共20家，包括1家信托公司、10家

---

* 本文写于2019年6月。

银行、1家寿险公司、7家养老保险公司和1家养老金管理公司；托管人共10家，全部为银行；投资管理人共23家，包括11家公募基金、1家证券公司、1家券商资管、2家保险资管、6家养老保险公司、1家养老金管理公司和1家投行公司。

表1 2018年企业年金基金管理机构情况

序号	受托人	账户管理人	托管人	投资管理人
1	华宝信托	工商银行	工商银行	海富通基金
2	中信信托	交通银行	建设银行	华夏基金
3	平安养老	浦发银行	中国银行	南方基金
4	太平养老	招商银行	交通银行	易方达基金
5	建设银行	光大银行	招商银行	嘉实基金
6	工商银行	中信银行	光大银行	招商基金
7	招商银行	华宝信托	中信银行	富国基金
8	长江养老	新华人寿	浦发银行	博时基金
9	人寿养老	建设银行	农业银行	银华基金
10	泰康养老	民生银行	民生银行	中金公司
11	建信养老金	中国银行		中信证券
12	中国银行	人寿养老		华泰资管
13	农业银行	泰康养老		平安养老
14	人保养老	平安养老		太平养老
15		长江养老		国泰基金
16		太平养老		工银瑞信
17		农业银行	—	泰康资管
18		建信养老金		人保资管
19	—	人保养老		长江养老
20		新华养老		人寿养老
21				建信养老金
22				人保养老
23				新华养老

资料来源：人力资源社会保障部。

2. 职业年金的参与机构

职业年金的参与机构和管理运用与企业年金相似，参与机构包括委托人、代理人、受托人、托管人、投资管理人。职业年金基金采取集中委托投资运营的方式进行管理，由中央以及地方各省级统筹。从 2017 年开始，各地启动职业年金基金受托人、托管人和投资管理人的招标。2018 年年底，中央国家机关事业单位职业年金投资管理人选拔结果出炉，中标机构共 19 家。

二、信托公司开展年金业务的现状及问题

（一）信托公司开展年金业务的现状

整体来看，近五年信托公司在年金业务方面参与度不高，受托企业数、职工数和规模在整个年金业务市场中的市场份额逐年下降，截至 2018 年年底，3 项指标市场占比均不足 1%。

目前，信托行业仅有 2 家信托公司拥有年金管理人资格，其中华宝信托拥有受托人、账户管理人资格，中信信托拥有受托人资格。两家信托公司共管理 256 家企业、超过 12 万人的企业年金，管理规模约 93 亿元，市场占比分别为 0.39%、0.76%、0.94%。

表 2　信托行业受托管理企业数与行业情况对比表

企业年金基金管理机构	企业数（个）				
	2014 年	2015 年	2016 年	2017 年	2018 年
华宝信托	300	328	352	240	239
中信信托	31	20	20	20	17
信托公司小计	331	348	372	260	256
年金市场合计	48,135	51,187	56,016	59,997	66,261
信托类机构的市场占比	0.69%	0.68%	0.66%	0.43%	0.39%

数据来源：人力资源社会保障部。

表 3　信托行业受托管理职工数与行业情况对比表

企业年金基金管理机构	职工数（人）				
	2014 年	2015 年	2016 年	2017 年	2018 年
华宝信托	152,313	152,399	151,541	121,882	117,344
中信信托	6,086	4,793	4,592	4,394	3,263
信托公司小计	158,399	157,192	156,133	126,276	120,607
年金市场合计	11,973,324	12,209,492	13,330,098	14,092,505	15,875,630
信托类机构的市场占比	1.32%	1.29%	1.17%	0.90%	0.76%

数据来源：人力资源社会保障部。

表4 信托行业受托业务规模与行业情况对比

企业年金基金管理机构	受托业务规模（万元）				
	2014年	2015年	2016年	2017年	2018年
华宝信托	706,749	825,787	874,294	857,552	901,374.51
中信信托	37,491	29,626	32,242	36,689	28,050.19
信托公司小计	744,240	855,413	906,536	894,241	92,9424.7
年金市场合计	46,134,985	57,348,978	69,277,212	82,235,074	99,304,150
信托类机构的市场占比	1.61%	1.49%	1.31%	1.09%	0.94%

数据来源：人力资源社会保障部。

（二）信托公司开展年金业务存在的主要问题

1. 信托公司开展年金业务面临政策限制

一是资格限制。年金业务有准入限制，信托公司需要获得相关业务资格才能从事年金业务。企业年金管理资格由人力资源社会保障部发放，2007年后至今未发放过管理人资质，导致近年来对年金业务感兴趣的信托公司尚无参与渠道。同时，由于信托公司能够获得的资格有限，信托公司在年金业务的话语权也极弱，信托公司近年来只能通过养老信托、员工薪酬福利计划等方式开展类年金业务，以加强业务的主导性。

二是投资限制。《关于扩大企业年金基金投资范围的通知》（人社部发 [2013] 23号，以下简称23号令）虽然对信托产品给予了投资范围准入，但对投资信托产品限制过多。首先是发行主体限制，可投资信托产品的发行主体必须满足为获得"企业年金基金管理机构资格"、已经建立企业年金计划、属于某金融集团且该金融集团公司的控股子公司具有"企业年金基金管理机构资格"三条要求其一。其次是投资比例限制。23号令同时要求，投资信托产品专门投资组合的比例，不得高于企业年金计划基金资产净值的10%。以上限制导致实际运作中年金基金仅投资了个别属于大型央企集团或金融集团内部的信托公司的产品，如中石油集团旗下的昆仑信托、建行旗下的建信信托和平安集团旗下的平安信托，且投资规模较低。据人力资源社会保障部统计数据，至2018年年底，企业年金养老金产品投资产品中，涉及的信托产品已备案60个，实际运作27个，期末资产净值545.14亿元，备案产品数、实际运作产品数、投资规模市场占比仅为10.51%、8.33%、11.43%。

2. 信托公司开展年金业务的核心能力尚有欠缺

长线资金最为各家金融机构所青睐，这也是职业年金一经推出便有多家投资机构积极备战的原因。相比之下，信托公司在年金管理的过往经验、销售能力、权益投资能力、组合投资能力、账户管理信息系统等方面与养老保险公司、公募基金等机构相比仍有不小的差距,这也将影响年金委托人对信托公司的评价。

三、我国信托公司开展年金业务的设想与建议

(一)借鉴发达国家信托型年金业务的发展经验

1. 美国信托业年金业务经验借鉴

美国的信托业开展企业年金业务始于 20 世纪 20 年代。据公开数据,当时约有 15% 的公司将养老金计划的资产放到独立的信托基金中。1963 年,斯图特贝克汽车制造厂关闭,造成超过 7000 名工人无法获得原定的养老金给付,引起政府对私人养老金制度的关注,这也是该国 1974 年 ERISA(《雇员退休收入保障法》)出台的重要背景。根据 ERISA 法案,合格年金计划必须通过年金合同或者信托方式来实现,企业可设立退休金管理理事会或选择专业金融机构作为受托人来管理退休金计划。由此,信托型年金的地位进一步提高。ERISA 确定的信托制度,也奠定了美国的养老金市场。

美国典型的信托型年金计划是"401(k)计划"。伴随"401(k)计划"的发展,企业雇员的参与率大幅上升,从 1983 年的 38% 提高至 2003 年的 70%,至 2009 年,美国"401(K)计划"的活跃参与者人数已高达 4700 万。

2. 日本信托业年金业务经验借鉴

年金信托是日本福利政策的重要支柱,也是日本的第三大金钱信托。企业年金是日本福利政策的一部分,约 50% 的工薪阶层加入了企业年金。在企业年金中,年金信托占据重要地位。企业年金制度推行伊始,只有信托银行和寿险公司能够担任受托人,后来信托银行凭借在资产运用、资产分配、组合投资等方面的综合性优势,年金信托始终占据了主导地位,年金信托余额也不断增长。截至 2017 年 8 月末,年金信托资金已积累至 102.6 兆日元。

(二)年金业务或将成为信托公司重要的业务转型方向

随着宏观经济增速放缓、社会经济结构调整优化和金融风险多发的出现,信托公司开始重新审视年金信托,对年金信托业务的看法有所改观,开展该种业务的意愿不断增强。一方面,年金信托是信托公司的本源业务,属于一类典型的服务信托,是监管部门鼓励支持的业务方向;另一方面,年金信托资金期限长、资金稳定,属于一类持续稳定的业务,有利于信托公司建立长期稳定、健康可持续的业务模式和盈利模式。

(三)信托公司开展年金业务需要更多政策支持

根据信托公司的业务实践和业务诉求,年金信托业务的开展亟须监管部门给予一

定的政策支持，具体包括年金基金管理人资格和放宽年金基金对信托产品的投资限制等方面。

一是给予更多信托公司受托人和账户管理人资格。从国际经验来看，信托型年金既是一种主流的、经时间检验的年金运作方式，也是国际上信托公司的一类主流业务。从国内实践来看，我国信托业近几年在证券服务系统、个人消费信托等业务方面已经取得了丰富的实践经验，在账户管理和行政服务方面能够满足更多委托人和受益人的需求。

二是给予信托公司年金基金投资管理人资格。企业年金基金亟须增加对信托产品的投资。在"一法两规"（《信托法》《信托公司管理办法》《信托公司集合资金信托计划管理办法》）实施后至今，信托业经营规范、运作稳健，在财富管理方面为受益人创造了持续、较为安全的收益。同时，信托公司在资产配置类业务和流动性管理方面也已经有了相当的业务基础和实绩，能够满足年金基金审慎投资、规范运作的要求。

三是放宽年金基金对信托产品的投资限制。据人力资源社会保障部数据显示，2018年年度投资收益率和产品成立以来投资收益率方面，信托公司分别达到6.03%和18.48%，在所有的产品类型中位列1/17和3/17，远高于总体水平，证明了投资信托产品的可靠性和保值增值性，能够有效满足年金基金的投资要求。

（执笔人：中诚战研）

信托与融资租赁的业务合作空间[*]

近年来,随着供应链金融、消费金融和资产证券化的兴起,信托与融资租赁的合作迅速升温。在新的资管市场发展时期和加强金融支持实体经济的趋势下,梳理两类机构的优势、作用和功能定位,有利于发掘两类机构的合作空间,探索更多的"双赢"模式。

一、融资租赁近年来发展的主要特征

截至 2018 年 6 月底,全国融资租赁行业共有金融租赁公司 69 家,内资融资租赁公司 366 家,全国租赁合同余额达到约 6.35 万亿元,发展较为迅速,并且呈现出以下三个特征。

(一)业务模式信贷化

目前国内融资租赁业务主要包括直接租赁和售后回租两种模式。其中以售后回租为主。售后回租在操作上与贷款十分接近,在实际融资效果上也与银行信贷类似,近年融资租赁公司业务模式出现了信贷化的倾向。相较于银行、信托信贷类融资,融资租赁工具期限长,可长达 5—10 年,能够节约融资企业的贷款额度,而且融资租赁不属于融资企业的负债,不影响融资企业的资产负债率,对融资企业十分具有吸引力,拥有显著的竞争优势。

(二)业务领域差异化

融资租赁公司根据股东背景的不同分为银行系、厂商系和独立第三方系三类。由于股东背景的不同,各类融资租赁公司选取的业务重点领域也不同。银行系融资租赁公司多面向飞机、船舶、基建等资金需求量大的领域,厂商系融资租赁公司业务领域集中于厂商内部及相关产业链客户。近年来,融资租赁公司投向基础设施等政府平台的业务不断增加,且个别公司该类业务占比较大。地方政府基础设施建设通过融资租赁公司售后回租方式融资的案例很多,尤其是高速公路、污水处理等能够在租赁期内产生稳定现金流的标的。

(三)行业整体盈利能力较强

国泰君安证券测算了 5 家金融租赁公司和 5 家内资融资租赁公司 2017 年数据,平均 ROE(净资产收益率)达到 12.6%,比同期上市股份行和城商行中位数还要高 0.2

---

[*] 本文写于 2019 年 2 月。

个百分点。融资租赁公司的高盈利能力，源于资金端和资产端的综合净利差。在资金端，融资租赁公司主要通过银行借款（含同业拆借）、债券及 ABS 等方式融资，综合融资成本较低，特别是银行系背景的融资租赁公司综合融资成本最低。在资产端，融资租赁公司通过对关注资产的聚焦和下沉，获得了更高的资产端收益率和较低的不良率。此外，融资租赁公司还能获得手续费、咨询费、保证金利息、处置收益等多重收益。

二、信托与融资租赁的合作基础

信托公司目前业务领域集中于房地产、基础产业等，需要寻找新的市场潜力大、风险收益满足资金要求的领域。信托公司与融资租赁公司的合作已经拥有一定基础，主要体现在资金、资产以及信托制度本身具有的优势等方面。

（一）资金端：信托可以满足融资租赁部分资金需求

融资租赁公司普遍注册资本不高，杠杆倍数受限。金融租赁公司的注册资本门槛为 1 亿元，内资融资租赁公司的注册资本门槛为 1.7 亿元，外资融资租赁公司注册资本无最低限制。同时，融资租赁公司的杠杆倍数有限，其中金融租赁公司的最高杠杆倍数为 12.5 倍，非金融租赁公司为 10 倍。因此，为了扩大业务规模，融资租赁公司增资、融资、盘活存量资产获取资金的诉求极为强烈。尽管融资租赁公司的融资成本整体较低，但信托公司的资金来源渠道也更加多元化，可以对接一部分融资租赁公司的直接融资需求。此外，信托公司还可以通过资产证券化等方式，降低资金成本，盘活融资租赁公司的存量资产。

（二）资产端：融资租赁可以为信托提供更多优质资产

头部融资租赁公司在资产端的传统优势十分显著。以上市融资租赁公司远东宏信、环球医疗、江苏租赁、国银租赁等为例，资产能力突出的头部融资租赁公司多年深耕产业，行业布局广泛并有不同的侧重，同时保持了较好的信用风险管控。融资租赁公司不受"资管新规"直接影响，可承接表外"非标"融资需求。受"资管新规"影响，银行及信托的表外"非标"融资出现了一定的收缩，融资租赁公司可承接企业的该类需求，实际运营中融资租赁公司已经扩大了在水利环境等基建方面的展业。这些资产端所在领域与信托的传统业务有一定的结合，因此信托公司可以通过融资租赁公司获取一定优质资产，满足自身业务发展需求。

（三）SPV：发挥信托制度在资产证券化方面的功能优势

信托制度赋予的财产独立和风险隔离功能令信托可作为优异的 SPV 工具应用于融资租赁资产证券化业务之中。资产证券化有利于融资租赁公司突破杠杆限制扩大规模、拓宽融资渠道、降低融资成本，有利于融资租赁公司实现高效发展和快速增长。

三、信托与融资租赁的未来合作空间

（一）拓展双方合作模式

信托公司与融资租赁公司目前主流的合作模式主要包括以下四类：①融资租赁集合信托模式，即信托公司发行信托计划直接向融资租赁公司发放信托贷款的业务模式；②融资租赁资产收益权受让集合信托模式，即信托公司发行信托计划受让融资租赁公司存量的一个或多个融资租赁项目未来租金收入形成的融资租赁资产收益权；③Pre-ABS模式，即信托公司为融资租赁公司提供资金支持、参与融资租赁资产形成、锁定后续ABS发行、以资产证券化募集的资金作为回款的一种业务模式；④融资租赁资产证券化模式，即以受让融资租赁资产收益权形成的集合信托受益权为基础资产进行公募或私募形式的资产证券化的业务模式。

（二）共同挖掘市场潜力

一是挖掘合作机构的市场潜力。目前，信托与融资租赁的合作仍处于培育和积累阶段。银行系、厂商系融资租赁公司依靠股东背景和银行授信均取得了快速发展，但是独立第三方系融资租赁公司则由于无资金和资源优势主要面向中小企业客户，是信托公司主要争取合作的机构。已有信托公司与融资租赁公司尤其是独立第三方系融资租赁公司形成了规模化合作，并取得了一定的利润贡献。

二是挖掘合作模式的市场潜力。除前述合作模式外，随着信托公司业务的不断发展，信托公司不断获取的业务资格和形成的业务领域也将不断与融资租赁公司形成互动。例如，不少信托公司业已获得债券承销资格，可与融资租赁公司的债券融资合作。再如，鉴于两类机构业务的良性互动、融资租赁公司较强的盈利能力和突出的资产获取能力，部分信托公司已着手参与发起设立融资租赁公司，天津信托参与发起设立的中车金融租赁公司已于2019年2月获批开业。

三是挖掘市场规模的发展潜力。信托公司与融资租赁公司的合作在业务规模方面具有一定的市场潜力。根据《全球租赁报告》数据，近年来，各国租赁的渗透率均有缓慢提升，至2016年年末，美国、英国、日本、韩国的租赁渗透率分别达到了21.5%、33.7%、8.4%、9.1%，同期我国的租赁渗透率为6%，我国租赁业仍有很大的市场潜力。随着租赁市场渗透率的不断提升，融资租赁市场将释放几千亿甚至上万亿的"非标"合作需求和资产证券化合作需求。

（执笔人：中诚战研）

资金配置信托的主要类型及发展趋势[*]

正在征求意见中的《信托公司资金信托管理办法》拟将资金信托分为资金融通型和资金配置型。资金配置信托不仅是信托公司转型的重要方向，也是信托公司专业能力的具体体现，将成为信托公司重要的基础性业务之一。

一、对资金配置信托内涵的理解

按照监管机构计划调整和完善信托业务分类体系，信托业务将按照信托活动形式、法规适用范围、具体业务属性三个层次，划分为"资金信托"（资金融通信托、资金配置信托）、"服务信托"（证券投资运营服务信托、资产证券化信托、家族信托、其他服务信托）、"公益信托"（公益/慈善信托）三大业务板块，七大业务类型。为此，需要辨析与资金配置信托相关的概念。

（一）资金配置信托与资金融通信托

资金融通信托属于投行业务，也是信托公司传统业务，是信托公司为房地产企业、政府融资平台、工商企业等融资人设计融资产品并通过自有渠道或三方渠道销售产品。核心能力是融资人及基础资产的开拓能力、风险管理能力，信托公司主要依据融资规模收取承销费用。

资金配置信托是信托公司募集机构和个人投资者的资金，根据客户需求制定投资策略，并进行资产配置或组合管理，提高投资收益。与资金融通信托相比，资金配置信托更注重在投后通过对投资组合进行择时调整、对所投物业进行运营改造等方式，提升资产回报率，核心能力包括投研能力、投后管理能力等。信托公司按照管理资产规模收取管理费，并对超过业绩基准的部分收益提取一定比例的业绩报酬。

（二）资金配置信托与证券投资运营服务信托

资金配置信托是信托公司积极管理信托资产，承担主动管理职责。在投资环节，信托公司代表委托人的利益自主开展投资分析，审慎作出投资决策。在投后环节，信托公司通过积极调整投资组合，进行运营提升等方式，为投资者提高投资回报率。在风险管理方面，信托公司应当全面评估所投资产的信用风险、流动性风险、利率风险、

---

[*] 本文写于2019年3月。

操作风险，做好全面风险管理。

在服务信托中，信托公司不承担投资决策职能，而是主要依据委托人的要求履行事务管理职责。以证券投资运营服务信托为例，信托公司不承担投资分析、投资决策责任，而是依据委托人指令及信托文件约定提供投顾筛选、交易管理、资金管理、估值清算、信息披露等事务管理服务。在风险管理方面，合规与操作风险是服务信托的主要风险。

（三）资金配置信托与主动管理信托

目前"主动管理"信托一词并未有明确定义。一般认为，信托公司自主开展尽职调查，承担资金运用决策的信托项目，属于主动管理信托。从这个角度来说，资金配置信托中信托公司积极管理信托资产，属于主动管理信托。资金融通信托由信托公司自主开展尽职调查，也属于主动管理信托。

同时，各信托公司对主动管理信托认定口径也存在区别。例如，有些信托公司将其仅承担估值、清算等服务的证券投资运营服务信托列为被动管理信托，而有些信托公司则将此类业务认定为主动管理信托。从后者的角度看，资金配置信托和资金融通信托并不是主动管理信托的全部。

（四）资金配置信托与资产管理业务

根据"资管新规"的相关规定，资产管理业务是指银行、信托、证券、基金、期货、保险资产管理机构、金融资产投资公司等金融机构接受投资者委托，对受托的投资者财产进行投资和管理的金融服务。金融机构为委托人利益履行诚实信用、勤勉尽责义务并收取相应的管理费用，委托人自担投资风险并获得收益。金融机构可以与委托人在合同中事先约定收取合理的业绩报酬。可以认为，资金配置信托属于资产管理业务。

二、资金配置信托的主要类型

在我国，随着信托公司财富能力提升、机构及高净值客户的大量积累，在客户的资产配置需求下，信托公司大力发展资产管理业务，主要有以下资金配置信托类型。

（一）现金管理信托

现金管理信托是信托公司最基础的资金配置信托类型，如上海信托的现金丰利产品、中信信托的信惠现金管理产品、中航信托的天玑聚富产品等。现金管理产品主要是监管机构认可的投资现金、固定收益等稳健资产，采用净值化管理，设有1天至数月不等的开放期，面向个人和机构投资者发行，并实现互联网销售，对于满足客户流动性管理需求，提高客户黏性发挥着重要作用。如上海信托实现了客户信托产品投资到期，系统可自动转购现金管理产品，实现客户资金无缝对接。

（二）债券配置信托

债券配置信托主要投资于银行间及交易所债券、资产支持证券、债券基金、流动性管理工具和其他标准化的固定收益资产。与现金管理信托相比，债券配置信托在期限灵活的同时可实现更高投资回报，成为投资者流动性管理工具的重要补充。《信托公司资金信托管理办法》允许固收类信托产品以卖出回购方式运用信托财产的规定，将进一步促进信托公司债券配置信托的发展。

（三）股票配置信托

信托公司管理着大量证券（股票）投资信托资产，但主要属于证券投资运营服务信托业务。信托公司自主管理型股票配置信托业务以民生信托为代表，其自行建立投资、研究、交易团队，自主投资决策管理。投资策略除了基于价值投资理念的传统权益投资策略外，还建立了量化投资团队，开发出市场中性策略、套利类策略、基于场外期权的结构化保本策略等。

（四）FOF/MOM 投资信托

MOM/FOF 投资并不直接投资股票/债券，而是通过筛选基金或基金管理人，由多元专业人士来管理资产。FOF/MOM 基金管理人则通过动态跟踪及时调整资产配置方案。FOF/MOM 投资通过精选投顾、分散风险，为投资者带来长期稳定、高于平均水平的投资回报。信托公司证券投资运营服务信托业务沉淀的大量投顾资源、渠道客户、数据积累、风控经验，为信托公司开展 FOF/MOM 投资业务奠定了一定基础。

（五）其他基金化资金配置信托

除上述资金配置型信托之外，还有其他领域的基金化资金配置型信托。如私募股权投资基金信托，主要配置私募股权类资产；房地产投资基金信托，主要配置房地产领域资产；境外投资基金信托，主要配置境外可投资产，目前通过信托投资的主要是QDII（合格境内投资者）业务要求的境外投资组合；其他另类投资基金信托，配置的资产可能包括贵金属、艺术品、文化产业等另类资产。信托公司在这些领域的基金化信托实践也在逐步深入。

三、未来资金配置信托的发展趋势

从资产管理业务的国际发展经验、信托公司资产管理业务发展阶段，以及个人与机构客户的资金配置需求来看，未来资金配置信托将呈现以下发展趋势。

（一）现金管理信托成为信托公司的重要业务

现金管理信托作为投资者的流动性管理工具，是资金配置信托的最基础产品类型。在资金端，现金管理信托借助网上认购、电子签约等互联网技术，可提高资金募集效率，迅速扩大客户数量，获得稳定资金来源，支持信托公司转型创新。在资产端，现金管理信托在合规运作的基础上，可以与信托公司资产业务部门加强协同，通过产品设计为其他信托产品发行提供资金，提高公司资源整合效率。

（二）以账户为中心的一站式资产配置是发展趋势

在国外，机构投资者及高净值客户的资产管理主要以单独管理账户的形式进行。在我国，单独账户管理主要存在于家族信托领域。未来，随着互联网技术的发展，以账户为中心的一站式资产配置服务将在资产管理领域进一步推广。信托公司在现金管理信托的基础上，利用互联网技术和账户管理手段，可在一个主信托账户下为客户提供涵盖流动性管理、进取收益、支付消费等延展服务以及财富安排的一站式金融服务。信托公司建立开放式产品平台，根据客户需求提供包含现金管理、固定收益、权益投资、另类投资在内的全谱系的产品配置服务。

（三）专业能力将成为信托公司重要核心竞争力

一是专业的投研能力。资金配置信托的目标是通过积极的投资管理运作，为投资者实现较高的投资回报。因此，信托公司开展资金配置信托，需要有专业的投研能力作为支撑，通过建立专业的业务团队和投研团队，对投资决策和投资管理提供深度的专业研究支持。

二是专业的金融科技能力。运用互联网技术，促进资金配置产品销售的线上化、移动化，提高产品发行效率，也为投资者提供良好的投资体验。运用大数据分析，提高投资决策和业务系统的及时性、有效性，增加风险控制手段。运用信息技术，支持资金配置信托的净值型化管理、投资分析、信息披露等运营工作。

（执笔人：沈茁妙）

公募资管产品的比较分析与借鉴*

"资管新规"对资管产品公开募集进行了相关要求,为信托产品实现公募打开了部分政策通道。尽管目前信托公司开展公募业务仍面临着许多有待明确和完善的政策条件,但信托产品公募已经成为行业和金融市场关注的重要问题。从资管市场角度来看,已经有各类公募资管产品运行较为成熟,本文将对其进行比较并分析对信托公募业务的借鉴意义。

一、公募资管产品适用的主要法律法规

(一)"资管新规"是资管机构开展业务的统一标准

2018年4月27日,由中国人民银行等部门联合印发的"资管新规"拉开了资管业务统一监管的序幕。"资管新规"从募集方式和投资性质两个维度对资产管理产品进行分类,从投资范围、杠杆约束、信息披露等方面统一监管标准,逐步成为资管机构开展业务的根本性要求。2018年7月,中国人民银行下发的《关于进一步明确规范金融机构资产管理业务指导意见有关事项的通知》则进一步明确,公募资产管理产品除主要投资标准化债权类资产和上市交易的股票外,还可以适当投资非标准化债权类资产。

(二)证券投资基金类与保险资管类适用法律基本相同

2003年10月,《证券投资基金法》通过后,标志着证券投资基金行业法律保障的正式确立,并分别于2012年12月和2015年4月两次修订。经过近二十年的发展完善,该法涉及基金管理人、公开募集、信息披露、非公开募集等多方面内容。其中,该法要求公开募集基金的基金管理人由基金管理公司或者经国务院证券监督管理机构按照规定核准的其他机构担任。2014年8月实施的《公开募集证券投资基金运作管理办法》(证监会令第104号)则是对公募基金运营的进一步规范。

2013年2月18日,证监会发布《资产管理机构开展公募证券投资基金管理业务暂行规定》(证监会公告〔2013〕10号),允许在中国境内依法设立的证券公司、保险资产管理公司以及专门从事非公开募集证券投资基金管理业务的资产管理机构开展

---

* 本文写于2019年3月。

公开募集证券投资基金管理业务，从事公募基金业务的资管机构类型进一步拓宽。

（三）银行理财新规是"资管新规"后对理财业务进行的统一规范

商业银行理财业务最早可追溯到 1996 年中信银行在广州设立的"私人理财中心"，专门为贵宾业务提供理财咨询服务。2004 年 7 月 14 日，光大银行发行第一支面向个人客户的人民币理财产品——"阳光理财 B 计划"。为了规范理财业务的发展，2005 年 9 月起，原银监会先后印发了《商业银行个人理财业务管理暂行办法》（银监会 2005 年第 2 号）、《商业银行个人理财业务风险管理指引》（银监发〔2005〕63 号）等多项规章制度。

原银保监会 2018 年 9 月颁布的《商业银行理财业务监督管理办法》（银监会令 2018 年第 6 号）和 2018 年 12 月颁布的《商业银行理财子公司管理办法》（银监会令 2018 年第 7 号）则是按照"资管新规"对商业银行理财业务进行的统一规范。从投资范围上来看，商业银行公募理财可通过公募基金投资于股票市场，或者通过理财子公司发行公募理财产品直接投资股票市场。

二、公募资管产品的准入要求比较

（一）主管机构

从公募资格申请及相关业务主管机构来看，公募基金的主管机构为"中国证监会"。2013 年 2 月 18 日，中国证监会发布《资产管理机构开展公募证券投资基金管理业务暂行规定》允许在中国境内依法设立的证券公司、保险资产管理公司以及专门从事非公开募集证券投资基金管理业务的资产管理机构开展公开募集证券投资基金管理业务。银行理财的主管机构则为"中国银行保险监督管理委员会"。

（二）具体条件

从申请条件来看，申请设立公募基金需要注册资本不低于 1 亿元人民币，且必须为实缴货币资本；主要股东应当具有经营金融业务或者管理金融机构的良好业绩、良好的财务状况和社会信誉，资产规模达到国务院规定的标准，最近三年没有违法记录；取得基金从业资格的人员达到法定人数等。私募基金、券商资管、保险资管申请公募资格除需满足具有 3 年以上证券资产管理经验，最近三年在监管部门无重大违法违规记录，必须为基金业协会会员等条件外，私募基金需实缴资本或者实际缴付出资不低于 1000 万元，最近三年证券资产管理规模年均不低于 20 亿元；券商资管需资产管理总规模不低于 200 亿元或者集合资产管理业务规模不低于 20 亿元；保险资管需管理资产规模不低于 200 亿元，最近 1 个季度末净资产不低于 5 亿元等。

商业银行应当通过具有独立法人地位的子公司开展理财业务。暂不具备条件的，商业银行总行应当设立理财业务专营部门，对理财业务实行集中统一经营管理。发行投资衍生产品的理财产品的，应当具有衍生产品交易资格。开展理财业务涉及外汇业务的，应当具有开办相应外汇业务的资格。商业银行设立银行理财子公司需经银保监会批准，子公司控股股东条件包括：无相关违法、违规行为；理财业务专营部门连续运营3年以上；承诺5年内不转让所持有的股权，不将所持有的股权进行质押或设立信托等。

（三）产品准入

在设立产品过程中，公募基金、券商资管、保险资管需向证券监督管理机构提交申请报告、合同、托管协议草案等规定的文件；证券监督管理机构应当自受理公开募集基金的募集注册申请之日起6个月内进行审查，作出注册或者不予注册的决定；基金募集申请经注册后，方可发售基金份额。商业银行发行公募理财产品则应当在理财产品销售前10日，在全国银行业理财信息登记系统进行登记。

三、公募资管产品的投资运行比较

（一）可投资产

公募基金、券商资管、保险资管的可投资产主要有上市交易的股票、债券，国务院证券监督管理机构规定的其他证券及其衍生品种等。商业银行理财可投资于债券、中央银行票据、同业存单、在银行间市场和证券交易所市场发行的资产支持证券、公募证券投资基金、其他债权类资产、权益类资产以及国务院银行业监督管理机构认可的其他资产等。相比于其他公募资管产品，银行理财产品可投资于非标准化债权类资产，但投资余额在任何时点均不得超过理财产品净资产的35%。

（二）运行管理

公募基金、券商资管、保险资管设立的开放式基金份额净值，应当按照每个开放日闭市后，基金资产净值除以当日基金份额的余额数量计算；封闭式基金的收益分配，每年不得少于一次，封闭式基金年度收益分配比例不得低于基金年度可供分配利润的90%。

商业银行理财产品直接或间接投资于非标准化债权类资产的，非标准化债权类资产的终止日不得晚于封闭式理财产品的到期日或者开放式理财产品的最近一次开放日。理财产品实行净值化管理，符合以下条件之一的，可按照企业会计准则以摊余成本进行计量：①资产管理产品为封闭式产品，且所投金融资产以收取合同现金流量为目的并持有到期。②资产管理产品为封闭式产品,且所投金融资产暂不具备活跃交易市场,或者在活跃市场中没有报价、也不能采用估值技术可靠计量公允价值。

(三) 信息披露

公募基金、券商资管、保险资管应当确保应予披露的基金信息在国务院证券监督管理机构规定时间内披露。公开披露的基金信息包括基金招募说明书、基金合同、基金托管协议,基金募集情况,基金份额上市交易公告书,基金资产净值、基金份额净值,基金份额申购、赎回价格,基金财产的资产组合季度报告、财务会计报告及中期和年度基金报告,临时报告,基金份额持有人大会决议,基金管理人、基金托管人的专门基金托管部门的重大人事变动等情况。

按照国务院银行业监督管理机构关于信息披露的有关规定,每半年披露其从事理财业务活动的有关信息。在每个开放日结束后两日内,披露开放式公募理财产品在开放日的份额净值、份额累计净值、认购价格和赎回价格,在定期报告中披露开放式公募理财产品在季度、半年和年度最后一个市场交易日的份额净值、份额累计净值和资产净值;至少每周向投资者披露一次封闭式公募理财产品的资产净值和份额净值。

四、对信托公司开展公募业务的借鉴

(一) 明确准入要求

目前,获得公募资格的管理人数量不断增加,且仍呈上升趋势,2015 年申请成立的汇安基金甚至全部股东均为自然人,公募资格的牌照价值不再稀缺,市场竞争将日趋白热化,主动管理能力将是公募业务的核心竞争能力。公募牌照的缺失是信托公司开展资本市场业务的重要障碍,在借鉴公募基金和银行理财的相关管理制度基础上,可参考信托行业评级,逐步放宽信托公司公募资格,有助于推动行业发展转型。

(二) 明确资产类型与产品设计要求

根据"资管新规"等系列政策要求,公募资产管理产品除主要投资标准化债权类资产和上市交易的股票,还可以适当投资非标准化债权类资产。在参考银行理财新规的基础上,明确信托公司公募业务可投资产的类型、期限匹配、限额管理、信息披露等产品设计相关要求。

(三) 明确产品运行要求

"资管新规"要求资产管理产品应当实行净值化管理,公募理财在过渡期内,对于封闭期在半年以上的定期开放式资产管理产品,投资以收取合同现金流量为目的并持有到期的债券,可使用摊余成本计量。信托公司尚未开展公募理财业务,依据"资管新规"的要求，需明确信托公募产品运行要求。

（四）信托公司需加强自身能力建设

与私募业务相比，信托公司在公募业务领域短板较多。公募业务面临的客户群体众多，交易、信息披露等更加频繁，信托公司既有的信息系统难以满足公募业务的开展。加大面向公募业务的信息系统建设是信托公司开展公募业务的有力保障；与券商、公募基金相比，信托公司投研能力是开展主动管理能力的另一个短板，投研能力的强弱将直接影响到资本市场业务的开展，加强资本市场投研能力建设则是提升主动管理能力的必然要求。

（执笔人：杨晓东）

开展公募业务对信托公司的能力要求*

"资管新规"的正式实施为公募型资管业务提供了统一监管标准,除银行可以发行公募理财产品之外,信托公司能否开展公募业务也成为行业关注的问题。作为一直定位为私募的资产管理机构,信托公司如果在监管允许下开展公募业务,必然要加强相关能力建设,以满足公募业务更高的要求。

一、资产配置能力

按照"资管新规"的要求,公募资管产品主要投资于标准化债权资产及上市交易的股票。根据"资管新规"及相关法律法规的监管精神,或可合理推测,公募信托如可开展,其投向将以分散投资标准化资产为主,该类投资的顺利开展必然要求信托公司提高资产配置能力,相应提高对标准化资产的投研能力、对公募产品的设计能力等。

(一) 打造标准化资产的投研能力

信托公司应尽快打造各类标准化资产的投研能力。标准化资产中,固收类资产经常会承受信用风险,权益类资产经常会承受市场风险和经营风险,持有较多现金类资产则存在相当的机会成本,如何决定投资策略,进而在各类标准化资产中进行选择和配置,必须拥有前瞻性的投研能力,对风险和收益进行把控。

从现实基础来看,可优化信托公司内部研究部职能,助力公募业务的开展。目前,各家信托公司研究部职能不一,但多承担宏观研究、行业研究、业务研究、政策研究工作,并附带战略管理、秘书室等职能,总体服务于公司内部管理居多。公募业务的开展,需要研究部拓展为信托公司业务智囊团,增加为投资决策委员会提供决策依据等重要的投资支持工作。

(二) 打造产品设计能力

从机构的资源禀赋来看,资产端和产品设计是信托公司开展公募业务最易切入之处,通过加强资产端的投研能力,整合产品设计和客户服务,更好地整合资产端和负债端。

具体操作上,信托公司应借助全面深入的研究能力和投资能力,结合投资者的需

---

* 本文写于 2019 年 4 月。

求和风险收益偏好，确定包括投资范围、投资策略、产品结构、费率情况、目标客户定位、收益分配方案、风控要素等产品要素，设计出满足风险收益要求的产品。

（三）探索研究部分"非标"资产的转标渠道

在对"非标"监管力度不断加大的形势下，"资管新规"对资产证券化多方面的豁免，令各资管机构探索通过资产证券化或其他方式，将"非标"资产重构为符合监管条件的标准化资产的动力不断增强。由于"非标"资产的收益显著高于标准化资产，公募信托产品在资产配置中配置一定比例的"非标"重构标准化资产，能够有效提升公募信托产品的收益水平，提高公募信托产品的竞争力。

二、产品销售能力

信托公司在以往的私募信托业务中，较其他的资管子行业，资金端客户集中于高净值人士，客户数量远不及银行、保险。公募业务属于正向的资管业务，其面向的资金端客户与传统的项目导向的私募型反向信托所面向的客户群体并不完全重合，因此信托公司需要不断开拓新的客户满足新业务发展的需要。一般来说，公募信托产品面向的客户以大众为主，公募信托业务的开展需要信托公司的直销、代销方面大力开拓，并做好流动性管理。

（一）提升直销能力

信托公司开展公募业务应具备双线出击、线上线下、线上为主开拓公募信托产品客户的能力。信托公司应于线上线下加大直销力度，对线下直销柜台面向个人客户、机构客户销售，以及上门服务于机构客户的直销工作做好准备，要改造线上系统，满足线上网站、App、微信等终端的推介、咨询和直销需求。鉴于大众理财线下转线上已经是大势所趋，以及目前信托公司柜台直销难以满足大量个人客户的服务需求，信托公司应更加注重线上渠道。

（二）扩大代销渠道

公募信托产品的出现和推广，必然要求信托公司尽快扩大代销渠道，在银行、券商、互联网、第三方销售机构等渠道打开局面，甚至可以与在万能险存续期限方面受到限制的保险公司合作，为保险公司的客户提供短期理财产品。

公募证券投资基金销售渠道的经验值得借鉴。近几年，公募证券投资基金销售渠道从最初的银行代销"一支独大"，到银行端所占份额逐渐被挤压，券商端保持稳定并略有增加，线上直销和互联网渠道销售份额逐年增加。尤其是现金管理类理财产品，互联网渠道的贡献很大，直接表现是以余额宝为代表的货币基金极大地扩大了公募证券投资基金销售人群，天弘基金一跃成为公募基金行业资产管理规模远超同行业的基金公司。

（三）加强负债管理，为做好流动性管理做准备

向"资管新规"看齐后，信托公司的产品，可以是公募型、私募型，还可以是封闭式、开放式。无论是前述哪种，都会涉及流动性管理问题，均应防范好流动性风险，尤其是对于开放式产品，应对巨额赎回等情形提前做好预案。产品设计中，应审慎决定产品运作是否采取开放式，对于拟实施开放式运作的产品，应做好组合资产的流动性与各种申购赎回情形相匹配。

三、运营管理能力

信托公司开展公募业务在运营逻辑上与其他公募理财类似，运营流程涉及信托产品的资金募集，信托产品份额的申购、赎回和交易，信托财产的投资，信托利益的分配，信托受益人大会，以及其他的运作活动。当前，在各运作环节中，信托公司需尽快提升交易能力、估值能力和其他事务管理能力，保障公募业务的顺利开展。

（一）提升交易能力

交易能力对公募业务的开展至关重要。建立和提升交易能力当然不能一蹴而就，需要在实践中构建并不断完善交易系统。在实践中信托公司在现金管理、主动管理型证券投资等业务中尚未有充分实践，需要做好业务培育期较长的准备。

量化交易能力或为必备。近几年，在构建投资模型中，量化策略得到了越来越广泛的应用，用量化的研究方法去替代经验和主观判断的公募量化基金越来越多，并逐渐向各类公募产品推广。这对在资管行业中信息基础较为落后的信托公司的业务和信息技术人员都是不小的挑战。

（二）提升估值能力

根据"资管新规"的要求，金融机构对资产管理产品应当实行净值化管理。随着"资管新规"的正式执行，信托公司需要建立与净值化管理相匹配的估值核算体系、系统支持体系、销售服务体系和运营管理体系。在开展证券投资信托业务的过程中，信托公司已经积累了一定的估值和净值化管理经验。目前，信托公司净值化管理的难点在于"非标"资产的估值，尤其是"非标"债权资产的信用风险估值、分级产品的估值等。对此，我国证券投资基金业协会已经形成了覆盖标准化资产和非上市股权投资、固定收益品种的估值体系——《中国基金估值标准2018》。信托公司可借鉴其估值体系，明确信托体系各类资产的估值原则和估值方法，形成规范的估值核算工作流程和风控措施，提升估值和净值化管理能力。

（三）提升事务管理能力

公募业务与传统的私募债权信托业务在中后台事务中区别很大。公募业务的开展，需要中后台运营支持在合规审核、风控预警、信托会计、估值核算、清算处理、IT（信息技术）系统建设、报表管理、信息披露等多个方面进行系统性改造，涉及的资产配置部分，还需要使用大数据分析平台对涉及的投顾进行各个维度的分析，进而对前台业务提供投顾选择和评级支持。

四、系统支持能力

公募业务对传统私募信托的业务改造是系统性的。目前，银行理财子公司在系统建设方面开始全面对标公募证券投资基金，信托公司如开展公募业务，也应尽快根据全新的业务逻辑改造IT架构，重点提升销售系统、运营管理系统和数据系统对公募业务的支持能力。

销售系统方面，应将传统的销售系统改造为分别位于门户平台的直销、代销、推广、简单客户服务和业务系统中的CRM（客户关系管理）系统，最大限度与终端客户实现直接或间接地连接。

运营管理系统方面，应将简单的业务流程和运营管理改造为系统化的业务系统，包括TA（登记结算业务）系统、估值系统、投资系统、报表系统和合规系统、风控系统等各个子系统，可根据实际的运营不断扩展并完善。

数据管理方面，为了与新的业务模式相吻合，数据平台建设应尽早提到议事日程上来，通过构建集数据库、数据统计分析、数据可视化等功能为一体的数据平台，将分散的数据集市改造为支撑大量应用和流程的数据平台，为公募业务及其他各项业务和经营决策提供完整的信息，通过大数据分析提高决策和业务系统的及时性和有效性，持续提升数据的价值和信息科技的支撑力。

（执笔人：中诚战研）

发挥信托在老龄化社会中的五大功能[*]

G20大阪峰会上发表的"首脑宣言"指出，包括老龄化在内的人口变化为全体G20成员国带来了挑战和机遇。近年来，随着我国人口老龄化程度的快速提高，与养老相关的金融服务需求迅速增长。信托业作为金融业第二大子行业，既有信托法律关系的制度优势，又有金融机构投融资服务的专业功能，并且具备方式灵活、产品多元的综合化特点，可以在养老设施建设、养老服务供给、老年财富管理、养老社会保障、养老公益事业等方面充分发挥其功能优势，全面促进养老事业发展。

一、发挥信托投融资功能，积极助力养老设施建设

老龄化社会的到来带动了养老设施建设的需求。以养老地产、专业养老机构为代表的养老设施建设近年来发展迅速。据统计，截至2018年年底，全国注册登记养老机构2.98万个，床位数共392.8万张。但与数量庞大、增长迅速的老龄人口相比，我国养老机构仍不能满足社会需求。信托可以发挥其灵活多样的投融资功能，积极助力养老地产和养老设施建设。

一方面，信托公司可以通过债权融资或者股权投资方式为养老地产提供资金支持。对于销售型的养老地产项目而言，信托公司可以发行资金信托计划，为该项目开发提供债权融资支持；对于持有型的养老地产项目，信托公司可以通过股权投资等方式，为项目提供资本金支持；另一方面，对于养老地产或者其他养老服务机构在运营过程中产生的稳定并可以预测的现金流，信托公司可以通过资产证券化的方式，将其项目的特定财产或财产权设立信托，并在银行间市场或交易所市场发行资产支持证券，从而盘活养老地产项目的存量资产，降低资金成本并缓解资金压力，这也是信托公司为养老地产或其他养老设施建设提供的一种特定金融服务。

近年来信托公司更加重视养老地产领域的业务机会，一是不断深化与房地产企业在养老领域的合作，为养老地产建设提供投融资支持，有的信托公司与恒大、泰禾等房地产公司开展了数十亿规模的养老地产项目合作，为养老地产项目提供了有力的资金支持；二是不断深化与专业养老产业基金的合作，通过养老产业基金的专业管理能

---

[*] 本文写于2019年7月。

力，选择优质养老项目并提供资金支持。展望未来，养老地产或将成为信托公司在房地产领域转型发展的重要方向之一。

二、发挥信托多元化平台功能，汇聚更多养老服务资源

老龄化社会对养老服务的需求十分迫切，国务院《关于加快发展养老服务业的若干意见》就提出要"充分发展社会力量的主体作用，健全养老服务体系，满足多层次养老服务需求"。目前针对老年人的专业服务以及相关产品存在巨大的发展空间，特别是老年医疗护理服务、与老年相关的医养产品需求非常迫切。信托公司作为综合化、多样化的金融机构，可以在搭建平台、吸引资金、汇聚养老服务资源、提升养老服务水平方面切实发挥作用。

信托公司可以在养老地产发展的基础上，搭建养老服务平台。一是养老医疗服务与养老地产的结合平台，信托公司在养老医疗服务领域应该积极布局，以股权投资或者其他形式掌握核心医疗服务资源，将医疗服务与养老地产项目有机结合，充分发挥医疗服务资源的优势，提升项目的"养老"内涵。二是专业护理服务与养老地产的结合，面对大量老年人尤其是失能老年人的健康护理需求，发展专业化的护理看护服务，前景十分广阔。尤其是老年人口比较集中的区域或养老地产项目，十分需要护理人员和护理机构。信托可以将专业护理资源嫁接到现有养老项目上，以满足养老服务需求。部分信托公司已经开始瞄准养老服务产业，与国内外知名的各类康养医疗等专业服务商合作，通过居家、社区以及专业养老机构为老年人提供各类高水平的专业养老服务。

三、发挥信托专业资产管理功能，服务老年财富管理需求

老年人一般具有较为可观的资产，包括房产、存款、退休金以及其他再就业收入。中国老龄科学研究中心调研发现，我国城市老人中有42.8%的人拥有存款，仅退休金一项到2020年就将增加到28,145亿元，2030年将增加到73,219亿元。但是与可观的金融资产相比，部分老年人投资理财知识有限、渠道单一，甚至有的盲目追求高收益，导致资产损失。信托公司作为专业的财产管理机构，可以为老年人提供多元化的财富管理服务。

一是针对老年人理财需求，开发设计适合老年人的信托产品。老年人理财需求的特点是安全性和收益性，在保证资金安全的前提下取得比银行和保险等资管产品更高的收益。在目前的资产管理市场上，信托产品尽管起点较高，但安全性和收益率方面具有明显优势。信托公司可以在控制风险的前提下，发行期限更长、收益率更高的信托产品，以满足老年人理财需求。

二是对于高净值老年人，信托公司可以提供家族信托等专业服务。高净值老年人除财富管理之外，往往还具有财富分配、传承等其他需求。目前，家族信托已经成为信托公司重点转型发展的方向，为高净值老年人提供财富管理、分配以及传承等服务，将会成为信托公司服务老年人的重要内容。

三是可以通过信托公司探索"以房养老"等新模式。信托与以房养老相结合，是拓宽老年人的财产管理方式的创新。目前，城市部分老年人拥有高价值房产，却没有足够的支付能力用来养老。通过信托模式开展以房养老，老年人可以将房屋以信托财产的形式交给信托机构，同时获得信托机构的信托收益作为养老金的来源，为其养老的生活提供资金上的保障。

四是可以将财产管理与提供养老服务结合起来，开展"理财收益+养老消费权益"的养老消费信托。信托公司可以通过信托产品为老年人提供一部分理财收益，同时可以与专业养老服务机构合作，用部分理财收益为老年人提供养老设施、养老服务、养老医疗、文体健身、餐饮服务等综合化养老服务消费。老年人可以获得部分理财收益和养老服务消费权，或者可以放弃养老服务消费权益以获得全部理财收益，可以更加灵活地满足自身需求。

四、发挥信托专业受托人功能，主动参与养老社保体系

养老的社会保障体系由基本养老保险金、企业年金、商业养老保险金等三大部分组成。2018年年底，全国职工养老保险基金累计结余近5万亿元，企业年金和职业年金积累基金2.24万亿元。随着老龄人口的增加，三大养老金支柱压力越来越大，面临着投资和保值增值的新需求。作为专业的受托机构，信托公司可以在受托人以及养老金保值增值方面发挥更大作用。

从受托人的角度看，信托公司可以作为企业年金的受托人，开展企业年金受托管理业务。目前，信托行业有2家信托公司拥有企业年金受托人资格，其中1家信托公司同时拥有企业年金账户管理人资格。两家信托公司共受托管理256家企业、超过12万人的企业年金，管理规模约93亿元，市场占比分别为0.39%、0.76%、0.94%。因此，信托公司未来作为受托人管理企业年金的空间仍十分广阔。

从养老金保值增值角度看，社保基金、企业年金、保险资金均可以配置信托产品。以企业年金为例，至2018年年底，企业年金养老金产品投资产品中，涉及的信托产品已备案60个，期末资产净值545.14亿元，备案产品数、实际运作产品数、投资规模市场占比为10.51%、8.33%、11.43%。由于信托产品相较于其他资管产品收益率更高且风险相对可控，通过配置信托产品，可以更好地满足各类养老金的保值增值需求。

五、发挥信托公益慈善功能，更好地服务于养老慈善事业

老龄化是事关全社会发展的重要社会问题，如何应对并解决老龄化社会的养老问题本身就具有一定的公益慈善属性，《慈善法》第3条明确列示了"扶老"属于公益慈善活动。老龄化社会进程的不断加快对具有公益属性的养老慈善事业提出了更高的要求，而目前我国的公办养老机构和公共养老服务远远不能满足社会的需要。通过信托的公益慈善功能，可以创新养老慈善模式，汇集更多养老慈善资源，更好地服务于养老慈善事业。

公益慈善信托是信托重要的本源业务之一。在我国，信托的公益慈善属性是由《信托法》和《慈善法》两部法律确定的。《信托法》对公益信托做了明确规定，开展公益信托可以更好地体现委托人的公益意愿，更加规范透明地进行公益项目运作，还可以更好地实现公益资金的保值增值。《慈善法》规定慈善信托属于公益信托，并且明确了慈善信托的设立、备案、管理等具体要求，使慈善信托更灵活、更简便、更规范、更具可操作性。养老慈善信托是以扶老为目的的慈善信托。自《慈善法》实施后，一些信托公司和慈善组织合作，探索设立养老慈善信托。经过两年多的发展，截至2018年年底，共有10单慈善信托以扶老为信托目的，规模合计11.38亿元。随着养老慈善事业的持续快速发展，预计养老慈善信托的数量和规模在未来还将有显著的增长，养老慈善信托将成为养老慈善事业发展的重要推动力量。

（执笔人：和晋予）

对信托公司做好债券承销业务的初步思考*

债券承销业务市场竞争较为激烈,信托公司债券承销业务尚处于试点阶段,面临内外部多种困难因素的制约。不过,承销业务有利于拓展信托公司业务空间,增加新的收入来源,也有助于业务转型,信托公司需结合自身优势加大业务拓展力度。

一、信托公司债券承销业务仍处于试点阶段

一是试点公司数量少。2017年9月,银行间市场交易商协会发布《关于意向承销类会员(信托公司类)参与承销业务市场评价的公告》(中国银行间市场交易商协会公告〔2018〕12号,以下简称《公告》),标志着信托公司在证券承销业务领域取得了重大突破。经过严格的评价与筛选,中信信托、兴业信托、华润信托、中诚信托、华能贵诚信托和上海信托等6家公司首批获准开展非金融企业债务融资工具承销资格,随后又新增粤财信托、建信信托、中航信托、外贸信托、英大信托、中融信托6家公司,总数达到了12家。

二是信托公司参与门槛高。根据《公告》,信托公司经市场评价获得承销业务资格的,可开展非金融企业债务融资工具承销业务。评价标准总体对信托公司要求较高,标准共100分,机构资质及业务评价60分,其中基本指标(净资产、信托资产)12分,部门设置及人员配备12分,相关制度12分,市场表现情况20分,相关资质经验4分;市场评价25分,其中市场成员代表6分,债券市场专业委员会4分,全国银行间同业拆借中心5分,中央国债登记结算有限责任公司5分,银行间市场清算所股份有限公司5分;交易商协会秘书处评价15分。同时,近三年内有下列情形的,不参加市场评价:因违法违规受到刑事处罚或重大行政处罚;因涉嫌违法违规正被相关主管机关立案调查或者正处于整改期间;因违法违规给市场造成严重后果。经过两次申报,最后仅有12家信托公司获批承销资格,占行业不到1/6。

二、既有的业务积累是信托公司债券承销业务的基础

发展直接融资市场是金融供给侧改革的关键环节,随着企业直接融资市场的发展,非金融企业债务融资工具规模将不断扩张。2019年上半年,各类机构发行债券总额为

---

* 本文写于2019年7月。

21.69万亿元，同比增长5%。其中利率债发行总金额为6.77万亿元，同比增长37%；地方政府债共发行2.84万亿元，同比增长101%。信用债方面，同业存单受信用事件影响较大，发行金额降至8.35万亿元，同比下降23%。商业银行次级债发行火爆，增幅近400%，达4593亿元。短期融资券、中期票据发行量增长显著，同比增幅均超过15%。

从信托公司来看，突出服务能力，已经成为信托公司重要的竞争优势，既有的业务积累是承销业务的基础，能够提供诸多有益的借鉴。以资产证券化为例，信托公司从早期单纯的受托人角色不断拓展服务范围，在优化信贷资产证券化业务的服务内容的同时，在资产支持票据ABN、企业资产支持专项计划和私募资产证券化中获得更大主导权，赢得更大的盈利空间。信托公司将资产证券化业务作为重点战略领域之一，致力于不断提升资产证券化业务的主动管理能力和创新服务能力，在服务方式上要立足客户维度，配合客户的证券化战略，加强资源和技术共享，打造特色的资产证券化业务合作平台。

此外，信托公司在银行间债券市场，主要以投资者身份和SPV参与资产支持票据ABN业务。但ABN的发行情况代表了各家信托公司在银行间债券市场的表现，这对市场评价及交易商协会秘书处评价，也提供了参考。

三、综合运用多种工具是信托公司债券承销业务的特色

从参与主体来看，获取银行间市场非金融企业债务承销资格的机构较多。根据银行间市场交易商协会的数据统计，获得非金融企业债务融资工具承销资格的金融机构共有132家，以商业银行和证券公司为主。其中，商业银行84家、证券公司28家、信托公司12家、其他公司8家。从承销情况来看，商业银行和券商占据领先位置。2019年上半年，各类机构发行债券总额21.69万亿元。按照Wind口径统计总承销金额，2019年上半年，工商银行以总承销金额6,822.9亿元夺魁，建设银行以6,426.3亿元紧随其后，中国银行以6,418.9亿元位居第三，中信证券以4,528.7亿元引领券商，排名第五。

在激烈的市场竞争中，信托公司唯有延伸服务链条和综合化、多元化服务才能建立竞争优势。信托公司进入债券承销领域仅是在标准化领域迈进的一步，信托公司可通过债券投资与承销联动，以及自身业务链条的丰富，为客户提供全方位的服务。仍以资产证券化为例，一直以来，信托公司在参与市场活动时多以"配角"身份出现。例如，在资产证券化项目发行过程中承担着SPV的功能，参与程度有限，所获利润低。非金融企业债务融资工具的承销资格对信托公司未来业务发展具有重要意义。一

方面，该资格有助于信托公司打通 Pre-ABN 到 SPV 再到 ABN 承销各个环节，随后以发行载体机构的身份发行 ABN，再以承销商的身份参与销售环节，为融资人提供"一站式"的综合金融服务，更好地服务实体经济；另一方面，该资格有助于信托公司实现标准化产品和非标准化产品全品种的销售，为投资者提供"一揽子"金融产品的投资服务，有助于信托公司在财富管理领域的转型发展。债券承销与 ABN 等业务一脉相承，是对信托公司资产证券化业务链条的延伸。债券承销业务可以点带面整合资源，延伸客户服务链条，实现多项业务联动。

四、与股东资源联动是信托公司债券承销业务的重要切入点

从股东情况与关联企业情况来看，大部分信托公司具有产业集团、金融集团背景。具有产业集团股东背景的信托公司可以发掘集团内部产融协同的承销业务机会，以此获取承销经验树立市场品牌；而具有金融集团股东背景的信托公司，可以加强银信合作，通过融融协同合规开展承销业务。

以华润信托为例，根据公告，2018 年 11 月 2 日，华润信托成功承销华润医药控股有限公司 2018 年度第二期中期票据。承销过程中，华润信托总计参与投标规模 7.6 亿元，中标规模 1.2 亿元，并于 11 月 5 日完成缴款。本期票据最终发行利率 4.04%，超出市场预期。公开信息显示，华润信托此次承销的债券发行人为华润医药控股有限公司，债券融资金额为 20 亿元，发行期限为 3 年期。中诚信国际给予该债券的主体、债项信用评级均为"AAA"，主承销商及簿记管理人为中国农业银行。发行人申请发行 20 亿元中期票据，所募资金全部用于补充下属子公司华润医药商业集团有限公司日常营运资金需求。

首单非金融企业债券融资工具承销业务的成功落地，为华润信托产融协同、以融促产又添新例，也标志着华润信托从传统受托管理机构向"承做+承销""一站式"金融服务机构的转型。

（执笔人：杨晓东）

5G 商用化带来的投资机会分析*

2019年6月6日，工业和信息化部正式向中国电信、中国移动、中国联通、中国广电发放5G商用牌照，我国正式进入5G商用元年。5G具有高速度、低时延、高可靠性等特点，是新一代信息技术的发展方向和数字经济的重要基础，将会给社会经济带来深刻改变，同时也会为信托公司未来发展带来一定机遇。

一、5G 商用化开启新的投资需求领域

5G的商用化将给整个社会带来深远影响。中国信息通信研究院发布的《5G经济社会影响白皮书》指出：到2030年，5G带动的直接产出规模和间接产出规模将分别达到6.3万亿元和10.6万亿元，对当年GDP增长的贡献率将达到5.8%，届时将为社会创造800万个就业机会。

（一）5G 将广泛应用于各领域

移动通信技术的代际升级指数级提升了通信系统性能。从1G到2G，移动通信技术完成了从模拟到数字的转变，在语音业务基础上，扩展支持低速数据业务。从2G到3G，数据传输能力得到显著提升，峰值速率可达2Mbps至数十兆比特每秒，支持视频电话等移动多媒体业务。4G的传输能力比3G又提升了一个数量级，峰值速率可达100Mbps至1Gbps，催生出智能手机等一系列应用的发展，如移动支付、短视频、自媒体等。5G将以一种全新的网络架构，提供峰值10Gbps以上的带宽，毫秒级时延和超高密连接，实现网络性能新的跃升，开启万物广泛互联、人机深度交互的新时代。

5G技术的到来改变的不仅仅只有速度，它也将改变我们的生活、工作和娱乐方式，在自动驾驶、金融科技、物联网等领域创造无限可能。自动驾驶领域：在行驶中获得路况信息并分析等，需要以5G提供的网络平台为基础；金融科技领域：5G技术将大大缩短操作延迟和交易时间，为征信查询、确权操作、移动支付等提供升级服务；物联网领域：只有当足够快速的网络覆盖后，才能形成真正支撑市场需求的物联网络。

（二）5G 商用部署和配套设施建设已成为国家战略

7月17日，以"5G商用共赢未来"为主题的IMT-2020（5G的法定名称）峰会

---

* 本文写于2019年7月。

在京召开，工业和信息化部领导以及数十家国内外主流移动通信和行业应用单位专家参加会议，5G 的商用部署已成为国家战略。相关部门将加大政策支持力度，构建体系化的 5G 应用部署规划，加快融合应用领域法规制度建设，金融、财政、税收、人才、知识产权等领域将成政策支持重点。同时将加快 5G 在制造、能源、交通等领域的融合应用，培育壮大行业龙头企业。

（三）5G 商用化将带动新一轮投资需求

国家发展改革委发布的最新数据显示，今年 5 月，共审核批准固定资产投资项目 20 个，总投资 516 亿元，主要集中在高新技术和交通等行业。5G、人工智能、工业互联网、物联网等新型基础设施建设工作将在下半年加速推进。根据《北京市 5G 产业发展行动方案（2019 年—2022 年）》，未来 5 年，北京市城市副中心、北京新机场、2019 年北京世园会、2022 年北京冬奥会、长安街沿线升级改造等重大工程、重大活动将成为 5G 典型场景示范应用窗口。而在今年，北京 3 家电信运营商对于 5G 通信基站的需求旺盛，预计约为 14,500 个。目前，在四川成都，成都铁塔共对接 5G 基站需求 11,000 多个。在广东深圳，现有的 3G、4G 站址约为 12,000 个，但这些站址资源对于未来 5G 大规模发展是远远不够的。

二、信托公司面临的 5G 投资机会分析

（一）5G 基础设施建设投融资机会

5G 建设的重头戏首先是基站。5G 通信的特点是大容量、低功耗和大量设备连接，基站的建设成本比 4G 基站成本高很多。中信建投研报预测，2019 年中国的 5G 基站建成量是 15 万个，资本支出约 1200 亿元；2020 年达 40 万个，资本支出约 2500 亿元；2021 年达 80 万个，资本支出约 3200 亿元；2022 年达 100 万个，资本支出约 2800 亿元。按照该测算，未来 3—4 年其基站投资额已近万亿元。此外，从中国电信、中国移动、中国联通、中国广电等运营商对 5G 投资的预算及规划看，大致投资项目分类为：网络规划、无线主设备、传输设备、核心网设备、小基站、光纤光缆、工程建设与服务等，也意味着需要更大规模的投资。天量的投资规模和资金缺口已成为全产业链倍受瞩目的巨大蛋糕。信托公司可结合自身资源优势，积极布局相关基础设施建设融资、上下游供应链等业务方向。

（二）5G 产业股权投资机会

5G 产业的发展必将带动相关优质企业的发展，为企业带来丰厚利润和发展机遇，提升企业价值。因此股权投资机会也应成为信托公司关注的重点。具体来看，建议持

续关注通信主设备商及其上游供应商。同时，5G 应用类标的也应开始关注，包括云 VR/AR（虚拟现实/增强现实）、车联网、自动驾驶、金融科技等领域。

（三）与 5G 相关的资本市场投资机会

回顾过去 4G 技术商用发展期间，通信行业 A 股的市场表现具有一定借鉴作用。我国 4G 网络的建设始于 2012 年。2011 年 5 月，通信行业 A 股市值 TOP10 总市值 1430 亿元人民币。而截至 2019 年 5 月，通信行业 A 股市值 TOP10 总市值达到 6811 亿元人民币，增长了 377%。以行业的龙头上市企业为例，亨通光电、中兴通讯、烽火通信、东方通信、中天科技 5 家公司市值分别增长 526%、115%、155%、227%、320%。可见，4G 商用的发展，大大提升了通信行业龙头企业的市场价值。

表1 2011年5月和2019年5月通信行业A股TOP10市值情况

排名	2011年5月通信行业A股	市值（亿元）	2019年5月通信行业A股	市值（亿元）
1	中兴通讯	626	工业富联	3037
2	烽火通信	134	中兴通讯	1348
3	梦网集团	112	亨通光电	382
4	海格通信	100	烽火通信	342
5	大富科技	97	亿联网络	325
6	东方通信	90	中天科技	311
7	中天科技	74	东方通信	294
8	ST 凡谷	70	长飞光纤	293
9	大唐电信	66	信维通信	261
10	亨通光电	61	闻泰科技	218
合计		1430		6811

数据来源：中诚信托有限责任公司战略研究部整理。

以史为鉴，我们相信 5G 的商用化进程也将极大地带动通信行业以及其上下游产业中优质企业的发展。信托公司应抓住这一历史机遇，提早布局，选择真正有核心竞争力的企业开展资本市场业务。

三、信托公司如何提高 5G 商用领域的投资能力

（一）深入学习研究 5G 产业领域

信托公司要分享 5G 产业发展带来的红利，无论是基础设施建设投融资，还是相关产业股权投资，抑或是开展资本市场业务，都需要对 5G 及其相关产业领域进行深

入的了解和研究。既包括对相关行业整体形势和发展趋势的研究，也包括对产业中的相关企业建立科学严谨的研判体系。

（二）金融科技的发展

对于信托公司来说，未来其与 5G 的结合主要从两方面有所体现，一为对现有金融服务体验的升级，二为在万物互联场景下金融新业态的产生。

信托公司应充分重视自身金融科技方向的发展，尤其要加强对 5G 技术直接运用的研究。一方面，可以提升客户现有金融服务体验，打造品牌效应，吸引更多客户资源；另一方面，新技术也可应用于业务、财税、研究等内部系统的升级，提高工作效率。

同时，在 5G 技术即将带来的万物广泛互联和人机深度交互的新场景下，积极探索新的金融业态也应得到信托公司的高度重视。在巨大变革的时代背景下，创新才是第一生产力。5G 商用化带来社会系统全面升级的背景下，金融科技的创新对信托行业乃至对整个金融行业来说，既是历史机遇，也是历史使命和挑战。

（三）专业人才队伍和技术创新文化的建设

信托公司无论是直接对 5G 相关产业进行投融资，还是提升自身金融科技属性，都需要配备相应的专业人才队伍。培养具有相关产业和技术知识储备的专业型、复合型人才，将成为信托公司未来发展的重要战略。

整个社会将卷入 5G 商用化的历史洪流之中，社会各个系统在新技术下得到受益和升级，信托行业亦不可避免。拥抱技术变革并实践创新发展，才是信托公司应该采取的明智之举。因此，信托公司应致力于营造开放包容、鼓励创新的企业文化，以求在 5G 技术变革的历史趋势下保持和提升自身行业竞争力。

（执笔人：韩鸣飞）

如何提高信托公司个人消费金融业务风控的有效性*

目前,个人消费金融已经成为信托公司的一类常规业务,个人消费金融业务具体的业务类型、业务模式已经基本成型。根据信托业协会的调研数据,已有超过2/3的信托公司开展了这类业务。但是,2018年以来,个人消费金融市场资产的质量下降,对信托公司开展的该类业务提出了新的挑战。信托公司必须提高该类业务风控的有效性,以成熟的风控实现个人消费金融业务的规模化盈利。

一、当前信托公司个人消费金融业务的风控特点

信托公司个人消费金融业务展业从开始的与BATJ(百度、阿里巴巴、腾讯、京东)等最为头部的综合科技巨头合作,以BATJ的主体信用为风控基础,到以"BATJ的主体信用+认可的BATJ风控逻辑"为基础,重视对具体底层单笔资产的认可,再到应用和拓展金融科技和细分场景下的风控逻辑,与头部资产方合作的同时打造自主展业能力、风控系统能力和主动管理能力,目前已形成"自主风控+外部风控"结合的风控特点。

一是重视与头部资产方的合作。信托公司开展的个人消费金融业务,获客首先源自与头部资产方的合作。信托公司通过掌握细分领域的业务特点和风险点,形成合作主体准入标准,选择认可的细分领域的头部机构。

二是重视在细分领域借款人的信用评估。个人消费金融业务无担保、无抵押,贷前对借款人的风控审查主要是欺诈识别和信用评估,欺诈识别主要依靠强身份验证、限制资金用途等,信用评估则主要通过征信查询和评估是否有还款意愿和还款能力实现。

二、个人消费金融市场的变化对信托风控提出了新的要求

2018年以来,随着"现金贷"等监管政策的实施,以及多起P2P(点对点网络借款)风险事件的发生,监管规范消费金融趋势明显。在此背景下,个人消费金融市场出现了流量向头部平台加速集中、底层资产质量下降和优质资产收益下降的趋势,头部资产方资产质量下降,更低利率面向的底层资产的质量甚或较之前较高利率下的底

---

* 本文写于2019年8月。

层资产更差的现状，对信托公司个人消费金融业务的风控提出了新的要求。

首先，消费场景的流量加速集中于头部资产方，信托公司需要对头部资产方的资产提高甄别能力。受监管政策影响，中小流量平台加速出清，流量向头部资产方加速集中，在未来，消费金融市场优质流量可能会进一步集中于少量科技巨头。综合科技巨头和细分领域的流量巨头因此占据了更多的客户和更多的资金，但其中的部分新增客户可能会由次优等客户"优化"而来。

其次，个人消费金融市场的借款人资质下降，信托公司需要优化借款人准入标准。借款人的还款来源主要是收入和从其他途径拆借，目前两类还款来源都出现了问题。在经济下行的情况下，头部借款人如城市白领可能会遭遇失业，还款来源减少或缺失，通过重复借贷还款的可行性也下降，可能导致还款能力急剧恶化。除此之外，在个人消费金融资产方市场中，头部资产方通过较低的利率、较高的门槛筛选了优质借款人，中小流量平台通过较高的利率、较高的违约率容忍度筛选了次优的借款人，而劣质流量平台通过极高的利率，服务于风险溢价等级的借款人。流量机构主体资质越低，利用高利率覆盖高违约率的概率越高。借款人通过在低等级平台借贷偿还高等级平台借贷的现象时有发生，部分"优质"借款人的还款来源实际上是"拆东墙，补西墙"，重复借贷的存在使得借款人的信用资质实际上出现了下降。

最后，面向优质底层资产的产品收益下降，信托公司需要提高对产品设计的要求，在信托端设计适合的交易结构和安全垫。目前的市场中，大量的资金供给追捧少量的优质资产，导致风险资产的风险定价也在下降，例如，强场景的消费金融尽管容易控制风险，但收益很低，且可能会进一步下降。另外，由于较为优质的借款人对于利率极其敏感，头部资产方在对市场份额的争夺中也不断降低面向优质借款人的借贷利率。

传统个人消费金融业务中的个人贷款评估主要通过个人金融画像完成，包括使用借款人基本身份信息、收入信息、征信信息、多头借贷信息等身份和金融维度的信息，通过白名单/黑名单、年龄限制、多头借贷限制、控制借贷金额和费率等较为简单维度的筛选形式实现对借款人的授信。不过，由于数据污染等问题的存在，以及前述业务市场的变化，原有的风控体系已经显现出明显的短板。如果按照原有的风控体系继续执行，则信托公司的个人消费金融业务或不断集中于更为头部的用户，导致业务市场越来越狭窄，或底层资产的质量恶化，违约率提高，面临的业务风险急剧提高。

三、精细化风控是信托公司个人消费金融业务的必然要求

为了降低个人消费金融市场变化导致的业务风险，信托公司必须推进精细化风控的实施，以自主风控为导向，注重自主风控与外部风控结合，尽快提高风控的有效性。

在贷前识别出通过传统风控审核出的高风险客户，找到被传统风控拒绝的合格用户；在贷中贷后落实借款人跟踪，并通过有效的预警和催收手段实现较为理想的不良率。

一是借款主体风控精细化。信托公司应真正把握底层资产的质量，才能更好地适配信托资金、产品结构设计、期间管理和后期处置。对于借款人的准入审查，信托公司需要不断更新身份验证技术，并通过多种技术交叉验证，防范伪冒身份风险；同时通过基于大数据的用户画像判断较高欺诈风险群体，包括使用身份数据、金融数据、行为数据等综合判断，提高识别欺诈风险和信用风险的能力。

二是消费场景风控精细化。数据驱动的决策引擎必须基于业务逻辑。信托公司应将风控的重点与消费场景的逻辑相结合，注重常识判断和打造特定场景下的消费闭环，并根据消费场景的特点，在产品结构上设计对应的保障措施。

三是金融科技风控精细化。信托公司应尽快通过大数据风控迭代风控模型，运用大数据构建多维模型和数据关联性分析，综合评判借款人的欺诈风险和信用风险，提高风控的精准度，通过量化手段加强对底层风险资产的认知。需要注意的是，大数据风控比拼的是对业务规则的理解运用能力、信息技术系统能力、数据获取能力和数据分析能力，但由于市场中数据中介集中于几家机构，如果各家基于相同或相似的数据来源，容易导致市场中的大数据模型趋同，可能会影响大数据风控的效果。

四是期间管理风控精细化。在贷中阶段，信托公司应及时监测借款人的网络行为，对贷款用途和还款意愿进行追踪。在贷后阶段，开展全面智能监控，构建贷后预警体系和智能催收体系，可与专业催收团队配合贷后催收工作提高回收比例。

近年来，监管机构禁止持牌金融机构将个人消费金融的授信审查、风险控制等核心环节外包，要求持牌金融机构建立起在该业务领域的自主风控能力。与头部资产方合作，以头部资产方主体信用为主、辅之以简单二次风控的方式，已经难以满足当下信托公司开展个人消费金融业务获取更大利差、更大市场份额的需求。为了更好地发展消费金融业务，信托公司需要在监管"偏爱"之下，通过进一步实施精细化风控管理，以及未来采取更为先进的风控措施，通过真正掌握每一笔底层资产构建风险定价能力、资金获取能力、资产获取能力、资产组合能力，在个人消费金融产业链上挖掘更大的业务价值，获取更多的业务利润。

（执笔人：崔继培）

第五部分
集合信托市场月度分析

集合信托市场月度分析报告——2019年1月

一、2019年1月信托市场动态

（一）集合信托规模：发行规模与成立规模下降

2018年12月集合信托发行规模及成立规模有所回温后，2019年1月则继续萎缩。用益信托网统计数据显示，2019年1月集合信托发行规模1,777.55亿元，环比下降24.88%，平均每家信托公司1.43亿元，环比下降4.48%；成立规模1,489.03亿元，环比下降-14.20%，平均每家公司1.20亿元，环比下降0.21%。从近三年数据来看，当下信托行业每月发行规模保持在2000亿元左右，每月成立规模保持在1500亿元左右。

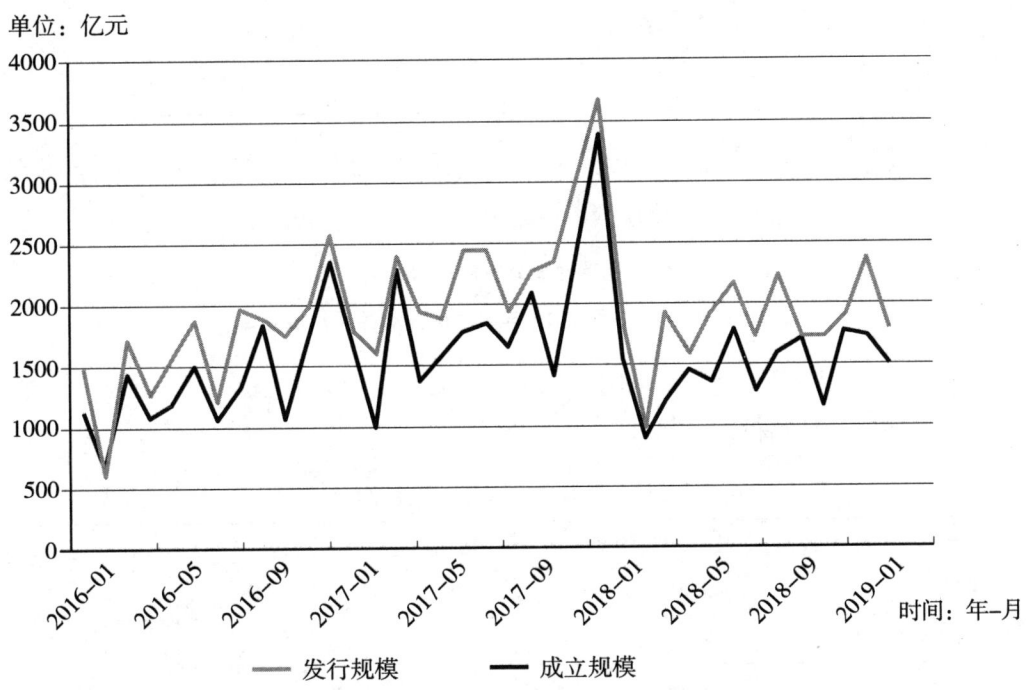

数据来源：用益信托网，中诚信托有限责任公司战略研究部整理。

图1 2016年1月至2019年1月信托产品发行规模与成立规模

（二）集合信托收益率：仍处于近三年高位

1月，信托平均发行收益率和平均成立收益率分别为8.23%和8.21%，环比分别下降了0.00个百分点和0.48个百分点。受市场整体资金偏紧影响，平均发行收益率和平均成立收益率仍处于近三年高位。

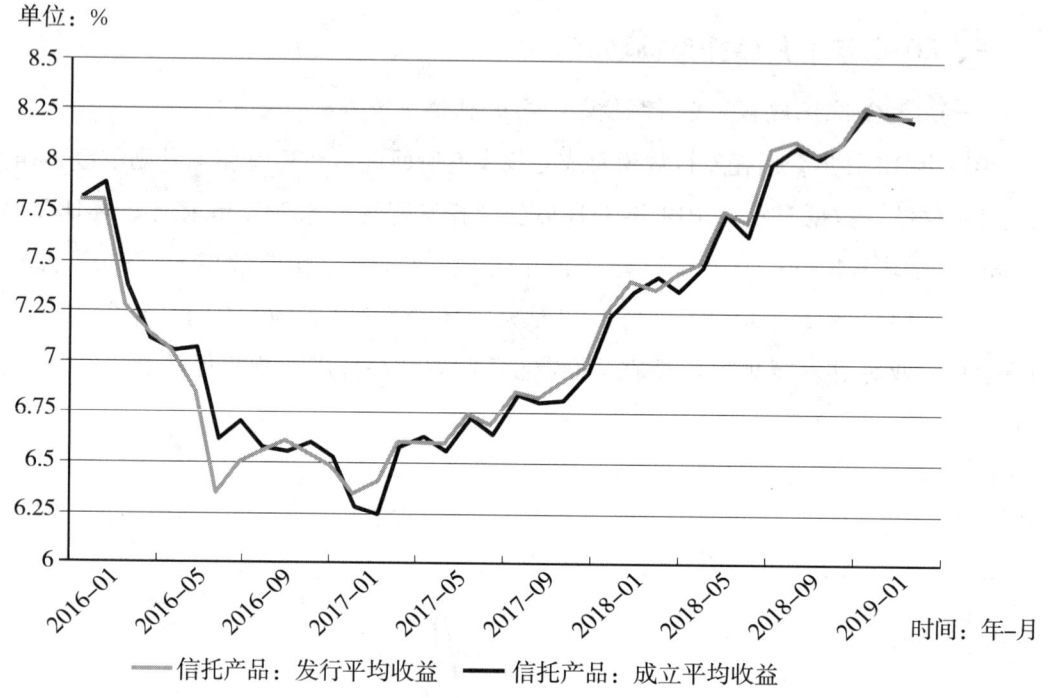

数据来源：用益信托网，中诚信托有限责任公司战略研究部整理。

图2　2016年1月至2019年1月信托产品平均收益率

受"非标"市场资金面紧张的影响，1月房地产、基础产业、工商企业、金融投向的收益率继续维持高位。

表1　信托产品各投向平均收益率环比变化

投资领域	2018年12月平均收益率（％）	2019年1月平均收益率（％）	环比变化（％）
房地产	8.42	8.31	-1.31
基础产业	8.79	8.82	+0.34
工商企业	8.14	8.26	+1.47
金融	7.40	7.28	-1.62

数据来源：用益信托网，中诚信托有限责任公司战略研究部整理。

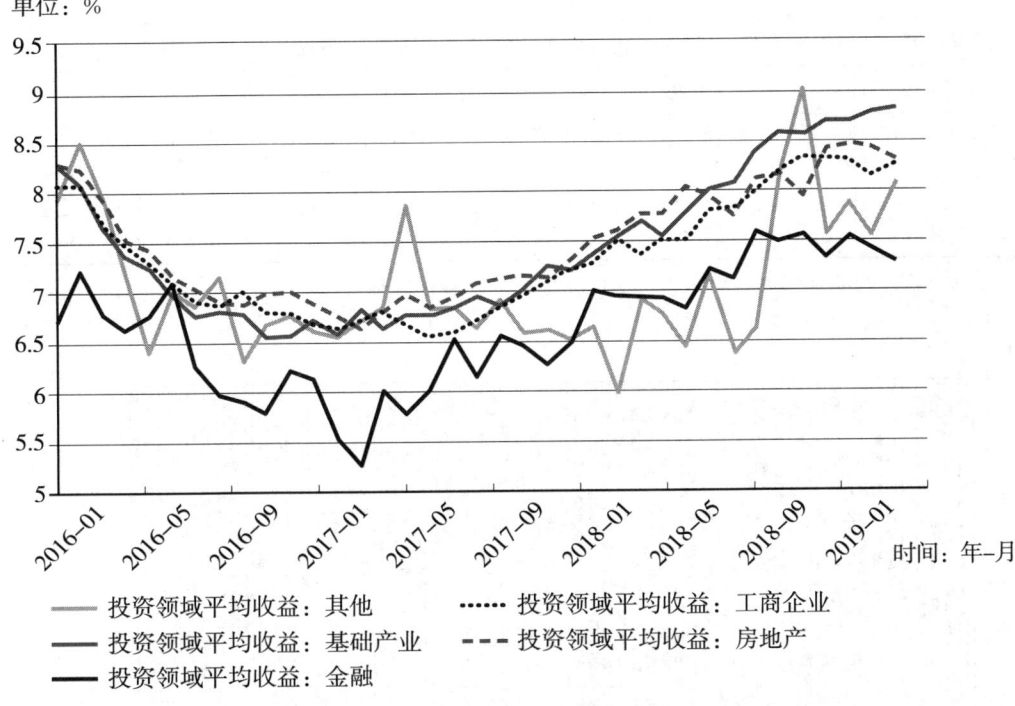

数据来源：用益信托网，中诚信托有限责任公司战略研究部整理。

图3　2016年1月至2019年1月信托产品各投向平均收益率

（三）集合信托资金投向：基础产业和金融投向占比上升，其他投向占比下降

1. 基础产业和金融投向环比上升，房地产和工商企业投向环比下降

从规模绝对值来看，1月基础产业和金融投向产品成立规模环比增加，房地产和工商企业投向产品成立规模环比减少，且降幅较大。

表2　信托产品各投向成立规模环比变化

投资领域	2018年12月成立规模（亿元）	2019年1月成立规模（亿元）	环比变化（%）
房地产	655.23	475.57	-27.42
基础产业	342.26	370.28	+8.19
工商企业	187.50	98.91	-47.25
金融	434.45	437.53	+0.71

数据来源：用益信托网，中诚信托有限责任公司战略研究部整理。

从规模占比来看，与上月相比，1月基础产业和金融投向占比上升，房地产、工商企业投向占比下降。资金的投向选择与宏观经济形势是密切相关的。

表3 信托产品各投向规模占比环比变化

投资领域	2018年12月规模占比（%）	2019年1月规模占比（%）	环比变化（%）
房地产	37.76	31.94	-15.41
基础产业	19.72	24.87	+26.12
工商企业	10.80	6.64	-38.52
金融	25.03	29.38	+17.38

数据来源：用益信托网，中诚信托有限责任公司战略研究部整理。

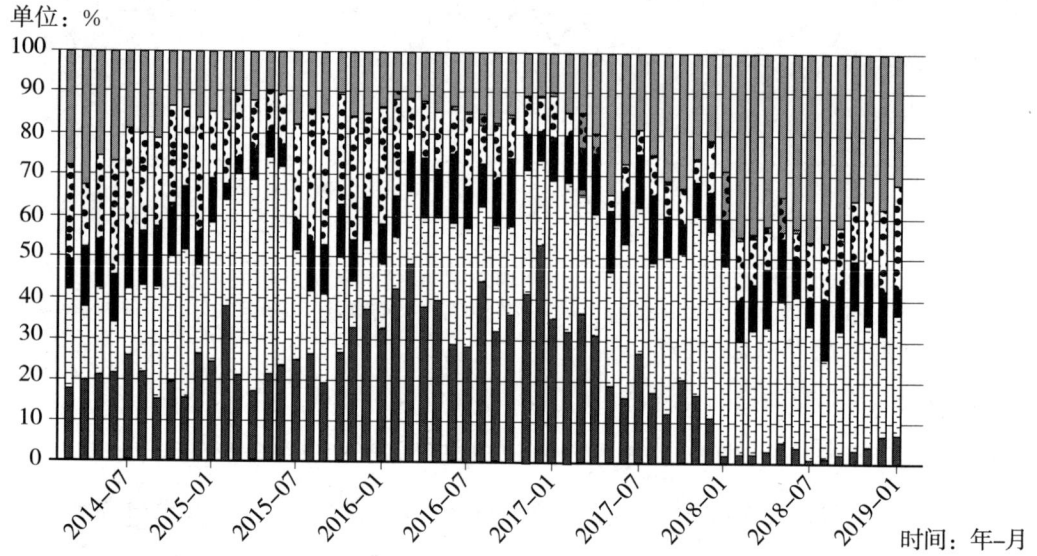

数据来源：用益信托网，中诚信托有限责任公司战略研究部整理。

图4 2016年1月至2019年1月信托资产五大投向占比

2. 房地产投向信托成立规模和占比持续减少

自2018年8月以来，房地产投向的信托规模和占比下降趋势明显。结合当前房地产市场政策收紧、融资困难和交易市场冷淡的情况考虑，其原因很可能是房地产融资需求的整体回落。另外，1月处于房地产市场的淡季，这也是导致当月房地产投向信托规模大幅下滑的原因之一。

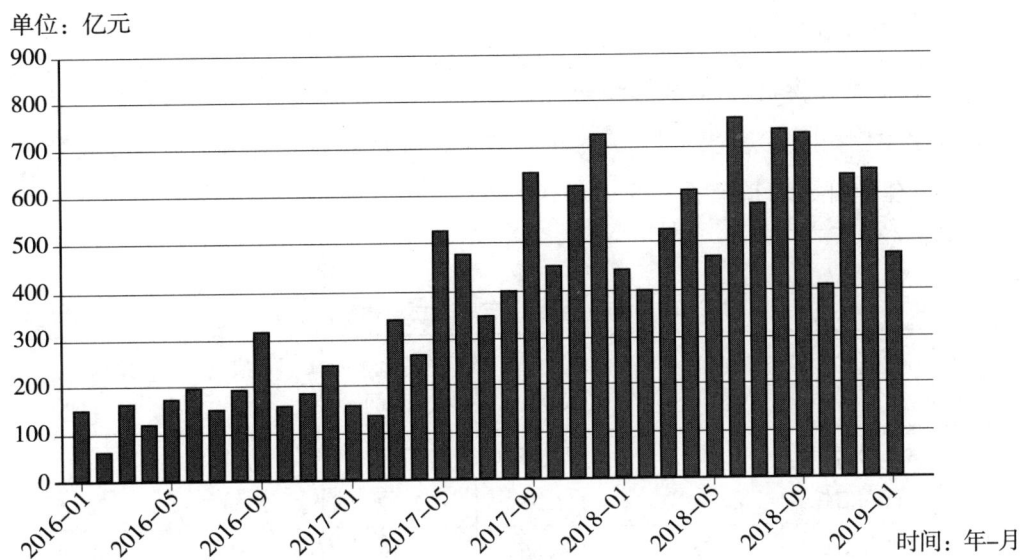

数据来源：用益信托网，中诚信托有限责任公司战略研究部整理。

图5　2016年1月至2019年1月房地产投向信托成立规模

3. 基础产业投向信托成立规模和占比持续上升

自2018年8月以来，基础产业投向信托规模和占比持续上升（10月可能受国庆长假影响有所下降）。其原因是宏观经济增长对地方基础产业投资的依赖，基础产业的融资需求变大，带动了基础产业投向信托规模的提升。

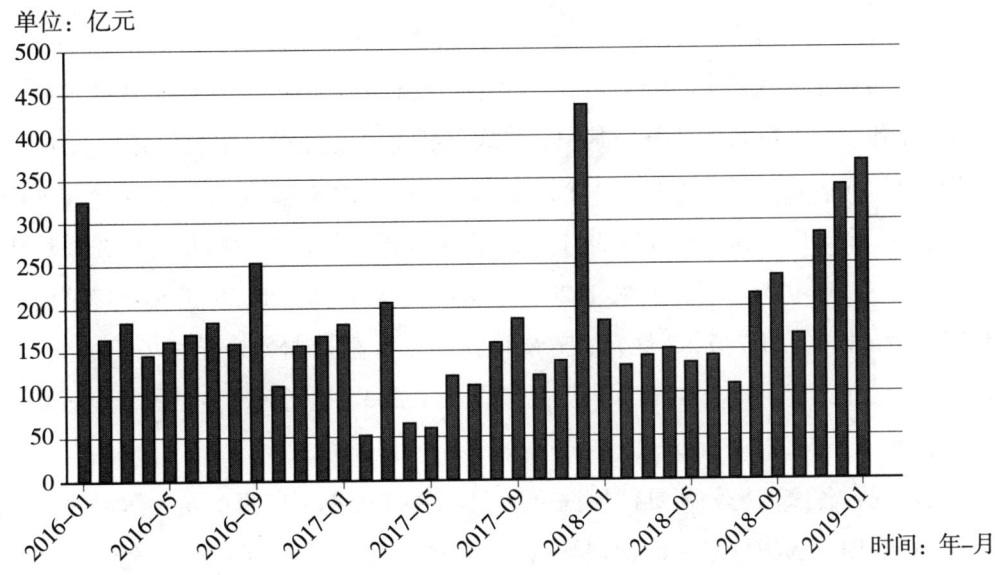

数据来源：用益信托网，中诚信托有限责任公司战略研究部整理。

图6　2016年1月至2019年1月基础产业投向信托成立规模

二、重点公司分析

（一）成立规模前八大信托公司

根据用益信托网不完全统计，1月集合资金信托产品成立规模最大的8家信托公司依次为交银信托、百瑞信托、光大信托、民生信托、中航信托、五矿信托、山东信托、中建投信托。

表4　2019年1月信托产品成立规模前八名

序号	公司名称	成立数量（个）	成立规模（亿元）	平均规模（亿元）	平均期限（年）	预期收益率（％）
1	交银信托	40	192.53	4.81	3.74	—
2	百瑞信托	34	111.38	2.72	2.19	8.86
3	光大信托	158	109.86	0.70	1.69	8.79
4	民生信托	123	97.44	0.73	0.87	8.61
5	中航信托	123	91.27	0.75	0.99	7.08
6	五矿信托	19	84.40	4.44	1.63	8.41
7	山东信托	45	67.31	1.50	0.91	6.46
8	中建投信托	22	65.88	4.39	2.19	—

数据来源：用益信托网，中诚信托有限责任公司战略研究部整理。

（二）重点公司及业务分析

1. 光大信托、民生信托、五矿信托重点投向金融领域

信托产品规模前八名中，光大信托、民生信托、五矿信托重点投向金融领域，发力标准化业务、资产配置类业务。其中，光大信托1月金融投向集合信托项目成立56个，规模46.36亿元，近一年共634个产品规模合计1,299.45亿元，金融投向占比最大，共有241个产品规模小计600.38亿元。民生信托1月金融投向集合信托项目成立91个，规模70.59亿元，近一年共1320个产品规模合计1,128.38亿元，其中金融投向851个产品规模小计746.83亿元。五矿信托1月金融投向集合信托项目成立10个规模60.31亿元，近一年共408个产品规模合计1,263.24亿元，主要为金融投向175个产品规模小计750.29亿元。

我们发现，各家信托公司具体投向金融领域的方式各不相同：光大信托金融投向的信托计划多用于认购自家主动管理类信托计划份额，本质上是一个资金池。这说明信托资金流动性和期限金额错配对信托公司来说仍是很重要的问题；五矿信托金融投向的信托计划很大一部分是资产证券化业务和融资租赁债权业务，底层资产为小微金融企业的应收账款债权。这显示出小微金融业务已成为信托行业的主营业务之一。

表5 重点投向金融领域的信托公司

序号	公司名称	1月金融投向成立数量（个）	1月金融投向成立规模（亿元）	近一年金融投向成立数量	近一年金融投向成立规模（亿元）	近一年成立数量总计	近一年成立规模总计（亿元）	近一年金融投向规模占比（%）
1	光大信托	56	46.36	241	600.38	634	1,299.45	46.20
2	民生信托	91	70.59	851	746.83	1320	1,128.38	66.19
3	五矿信托	10	60.31	175	750.29	408	1,263.24	59.39

数据来源：用益信托网，中诚信托有限责任公司战略研究部整理。

2. 山东信托、中建投信托重点投向房地产领域

从单月数据和近一年数据来看，山东信托和中建投信托近一年业务以房地产为主。山东信托1月成立房地产投向集合信托产品37个，规模小计40.14亿元，近一年共成立集合信托产品229个产品，规模共计292.60亿元，其中投向房地产占比最大，共145个产品，规模小计215.39亿元。中建投信托1月房地产投向集合信托产品13个，规模合计40.14亿元，近一年共成立集合信托产品150个，规模共计691.88亿元，其中房地产投向集合信托产品111个，规模小计545.16亿元。

表6 重点投向房地产领域的信托公司

序号	公司名称	1月房地产投向成立数量（个）	1月房地产投向成立规模（亿元）	近一年房地产投向成立数量（个）	近一年房地产投向成立规模（亿元）	近一年成立数量总计（个）	近一年成立规模总计（亿元）	近一年房地产投向规模占比（%）
1	山东信托	37	40.14	145	215.39	229	292.60	73.61
2	中建投信托	13	36.28	111	545.16	150	691.88	78.79

数据来源：用益信托网，中诚信托有限责任公司战略研究部整理。

集合信托市场月度分析报告——2019年2月

一、2019年2月信托市场动态

（一）集合信托规模：发行规模与成立规模大幅下降

2019年1月集合信托发行规模及成立规模有所降温后，2月则继续大幅下滑。用益信托网统计数据显示，2019年2月集合信托发行规模1,097.92亿元，环比下降46.35%，平均每家信托公司1.54亿元，环比上升7.69%；成立规模789.92亿元，环比下降54.72%，平均每家公司1.20亿元，环比不变。本月信托规模的大幅下降与往年2月表现类似，其原因主要还是受到中国人的传统节日——春节的影响。

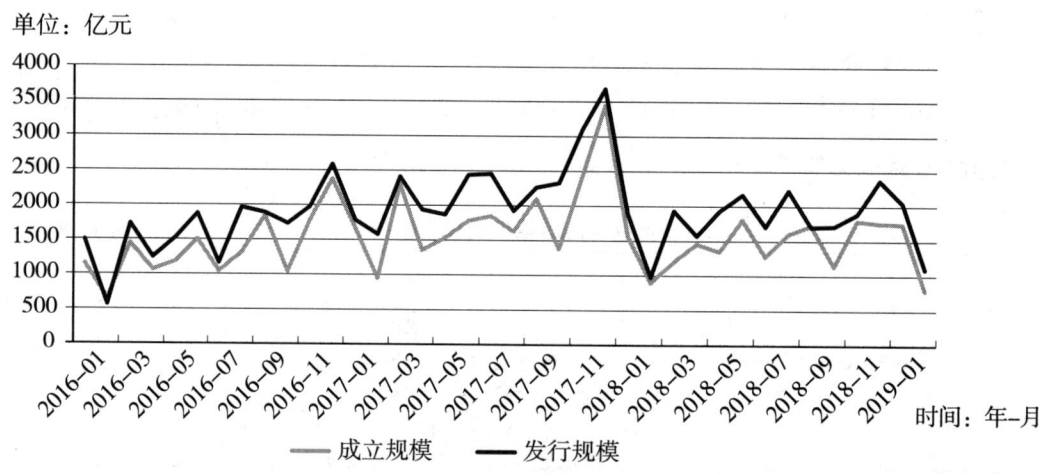

数据来源：用益信托网，中诚信托有限责任公司战略研究部整理。

图1　2016年1月至2019年2月信托产品发行规模与成立规模

（二）集合信托收益率：仍处于近三年高位

2月，信托平均发行收益率和平均成立收益率分别为8.17%和8.23%，环比变化-0.85%和+0.12%。近两年来，受市场整体资金紧缩的影响，信托产品的平均发行收益率和平均成立收益率持续提升，并于近四个月来一直维持在高位。

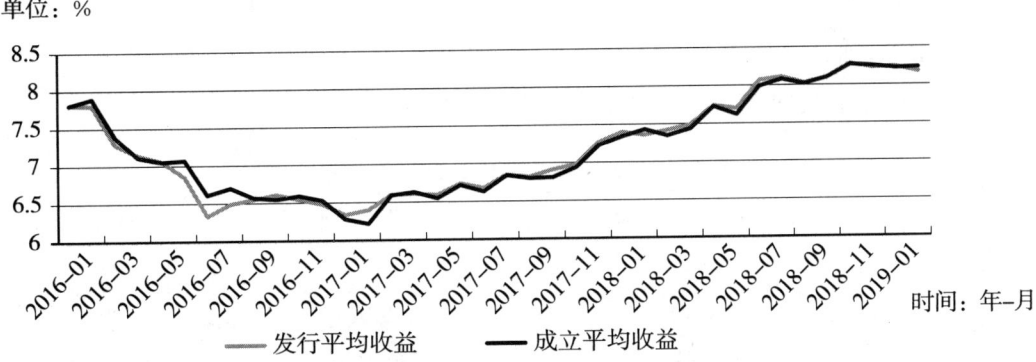

数据来源：用益信托网，中诚信托有限责任公司战略研究部整理。

图2　2016年1月至2019年2月信托产品平均收益率

对信托产品的投资领域进行拆分，2月房地产、基础产业、工商企业、金融投向的收益率继续维持高位。其中，基础产业投向的收益率在近十个月内独占鳌头。

表1　信托产品各投向平均收益率环比变化

投资领域	1月平均收益率（%）	2月平均收益率（%）	环比变化（%）
房地产	8.33	8.21	-1.44
基础产业	8.82	8.88	+0.68
工商企业	8.26	8.58	+3.87
金融	7.24	7.37	+1.80

数据来源：用益信托网，中诚信托有限责任公司战略研究部整理。

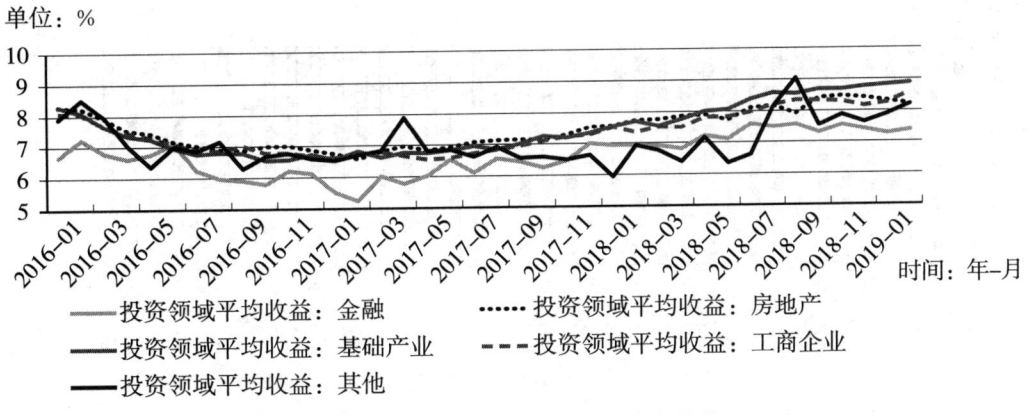

数据来源：用益信托网，中诚信托有限责任公司战略研究部整理。

图3　2016年1月至2019年2月信托产品各投向平均收益率

（三）集合信托资金投向：房地产和金融投向占比上升，其他投向占比下降

从规模绝对值来看，受本月信托产品成立规模大幅下降的影响，基础产业、金融、房地产和工商企业投向产品成立规模环比均大幅减少。

表2　信托产品各投向成立规模环比变化

投资领域	1月成立规模（亿元）	2月成立规模（亿元）	环比变化（%）
房地产	475.57	306.72	-35.50
基础产业	370.28	149.75	-59.56
工商企业	98.91	30.17	-69.50
金融	437.53	279.55	-36.11

数据来源：用益信托网，中诚信托有限责任公司战略研究部整理。

从规模占比来看，与上一月相比，2月房地产和金融投向占比上升，基础产业和工商企业投向占比下降。

表3　信托产品各投向规模占比环比变化

投资领域	1月规模占比（%）	2月规模占比（%）	环比变化（%）
房地产	31.94	38.83	+21.57
基础产业	24.87	18.96	-23.76
工商企业	6.64	3.82	-42.47
金融	29.38	35.39	+20.46

数据来源：用益信托网，中诚信托有限责任公司战略研究部整理。

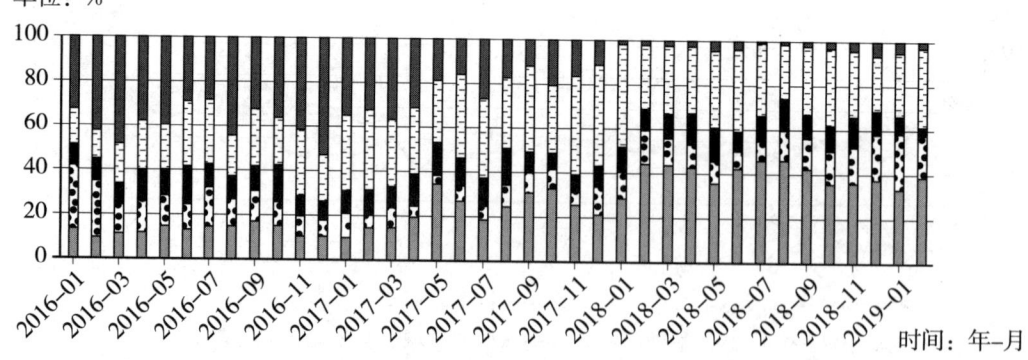

数据来源：用益信托网，中诚信托有限责任公司战略研究部整理。

图4　2016年1月至2019年2月信托资产五大投向占比

二、重点公司分析

(一) 成立规模前八大信托公司

根据用益信托网统计,2月集合资金信托产品成立规模最大的8家信托公司依次为五矿信托、光大信托、交银信托、民生信托、中航信托、中建投信托、陆家嘴信托、爱建信托。

表4　2019年2月信托产品成立规模前八名

序号	公司名称	成立数量（个）	成立规模（亿元）	平均规模（亿元）	平均期限（年）	预期收益率（%）
1	五矿信托	24	124.45	5.19	1.88	8.42
2	光大信托	109	114.89	1.05	1.77	8.85
3	交银信托	13	53.65	4.13	1.00	—
4	民生信托	43	48.34	1.05	0.96	8.54
5	中航信托	53	48.31	0.91	1.17	7.23
6	中建投信托	14	38.45	3.85	4.43	—
7	陆家嘴信托	19	38.44	2.02	1.27	8.24
8	爱建信托	55	28.71	0.46	1.68	8.42

数据来源：用益信托网，中诚信托有限责任公司战略研究部整理。

(二) 重点公司及业务分析

1. 五矿信托、光大信托、民生信托、中航信托重点投向金融领域

2月信托产品成立规模前八名中，五矿信托、民生信托、光大信托、中航信托重点投向金融领域，2月单月金融投向规模占比分别为79.82%、55.63%、58.80%和81.74%，近一年金融投向规模占比分别高达59.86%、66.02%、45.80%和58.60%。

表5　重点投向金融领域的信托公司

序号	公司名称	2月金融投向成立规模（亿元）	2月金融投向规模占比（%）	近一年金融投向成立规模（亿元）	近一年成立规模总计（亿元）	近一年金融投向规模占比（%）
1	五矿信托	99.34	79.82	806.50	1,347.41	59.86
2	民生信托	26.89	55.63	762.70	1,155.24	66.02
3	光大信托	67.56	58.80	612.39	1,337.07	45.80
4	中航信托	39.49	81.74	746.26	1,273.47	58.60

数据来源：用益信托网，中诚信托有限责任公司战略研究部整理。

中航信托与民生信托的集合信托产品金融投向占比较高,其金融投向的集合信托计划多用于认购公司发行的其他信托计划份额,为本公司信托产品提供资金支持。同时,中航信托也大力开展小微金融、债券投资和定增业务。

2. 交银信托、中建投信托、陆家嘴信托、爱建信托重点投向房地产领域

2月信托产品成立规模前八名中,交银信托、中建投信托、陆家嘴信托和爱建信托重点投向房地产领域,2月单月房地产投向规模占比分别为67.94%、68.79%、92.85%和82.38%,近一年房地产投向规模占比分别高达38.57%、78.69%、78.41%和64.79%。

表6 重点投向房地产领域的信托公司

序号	公司名称	2月房地产投向成立规模(亿元)	2月房地产投向规模占比(%)	近一年房地产投向成立规模(亿元)	近一年成立规模总计(亿元)	近一年房地产投向规模占比(%)
1	交银信托	36.45	67.94	341.27	884.71	38.57
2	中建投信托	26.45	68.79	537.11	682.58	78.69
3	陆家嘴信托	35.69	92.85	623.33	794.99	78.41
4	爱建信托	23.65	82.38	485.82	749.84	64.79

数据来源:用益信托网,中诚信托有限责任公司战略研究部整理。

集合信托市场月度分析报告——2019年3月

一、2019年3月信托市场动态

（一）集合信托规模：发行规模与成立规模明显回升

2019年2月集合信托发行规模大幅下滑后，3月有所回温。用益信托网统计数据显示，2019年3月集合信托发行规模2,126.57亿元，环比增加45.35%；成立规模1,859.54亿元，环比增加90.37%。上月信托规模的大幅下降主要还是受到春节假期的影响，本月则是正常性的反弹。目前信托市场较为稳定，每月发行规模在2000亿元左右，每月成立规模在1500亿元左右。

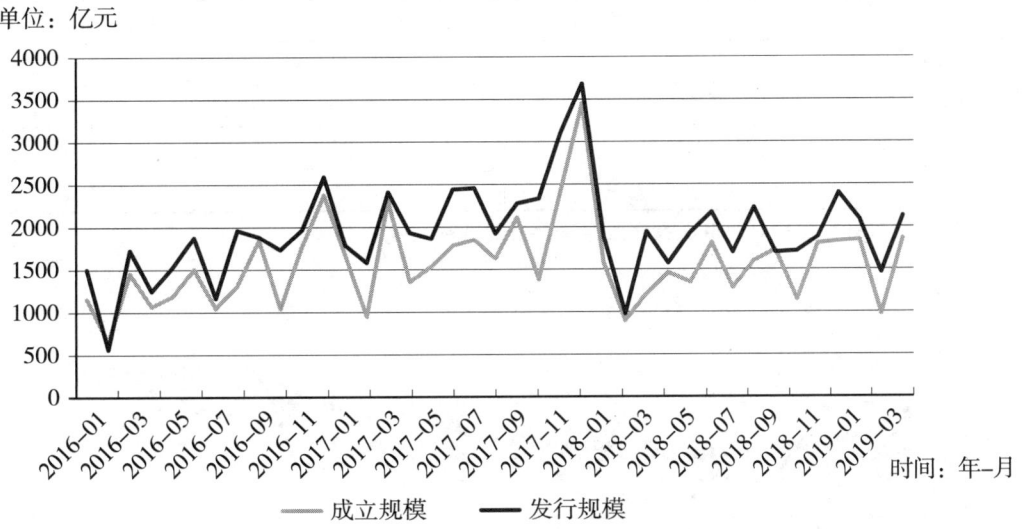

数据来源：用益信托网，中诚信托有限责任公司战略研究部整理。

图1 2016年1月至2019年3月信托产品发行规模与成立规模

（二）集合信托收益率：近三年高点

3月，集合信托平均发行收益率和平均成立收益率分别为8.27%和8.29%，环比变化+1.22%和+0.73%，其中平均成立收益率再创新高。自2017年年初以来，受政策影响，"非标"市场资金紧缺，信托产品的平均发行收益率和平均成立收益率持续攀升，近5个月内一直维持在近三年的高点。

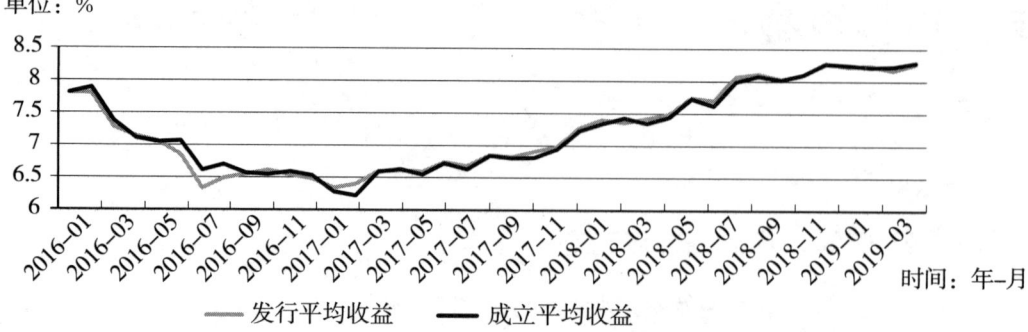

数据来源：用益信托网，中诚信托有限责任公司战略研究部整理。

图2 2016年1月至2019年3月信托产品平均收益率

3月，房地产、基础产业、工商企业、金融投向的收益率仍然维持高位。在近十一个月里，基础产业投向的收益率在各投资领域中独占鳌头。

表1 信托产品各投向平均收益率环比变化

投资领域	2月平均收益率（%）	3月平均收益率（%）	环比变化（%）
房地产	8.21	8.42	+2.56
基础产业	8.88	8.70	-2.03
工商企业	8.58	8.23	-4.08
金融	7.37	7.49	+1.63

数据来源：用益信托网，中诚信托有限责任公司战略研究部整理。

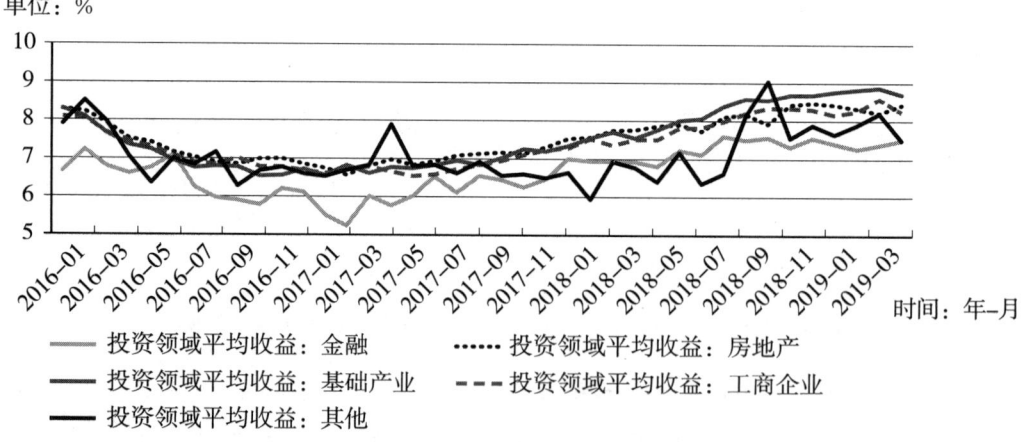

数据来源：用益信托网，中诚信托有限责任公司战略研究部整理。

图3 2016年1月至2019年3月信托产品各投向平均收益率

（三）集合信托资金投向：基础产业和工商企业投向占比上升，房地产和金融投向占比下降

3月，受信托市场整体大幅回升的影响，基础产业、金融、房地产和工商企业投

向产品成立规模环比均大幅增加。

表2 信托产品各投向成立规模环比变化

投资领域	2月成立规模（亿元）	3月成立规模（亿元）	环比变化（%）
房地产	306.72	663.40	+116.29
基础产业	149.75	504.85	+237.13
工商企业	30.17	167.00	+453.53
金融	279.55	448.58	+60.47

数据来源：用益信托网，中诚信托有限责任公司战略研究部整理。

表3 信托产品各投向规模占比环比变化

投资领域	2月规模占比（%）	3月规模占比（%）	环比变化（%）
房地产	38.83	30.29	-21.99
基础产业	18.96	28.79	+51.85
工商企业	3.82	7.01	+83.51
金融	35.39	31.04	-12.29

数据来源：用益信托网，中诚信托有限责任公司战略研究部整理。

从规模占比来看，与上一月相比，3月基础产业和工商企业投向占比提升显著，房地产和金融投向占比下降。基础产业投向占比上升至28.79%，已经非常接近房地产投向30.29%的占比。宏观经济形势上，当下的房地产行业正处于政策收紧周期，基础设施建设担负起推动国家宏观经济发展的重任。信托市场上，基础产业投向的集合信托收益率高于房地产投向的集合信托收益率。综合以上因素考虑，基础产业投向替代房地产投向成为信托行业的展业首选已具有其合理性。

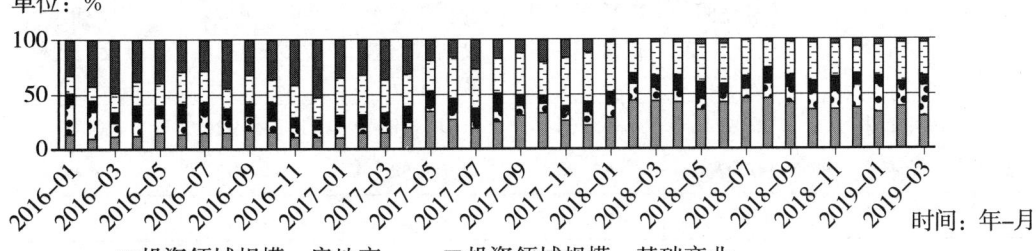

数据来源：用益信托网，中诚信托有限责任公司战略研究部整理。

图4 2016年1月至2019年3月信托资产五大投向占比

二、重点公司分析

（一）成立规模前八大信托公司

根据用益信托网统计，3月集合资金信托产品成立规模最大的8家信托公司依次为五矿信托、光大信托、交银信托、民生信托、陆家嘴信托、百瑞信托、爱建信托、中航信托。

表4　2019年3月信托产品成立规模前八名

序号	公司名称	成立数量（个）	成立规模（亿元）	平均规模（亿元）	平均期限（年）	预期收益率（%）
1	五矿信托	55	192.37	3.10	1.70	8.26
2	光大信托	153	170.45	1.11	1.75	8.80
3	交银信托	23	140.01	6.09	4.89	—
4	民生信托	109	132.32	1.08	0.86	8.47
5	陆家嘴信托	50	117.82	2.22	1.66	8.19
6	百瑞信托	40	101.65	2.03	2.02	8.92
7	爱建信托	91	86.49	0.79	1.82	8.38
8	中航信托	114	86.02	0.75	1.09	7.32

数据来源：用益信托网，中诚信托有限责任公司战略研究部整理。

（二）重点公司及业务分析

1. 民生信托、光大信托、中航信托重点投向金融领域

3月信托产品成立规模前八名中，民生信托、光大信托、中航信托重点投向金融领域，3月单月金融投向规模占比分别为55.63%、52.84%和50.30%，近一年金融投向规模占比分别高达60.40%、44.64%和58.51%。

表5　重点投向金融领域的信托公司

序号	公司名称	3月金融投向成立规模（亿元）	3月金融投向规模占比（%）	近一年金融投向成立规模（亿元）	近一年成立规模总计（亿元）	近一年金融投向规模占比（%）
1	民生信托	26.89	55.63	813.78	1,245.92	60.40
2	光大信托	90.07	52.84	602.54	1,349.92	44.64
3	中航信托	43.27	50.30	761.29	1,301.23	58.51

数据来源：用益信托网，中诚信托有限责任公司战略研究部整理。

2. 五矿信托基础产业投向增长迅速

3月五矿信托成立的基础产业投向的集合信托规模达到83.93亿元，当月占比达到43.63%。而在过去一年的时间里，五矿信托成立的基础产业投向的集合信托总规

模仅为157.04亿元，占比仅10.15%。这是否标志着五矿信托在业务布局上的战略转变，有待进一步的观察和论证。

3. 交银信托、陆家嘴信托、爱建信托重点投向房地产领域

3月信托产品成立规模前八名中，交银信托、陆家嘴信托和爱建信托重点投向房地产领域，3月单月房地产投向规模占比分别为42.02%、57.74%和70.04%，近一年房地产投向规模占比分别高达38.24%、74.56%和64.90%。

表6 重点投向房地产领域的信托公司

序号	公司名称	2月房地产投向成立规模（亿元）	2月房地产规模占比（%）	近一年房地产投向成立规模（亿元）	近一年成立规模总计（亿元）	近一年房地产投向规模占比（%）
1	交银信托	58.83	42.02	396.43	1,036.80	38.24
2	陆家嘴信托	68.03	57.74	647.97	869.02	74.56
3	爱建信托	60.58	70.04	523.50	806.62	64.90

数据来源：用益信托网，中诚信托有限责任公司战略研究部整理。

集合信托市场月度分析报告——2019年4月

一、2019年4月信托市场动态

(一)集合信托规模:发行规模与成立规模大幅下滑

2019年3月集合信托发行规模大幅升温后,4月有所回落。用益信托网统计数据显示,2019年4月集合信托发行规模1,787.72亿元,环比减少23.15%;成立规模1,153.75亿元,环比大幅下滑41.54%。

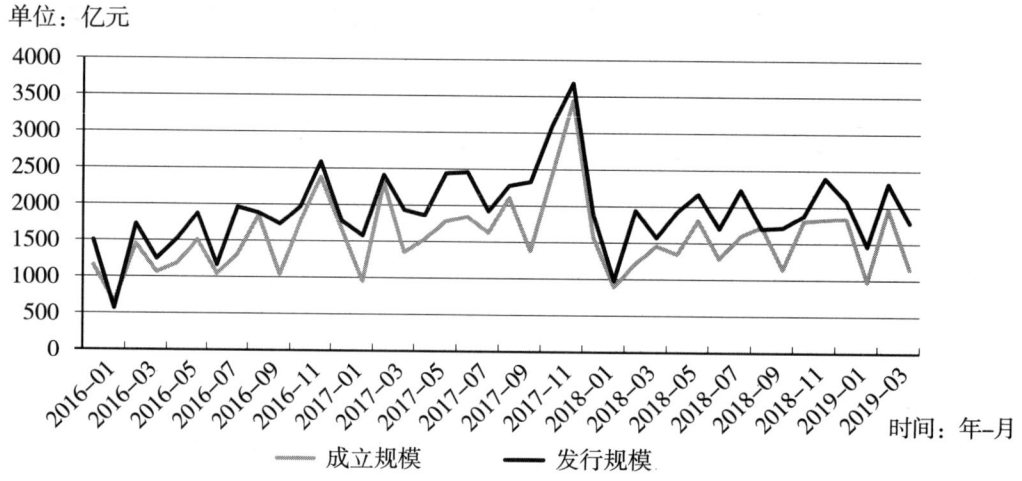

数据来源:用益信托网,中诚信托有限责任公司战略研究部整理。

图1　2016年1月至2019年4月信托产品发行规模与成立规模

(二)集合信托收益率:维持在近三年高位

4月,集合信托平均发行收益率和平均成立收益率分别为8.27%和8.28%,环比分别微降0.01个百分点和0.02个百分点,但仍处于近三年高位。自2017年年初以来,受政策影响,"非标"市场资金紧缺,信托产品的平均发行收益率和平均成立收益率持续攀升,近5个月内一直维持在近三年的高点。

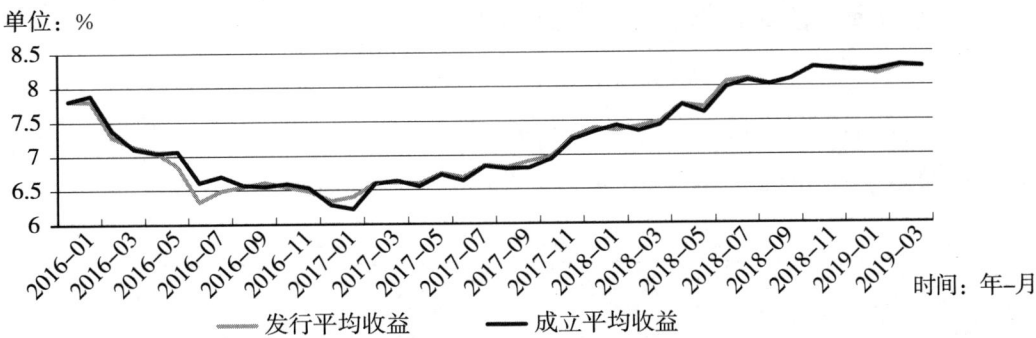

数据来源：用益信托网，中诚信托有限责任公司战略研究部整理。

图2 2016年1月至2019年4月信托产品平均收益率

4月，房地产、基础产业、工商企业、金融投向的平均收益率仍然维持在高位。其中，房地产、工商企业、金融投向的收益率环比分别微涨0.95%、1.45%和0.80%，基础产业投向的收益率略降1.15%，但其收益率在近一年时间里一直独占鳌头。

表1 信托产品各投向平均收益率环比变化

投资领域	3月平均收益率（%）	4月平均收益率（%）	环比变化（%）
房地产	8.41	8.49	+0.95
基础产业	8.69	8.58	-1.15
工商企业	8.25	8.37	+1.45
金融	7.49	7.55	+0.80

数据来源：用益信托网，中诚信托有限责任公司战略研究部整理。

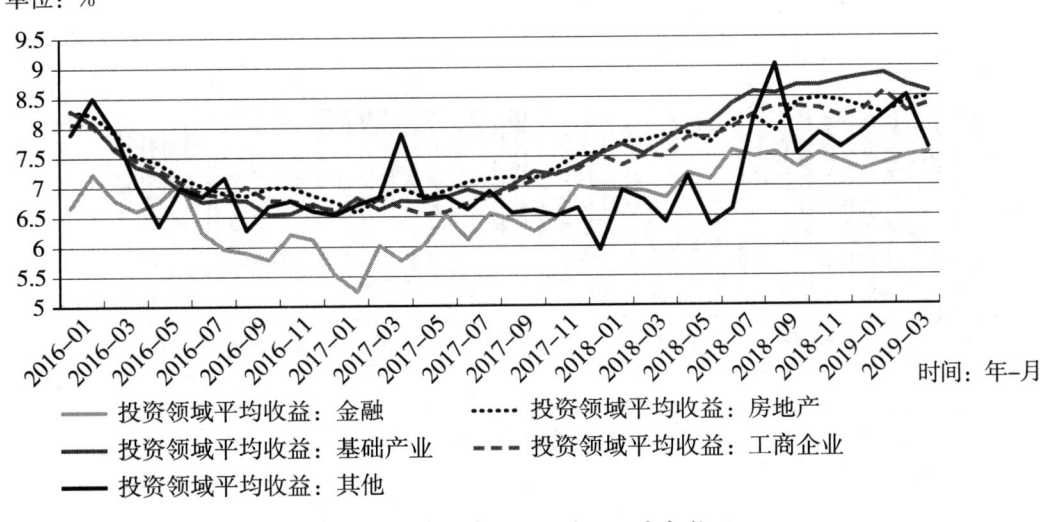

数据来源：用益信托网，中诚信托有限责任公司战略研究部整理。

图3 2016年1月至2019年4月信托产品各投向平均收益率

(三）集合信托资金投向：金融投向占比上升，房地产、基础产业和工商企业投向占比下降

本月，受信托市场整体大幅回落的影响，基础产业、金融、房地产和工商企业投向产品成立规模环比分别大幅下跌49.83%、72.03%、50.33%和41.90%。

表2 信托产品各投向成立规模环比变化

投资领域	3月成立规模（亿元）	4月成立规模（亿元）	环比变化（%）
基础产业	564.65	283.28	-49.83
金融	433.15	121.16	-72.03
房地产	736.23	365.70	-50.33
工商企业	192.91	112.09	-41.90

数据来源：用益信托网，中诚信托有限责任公司战略研究部整理。

从规模占比来看，与上一月相比，4月金融投向占比小幅提升，房地产、基础产业和工商企业投向占比均出现下滑。其中，房地产投向占比为15个月来最低点，信托行业对房地产市场的依赖性在减弱。

表3 信托产品各投向规模占比环比变化

投资领域	3月规模占比（%）	4月规模占比（%）	环比变化（%）
基础产业	28.61	24.55	-14.19
金融	21.95	23.53	+7.20
房地产	37.31	31.7	-15.04
工商企业	9.78	9.72	-0.61

数据来源：用益信托网，中诚信托有限责任公司战略研究部整理。

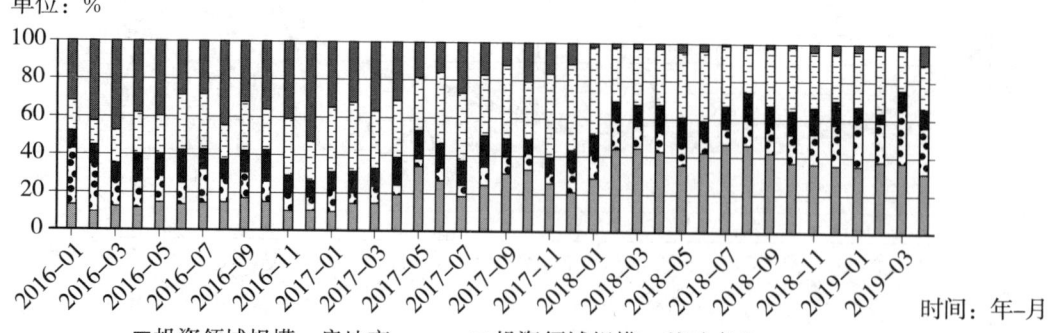

数据来源：用益信托网，中诚信托有限责任公司战略研究部整理。

图4 2016年1月至2019年4月信托资产五大投向占比

二、重点公司分析

(一) 成立规模前八大信托公司

根据用益信托网统计,4月集合资金信托产品成立规模最大的8家信托公司依次为光大信托、五矿信托、民生信托、陆家嘴信托、爱建信托、建信信托、国投信托、平安信托。

表4 2019年4月集合信托产品成立规模前八名

序号	公司名称	成立数量（个）	成立规模（亿元）	平均规模（亿元）	平均期限（年）	预期收益率（%）
1	光大信托	166	196.43	1.15	1.62	8.47
2	五矿信托	70	191.55	2.52	1.93	8.49
3	民生信托	142	122.27	0.80	0.97	8.59
4	陆家嘴信托	62	105.10	1.70	1.53	8.49
5	爱建信托	80	63.57	0.71	1.78	8.26
6	建信信托	25	59.00	1.97	2.34	—
7	国投信托	10	56.50	5.14	1.45	8.43
8	平安信托	28	46.72	2.60	1.22	6.84

数据来源：用益信托网，中诚信托有限责任公司战略研究部整理。

(二) 重点公司及业务分析

1. 民生信托、光大信托、五矿信托重点投向金融领域

4月信托产品成立规模前八名中，民生信托、光大信托、五矿信托重点投向金融领域，4月单月金融投向规模占比分别为46.26%、49.71%和13.30%，近一年金融投向规模占比分别高达60.40%、47.68%和49.88%。

表5 重点投向金融领域的信托公司

序号	公司名称	4月金融投向成立规模（亿元）	4月金融投向规模占比（%）	近一年金融投向成立规模（亿元）	近一年成立规模总计（亿元）	近一年金融投向规模占比（%）
1	民生信托	56.56	46.26	843.84	1,304.63	60.40
2	光大信托	97.65	49.71	645.75	1354.48	47.68
3	五矿信托	25.48	13.30	868.39	1,740.87	49.88

数据来源：用益信托网，中诚信托有限责任公司战略研究部整理。

值得注意的是，五矿信托在近两个月金融投向占比大幅下滑至17.75%，基础产业、房地产和工商企业投向占比大幅提升，分别达到23.97%、31.10%和13.51%。这表明五矿信托在投资领域选择上具有多样性的特点，且展业重点布局领域转为基础产业和房地产。

2. 建信信托重点投向基础产业领域

4月建信信托成立的基础产业投向的集合信托规模达到24.13亿元，当月占比达到40.90%。在过去一年的时间里，建信信托成立的基础产业投向的集合信托总规模为201.92亿元，占比45.55%。

3. 国投信托、爱建信托、陆家嘴信托、平安信托重点投向房地产领域

4月集合信托产品成立规模前八名中，国投信托、爱建信托、陆家嘴信托和平安信托重点投向房地产领域，4月单月房地产投向规模占比分别为48.67%、62.53%、36.57%和63.68%，近一年房地产投向规模占比分别高达52.37%、65.12%、68.35%和83.81%。

表6 重点投向房地产领域的信托公司

序号	公司名称	4月房地产投向成立规模（亿元）	4月房地产投向规模占比（%）	近一年房地产投向成立规模（亿元）	近一年成立规模总计（亿元）	近一年房地产投向规模占比（%）
1	国投信托	27.50	48.67	198.80	379.61	52.37
2	爱建信托	39.75	62.53	546.07	838.50	65.12
3	陆家嘴信托	38.44	36.57	611.28	894.35	68.35
4	平安信托	29.75	63.68	522.69	623.64	83.81

数据来源：用益信托网，中诚信托有限责任公司战略研究部整理。

集合信托市场月度分析报告——2019年5月

一、2019年5月信托市场动态

（一）集合信托规模：发行规模与成立规模持续回落

2019年5月集合信托发行规模与成立规模持续下滑。用益信托网统计数据显示，2019年5月集合信托发行规模1,895.55亿元，环比减少11.59%；成立规模1,400.65亿元，环比下滑13.06%。

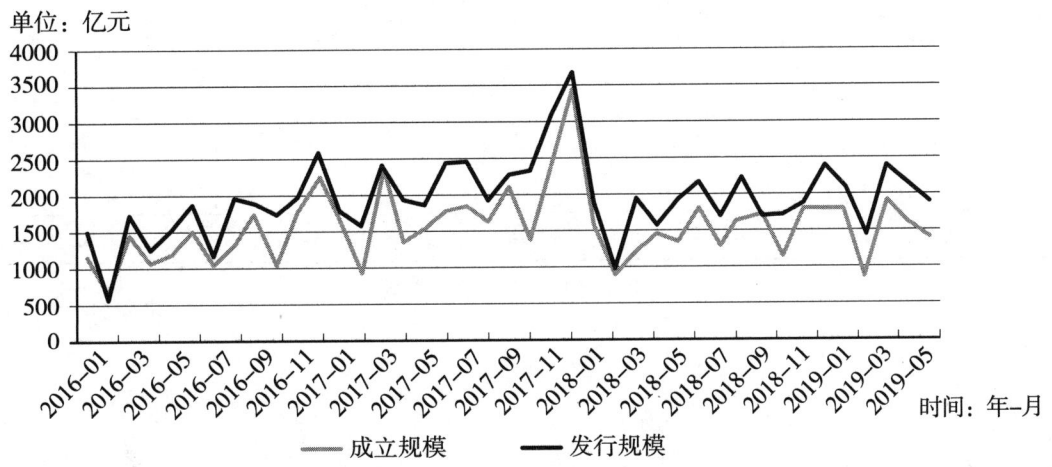

数据来源：用益信托网，中诚信托有限责任公司战略研究部整理。

图1 2016年1月至2019年5月信托产品发行规模与成立规模

（二）集合信托收益率：信托产品发行收益率和成立收益率双降

5月，集合信托平均发行收益率和平均成立收益率分别为8.21%和8.20%，环比分别下降0.04个百分点和0.09个百分点。其中，金融、工商企业投向的收益率环比分别微涨1.84%和1.56%，房地产、基础产业投向的收益率降低3.07%和1.52%。

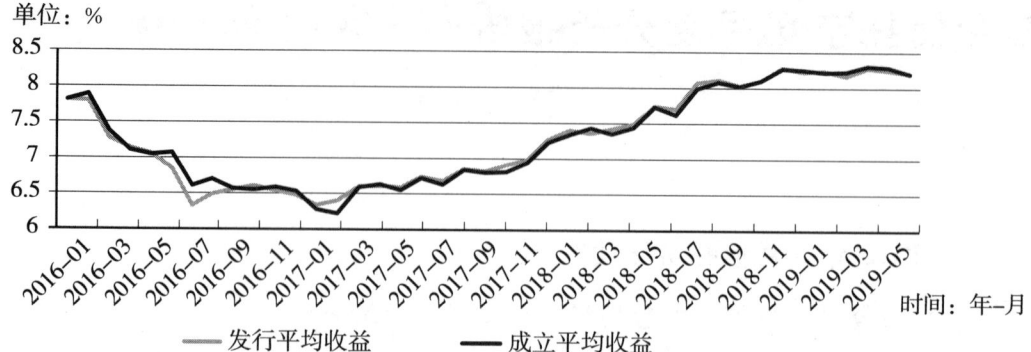

数据来源：用益信托网，中诚信托有限责任公司战略研究部整理。

图 2　2016 年 1 月至 2019 年 5 月信托产品平均收益率

表 1　信托产品各投向平均收益率环比变化

投资领域	4 月平均收益率（%）	5 月平均收益率（%）	环比变化（%）
金融	7.62	7.76	+1.84
工商企业	8.35	8.48	+1.56
房地产	8.47	8.21	-3.07
基础产业	8.58	8.45	-1.52

数据来源：用益信托网，中诚信托有限责任公司战略研究部整理。

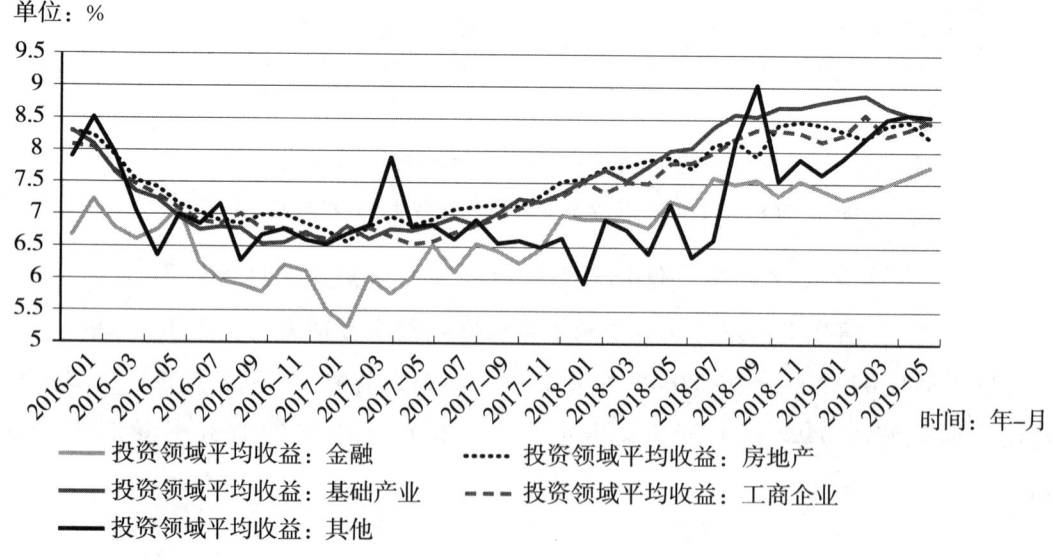

数据来源：用益信托网，中诚信托有限责任公司战略研究部整理。

图 3　2016 年 1 月至 2019 年 5 月信托产品各投向平均收益率

（三）集合信托资金投向：房地产、金融投向占比上升，基础产业、工商企业投向占比下降

5月，基础产业、工商企业、金融投向产品成立规模环比分别下降29.0%、33.55%、7.42%，房地产投向产品成立规模环比增长1.03%。

表2　信托产品各投向成立规模环比变化

投资领域	4月成立规模（亿元）	5月成立规模（亿元）	环比变化（%）
基础产业	378.25	268.52	-29.01
工商企业	190.43	126.55	-33.55
金融	372.99	345.30	-7.42
房地产	577.25	594.32	+1.03

数据来源：用益信托网，中诚信托有限责任公司战略研究部整理。

从投向规模占比来看，与上一月相比，5月房地产和金融投向占比提升，基础产业和工商企业投向占比出现下滑。其中，房地产投向占比为42.43%，提升了6.6个百分点，升幅显著，表明信托行业依然相当依赖房地产领域投资。

表3　信托产品各投向规模占比环比变化

投资领域	4月规模占比（%）	5月规模占比（%）	环比变化（%）
房地产	35.83	42.43	+6.60
基础产业	23.48	19.17	-4.31
工商企业	11.82	9.04	-2.78
金融	23.15	24.65	+1.50

数据来源：用益信托网，中诚信托有限责任公司战略研究部整理。

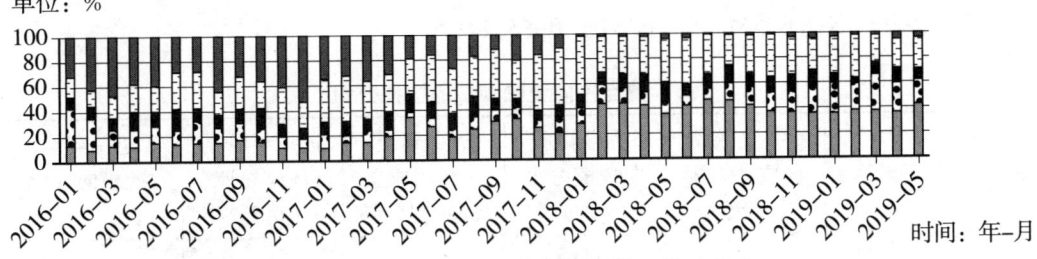

数据来源：用益信托网，中诚信托有限责任公司战略研究部整理。

图4　2016年1月至2019年5月信托资产五大投向占比

二、重点公司分析

（一）成立规模前八大信托公司

根据用益信托网统计，8月集合资金信托产品成立规模最大的8家信托公司依次为光大信托、陆家嘴信托、四川信托、山东信托、民生信托、平安信托、五矿信托、爱建信托。

表4　2019年5月集合信托产品成立规模前八名

序号	公司名称	成立数量（个）	成立规模（亿元）	平均规模（亿元）	平均期限（年）	预期收益率（%）
1	光大信托	164	172.70	1.02	1.61	8.40
2	陆家嘴信托	37	85.77	2.14	1.56	8.03
3	四川信托	123	84.38	0.69	1.49	8.78
4	山东信托	25	79.83	3.33	1.36	6.95
5	民生信托	125	78.39	0.61	1.04	8.82
6	平安信托	35	73.58	2.54	1.35	6.92
7	五矿信托	31	68.42	1.95	1.57	8.20
8	爱建信托	79	59.61	0.60	1.60	8.11

数据来源：用益信托网，中诚信托有限责任公司战略研究部整理。

（二）重点公司及业务分析

1. 民生信托、光大信托、四川信托重点投向金融领域

5月信托产品成立规模前八名中，民生信托、光大信托、四川信托重点投向金融领域，5月单月金融投向规模占比分别为41.14%、40.06%和68.23%，近一年金融投向规模占比分别高达60.61%、46.67%和55.14%。

表5　重点投向金融领域的信托公司

序号	公司名称	5月金融投向成立规模（亿元）	5月金融投向规模占比（%）	近一年金融投向成立规模（亿元）	近一年成立规模总计（亿元）	近一年金融投向规模占比（%）
1	民生信托	32.25	41.14	808.98	1,334.71	60.61
2	光大信托	69.19	40.06	648.51	1389.42	46.67
3	四川信托	57.57	68.23	253.29	459.36	55.14

数据来源：用益信托网，中诚信托有限责任公司战略研究部整理。

2. 爱建信托、陆家嘴信托、平安信托、山东信托、五矿信托重点投向房地产领域

5月集合信托产品成立规模前八名中，爱建信托、陆家嘴信托、平安信托、山东信托和五矿信托重点投向房地产领域，5月单月房地产投向规模占比分别为59.07%、65.48%、78.25%、66.45%和78.38%，近一年房地产投向规模占比分别为66.05%、68.39%、85.31%、78.36%和23.91%。

表6 重点投向房地产领域的信托公司

序号	公司名称	5月房地产投向成立规模（亿元）	5月房地产投向规模占比（%）	近一年房地产投向成立规模（亿元）	近一年成立规模总计（亿元）	近一年房地产投向规模占比（%）
1	爱建信托	35.21	59.07	547.61	829.10	66.05
2	陆家嘴信托	56.16	65.48	626.95	916.77	68.39
3	平安信托	57.58	78.25	572.35	670.89	85.31
4	山东信托	53.05	66.45	287.25	366.58	78.36
5	五矿信托	53.63	78.38	422.55	1,767.07	23.91

数据来源：用益信托网，中诚信托有限责任公司战略研究部整理。

集合信托市场月度分析报告——2019年6月

一、2019年6月信托市场动态

（一）集合信托规模：发行规模稳定，成立规模回落

用益信托网统计数据显示，2019年6月集合信托产品发行规模2,095.1亿元，环比增长0.84%，与上一年同期相比下降3.45%；集合信托产品成立规模1,400.65亿元，环比下滑13.06%，同比下降22.42%。

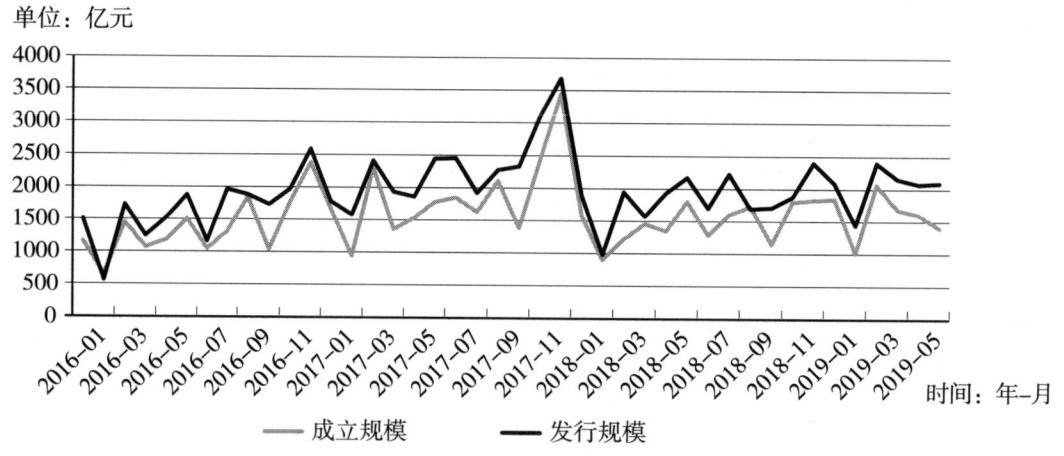

数据来源：用益信托网，中诚信托有限责任公司战略研究部整理。

图1 2016年1月至2019年6月信托产品发行规模与成立规模

（二）集合信托收益率：集合信托产品发行收益率和成立收益率大幅下跌

6月，集合信托平均发行收益率和平均成立收益率分别为8.07%和8.06%，环比分别下降0.13个百分点和0.15个百分点，已连续3个月下跌，且本月创造最大跌幅。其中，金融、工商企业投向的信托产品收益率环比大幅下跌5.66%和6.73%，基础产业投向的信托产品收益率环比微降0.47%，房地产投向的信托产品收益率环比逆势增长0.97%。

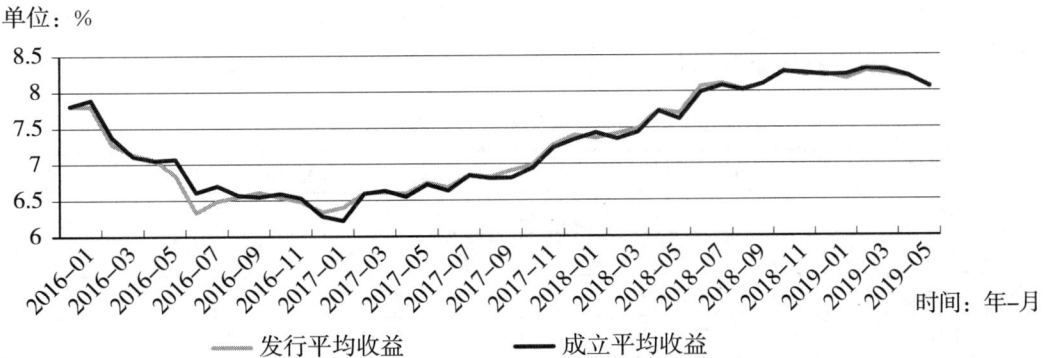

数据来源:用益信托网,中诚信托有限责任公司战略研究部整理。

图2　2016年1月至2019年6月信托产品平均收益率

表1　信托产品各投向平均收益率环比变化

投资领域	5月平均收益率(%)	6月平均收益率(%)	环比变化(%)
金融	7.77	7.33	-5.66
工商企业	8.32	7.76	-6.73
基础产业	8.46	8.42	-0.47
房地产	8.23	8.31	+0.97

数据来源:用益信托网,中诚信托有限责任公司战略研究部整理。

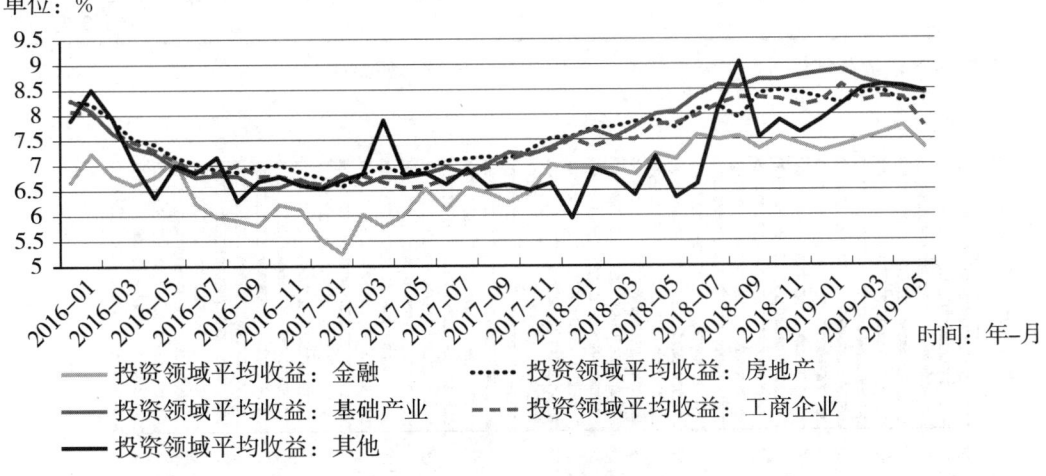

数据来源:用益信托网,中诚信托有限责任公司战略研究部整理。

图3　2016年1月至2019年6月信托产品各投向平均收益率

(三)集合信托资金投向:房地产、金融投向占比上升,基础产业、工商企业投向占比下降

本月,基础产业、工商企业、金融投向集合信托产品成立规模分别为268.52亿元、

126.52 亿元、345.30 亿元，与上月相比，其占比分别下跌 -29.01%、-33.55%、-7.42%；房地产投向集合信托产品成立规模 594.32 亿元，环比逆势增长 1.03%。

表 2　信托产品各投向成立规模环比变化

投资领域	5月成立规模（亿元）	6月成立规模（亿元）	环比变化（%）
基础产业	378.25	268.52	-29.01
工商企业	190.43	126.55	-33.55
金融	372.99	345.30	-7.42
房地产	577.25	594.32	+1.03

数据来源：用益信托网，中诚信托有限责任公司战略研究部整理。

从各投向规模占比来看，房地产、基础产业、金融投向集合信托产品成立规模占比分别为 44.42%、20.72%、6.82%，环比分别增加 1.01 个百分点、0.71 个百分点、3.89 个百分点；工商企业投向集合信托产品成立规模占比为 4.93%，环比下降 5.21 个百分点，降幅超过一半。

表 3　信托产品各投向规模占比环比变化

投资领域	5月规模占比（%）	6月规模占比（%）	环比变化（%）
房地产	43.41	44.42	+1.01
基础产业	20.01	20.72	+0.71
金融	2.93	6.82	+3.89
工商企业	10.14	4.93	-5.21

数据来源：用益信托网，中诚信托有限责任公司战略研究部整理。

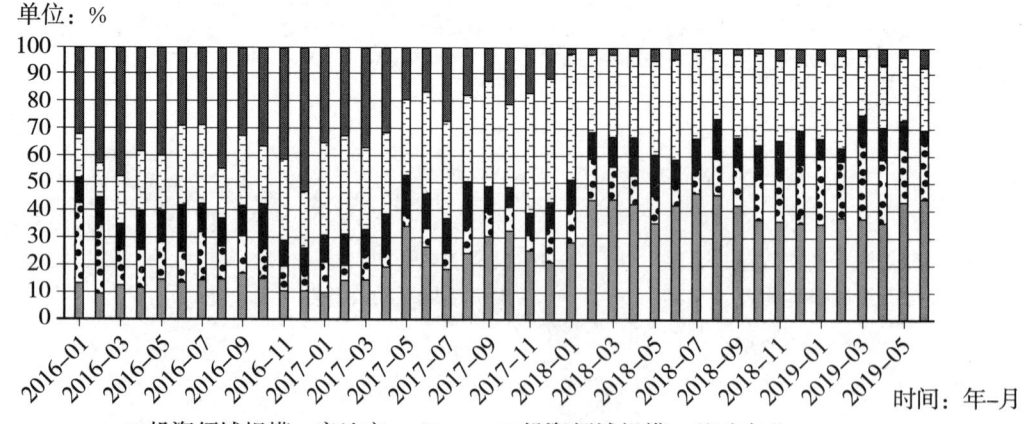

图 4　2016 年 1 月至 2019 年 6 月信托资产五大投向占比

二、重点公司分析

(一) 成立规模前八大信托公司

根据用益信托网统计,6月集合资金信托产品成立规模最大的8家信托公司依次为光大信托、五矿信托、民生信托、山东信托、四川信托、爱建信托、中信信托、中航信托。

表4 2019年6月集合信托产品成立规模前八名

序号	公司名称	成立数量（个）	成立规模（亿元）	平均期限（年）	预期收益率（%）
1	光大信托	147	151.63	1.56	8.40
2	五矿信托	36	104.76	1.88	7.89
3	民生信托	108	91.04	1.32	8.70
4	山东信托	53	86.65	0.91	6.34
5	四川信托	125	74.17	1.53	8.81
6	爱建信托	107	71.96	1.66	8.13
7	中信信托	41	61.57	1.61	7.45
8	中航信托	84	37.21	1.68	8.13

数据来源：用益信托网，中诚信托有限责任公司战略研究部整理。

(二) 重点公司及业务分析

1. 民生信托、光大信托、山东信托重点投向金融领域

6月信托产品成立规模前八名中，民生信托、光大信托、山东信托重点投向金融领域，单月金融投向规模占比分别为35.30%、36.00%和59.78%，近一年金融投向规模占比分别为58.69%、44.96%和23.40%。

表5 重点投向金融领域的信托公司

序号	公司名称	6月金融投向成立规模（亿元）	6月金融投向规模占比（%）	近一年金融投向成立规模（亿元）	近一年成立规模总计（亿元）	近一年金融投向规模占比（%）
1	民生信托	32.14	35.30	769.93	1,311.92	58.69
2	光大信托	54.58	36.00	665.50	1,480.24	44.96
3	山东信托	51.80	59.78	91.46	390.91	23.40

数据来源：用益信托网，中诚信托有限责任公司战略研究部整理。

2. 中航信托、五矿信托、爱建信托、四川信托重点投向房地产领域

6月集合信托产品成立规模前八名中，中航信托、五矿信托、爱建信托、四川信托重点投向房地产领域，单月房地产投向规模占比分别为52.06%、59.76%、69.47%、71.34%，近一年房地产投向规模占比分别为20.31%、26.19%、70.34%、44.08%。

表6 重点投向房地产领域的信托公司

序号	公司名称	6月房地产投向成立规模（亿元）	6月房地产投向规模占比（%）	近一年房地产投向成立规模（亿元）	近一年成立规模总计（亿元）	近一年房地产投向规模占比（%）
1	中航信托	19.37	52.06	209.48	1,031.16	20.31
2	五矿信托	62.60	59.76	470.32	1,795.64	26.19
3	爱建信托	49.99	69.47	601.48	855.05	70.34
4	四川信托	52.92	71.34	219.36	497.62	44.08

数据来源：用益信托网，中诚信托有限责任公司战略研究部整理。

3. 中信信托重点投向基础产业

6月集合信托产品成立规模前八名中，中信信托重点投向基础产业领域，基础产业投向规模占比达到69.47%，近一年房地产投向规模占比为46.59%。

表7 重点投向房地产领域的信托公司

序号	公司名称	6月房地产投向成立规模（亿元）	6月房地产投向规模占比（%）	近一年房地产投向成立规模（亿元）	近一年成立规模总计（亿元）	近一年房地产投向规模占比（%）
1	中信信托	60.09	69.47	211.93	454.89	46.59

数据来源：用益信托网，中诚信托有限责任公司战略研究部整理。

集合信托市场月度分析报告——2019年7月

一、2019年7月信托市场动态

（一）集合信托规模：发行规模和成立规模环比双降

用益信托网统计数据显示，2019年7月集合信托产品发行规模1,951.91亿元，环比下滑16.74%，同比则提升14.95%；集合信托产品成立规模1,454.89亿元，环比下跌15.13%，同比上升13.41%。

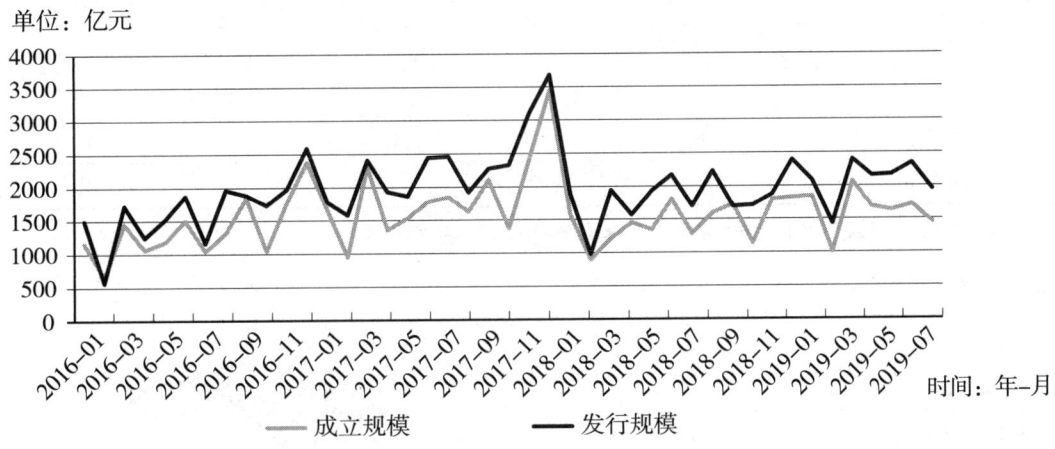

数据来源：用益信托网，中诚信托有限责任公司战略研究部整理。

图1 2016年1月至2019年7月信托产品发行规模与成立规模

（二）集合信托收益率：集合信托产品发行收益率和成立收益率环比均回升

7月，集合信托平均发行收益率和平均成立收益率均为8.12%，止跌回升，环比分别提升0.06个百分点和0.05个百分点。其中，金融、基础产业和工商企业投向的信托产品收益率环比分别提升0.1个百分点、0.05个百分点和0.07个百分点，房地产投向的信托产品收益率环比微降0.05个百分点。

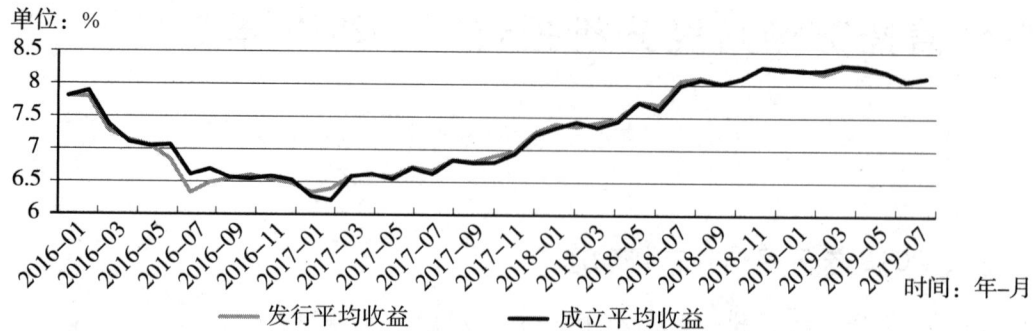

数据来源：用益信托网，中诚信托有限责任公司战略研究部整理。

图2　2016年1月至2019年7月信托产品平均收益率

表1　信托产品各投向平均收益率环比变化

投资领域	6月平均收益率（％）	7月平均收益率（％）	环比变化（％）
金融	7.37	7.47	+0.1
房地产	8.31	8.26	-0.05
基础产业	8.42	8.47	+0.05
工商企业	7.79	7.86	+0.07

数据来源：用益信托网，中诚信托有限责任公司战略研究部整理。

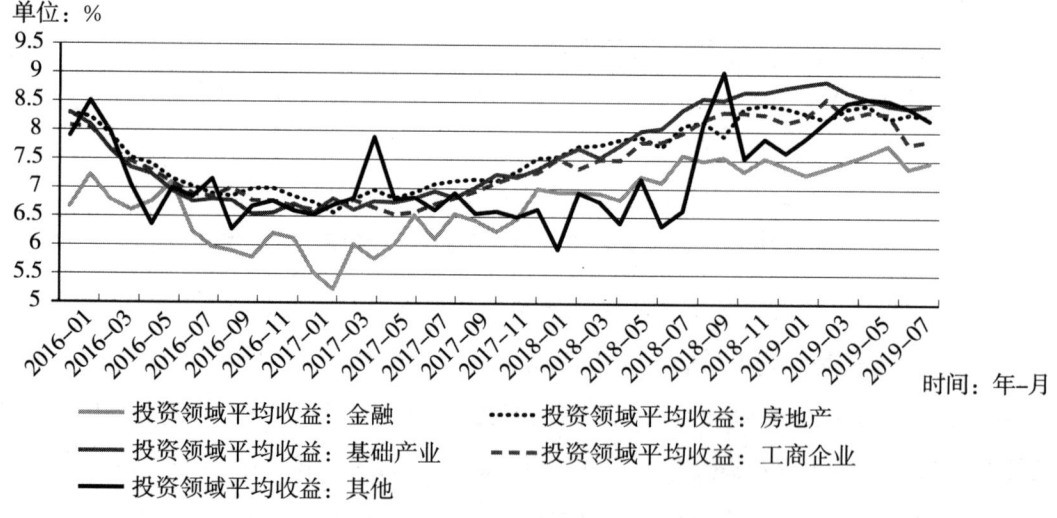

数据来源：用益信托网，中诚信托有限责任公司战略研究部整理。

图3　2016年1月至2019年7月信托产品各投向平均收益率

（三）集合信托资金投向：基础产业投向占比明显上升，工商企业、金融投向占比下降，房地产投向占比基本持平

7月，基础产业投向集合信托产品成立规模为385.07亿元，环比增长9.79%；房

地产、工商企业、金融投向集合信托产品成立规模分别为 625.60 亿元、72.8 亿元、294.68 亿元，与上月相比，分别减少 14.22%、21.48%、38.37%。

表2 信托产品各投向成立规模环比变化

投资领域	6月成立规模（亿元）	7月成立规模（亿元）	环比变化（%）
基础产业	350.73	385.07	+9.79
房地产	729.31	625.60	-14.22
工商企业	92.71	72.80	-21.48
金融	478.14	294.68	-38.37

数据来源：用益信托网，中诚信托有限责任公司战略研究部整理。

各投向规模占比来看，基础产业投向集合信托产品成立规模占比为 26.47%，环比分别增加 6.01 个百分点；工商企业、金融投向集合信托产品成立规模占比分别为 5%、20.25%，环比分别减少 0.41 个百分点、7.64 个百分点；房地产投向集合信托产品成立规模占比为 43.00%，与上月基本持平。

表3 信托产品各投向规模占比环比变化

投资领域	6月规模占比（%）	7月规模占比（%）	环比变化（%）
基础产业	20.46	26.47	+6.01
工商企业	5.41	5	-0.41
金融	27.89	20.25	-7.64
房地产	42.54	43	+0.46

数据来源：用益信托网，中诚信托有限责任公司战略研究部整理。

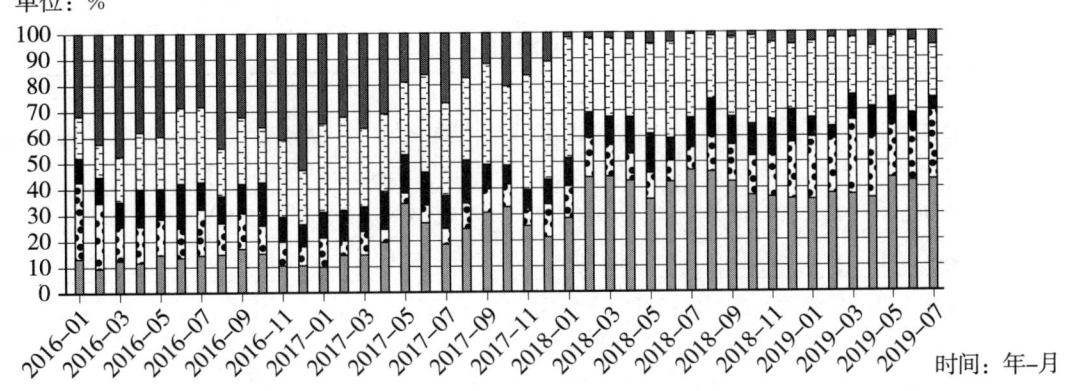

数据来源：用益信托网，中诚信托有限责任公司战略研究部整理。

图4 2016年1月至2019年7月信托资产五大投向占比

二、重点公司分析

（一）成立规模前八信托公司

根据用益信托网统计，7月集合资金信托产品成立规模最大的8家信托公司依次为光大信托、中信信托、民生信托、五矿信托、平安信托、爱建信托、中建投信托、外贸信托。

表4　2019年7月集合信托产品成立规模前八名

序号	公司名称	成立数量（个）	成立规模（亿元）	平均期限（年）	预期收益率（%）
1	光大信托	192	152.42	1.82	8.26
2	中信信托	51	88.10	1.52	6.86
3	民生信托	115	84.38	1.13	8.38
4	五矿信托	50	77.91	2.08	8.27
5	平安信托	34	77.40	1.23	6.60
6	爱建信托	106	68.10	1.92	8.09
7	中建投信托	22	66.50	6.19	7.45
8	外贸信托	91	65.02	3.29	6.53

数据来源：用益信托网，中诚信托有限责任公司战略研究部整理。

（二）重点公司及业务分析

1. 外贸信托、五矿信托重点投向金融领域

7月信托产品成立规模前八名中，外贸信托、五矿信托重点投向金融领域，单月金融投向规模占比分别为96.40%和42.63%，近一年金融投向规模占比分别为78.99%和42.63%。

表5　重点投向金融领域的信托公司

序号	公司名称	7月金融投向成立规模（亿元）	7月金融投向规模占比（%）	近一年金融投向成立规模（亿元）	近一年成立规模总计（亿元）	近一年金融投向规模占比（%）
1	外贸信托	62.68	96.40	278.98	353.19	78.99
2	五矿信托	33.21	42.63	793.37	1,861.26	42.63

数据来源：用益信托网，中诚信托有限责任公司战略研究部整理。

2. 光大信托、长安信托、国投信托、建信信托、江苏信托、陕国投信托重点投向基础产业领域

7月信托产品成立规模前八名中，光大信托重点投向基础产业领域，其单月基础产业投向规模占比为26.20%，近一年基础产业投向规模占比23.41%。另外，长安信托、国投信托、建信信托、江苏信托、陕国投信托发行的集合资金信托产品投向也集中在基础产业领域，7月基础产业投向占比分别为100%、58%、39.20%、89.19%、88.99%，近一年基础产业投向占比分别为48.67%、22.67%、53.52%、68.43%、68.74%。可见，由于目前房地产信托监管政策趋紧，很多信托公司纷纷提高了政信业务比例，更有甚者将政信业务调整为主营业务。

表6 重点投向基础产业领域的信托公司

序号	公司名称	7月基础产业投向成立规模（亿元）	7月基础产业投向规模占比（%）	近一年基础产业投向成立规模（亿元）	近一年成立规模总计（亿元）	近一年基础产业投向规模占比（%）
1	光大信托	39.93	26.20	383.99	1,640.53	23.41
2	长安信托	6.00	100	88.65	182.15	48.67
3	国投信托	12.50	58	73.74	325.31	22.67
4	建信信托	13.23	39.20	224.37	419.22	53.52
5	江苏信托	8.00	89.19	41.50	60.65	68.43
6	陕国投信托	27.80	88.99	176.89	257.34	68.74

数据来源：用益信托网，中诚信托有限责任公司战略研究部整理。

3. 爱建信托、民生信托、平安信托、中建投信托、中信信托重点投向房地产领域

7月集合信托产品成立规模前八名中，爱建信托、民生信托、平安信托、中建投信托、中信信托重点投向房地产领域，单月房地产投向规模占比分别为72.19%、47.42%、77.40%、66.50%、73.78%，近一年房地产投向规模占比分别为70.18%、20.91%、76.14%、73.86%、52.69%。7月中旬，银保监会约谈多家房地产信托业务增速过快、增量过大的信托公司，明确要求限额开展房地产信托业务。因此，7月落地的房地产集合信托业务多为银保监会约谈之前就以备案的，预计下半年度，新发行成立的房地产信托业务规模将大幅收缩，各家信托公司将着力寻找新的业务类型和发展方向。

表7 重点投向房地产领域的信托公司

序号	公司名称	7月房地产投向成立规模（亿元）	7月房地产投向规模占比（%）	近一年房地产投向成立规模（亿元）	近一年成立规模总计（亿元）	近一年房地产投向规模占比（%）
1	爱建信托	49.16	72.19	605.33	862.50	70.18
2	民生信托	40.01	47.42	278.58	1,332.03	20.91
3	平安信托	47.00	77.40	507.09	666.04	76.14
4	中建投信托	50.90	66.50	491.47	665.37	73.86
5	中信信托	65.00	73.78	276.91	525.58	52.69

数据来源：用益信托网，中诚信托有限责任公司战略研究部整理。

集合信托市场月度分析报告——2019年8月

一、2019年8月信托市场动态

（一）集合信托规模：发行规模和成立规模同环比均降

用益信托网统计数据显示，2019年8月集合信托产品发行规模为1,838.91亿元，同环比分别下滑17.49%和9.55%；集合信托产品成立规模为1,388.32亿元，同环比分别下降13.10%和8.77%。

单位：亿元

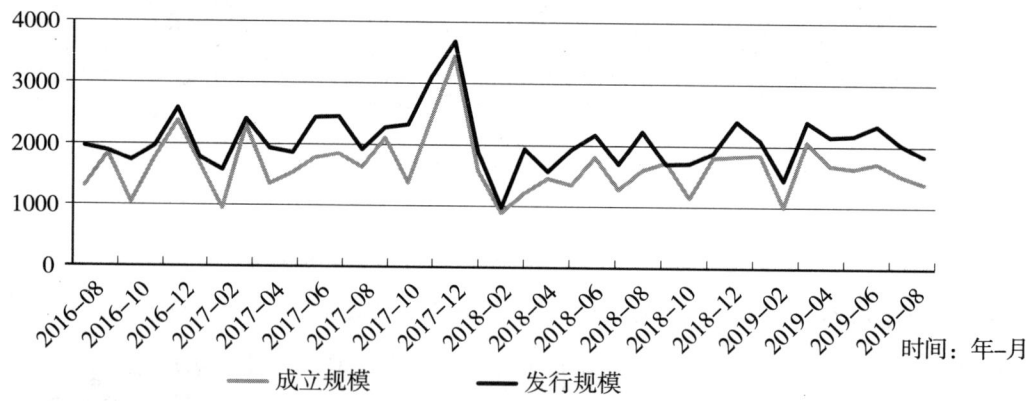

数据来源：用益信托网，中诚信托有限责任公司战略研究部整理。

图1　2016年8月至2019年8月信托产品发行规模与成立规模

（二）集合信托收益率：集合信托产品发行收益率和成立收益率保持稳定

8月，集合信托发行平均收益率为8.12%，集合信托成立平均收益率为8.14%，环比均无变化。其中，金融和工商企业投向的信托产品收益率环比分别提升0.08个百分点和0.37个百分点，基础产业投向的信托产品收益率环比微降0.03个百分点，房地产投向的信托产品收益率环比不变。

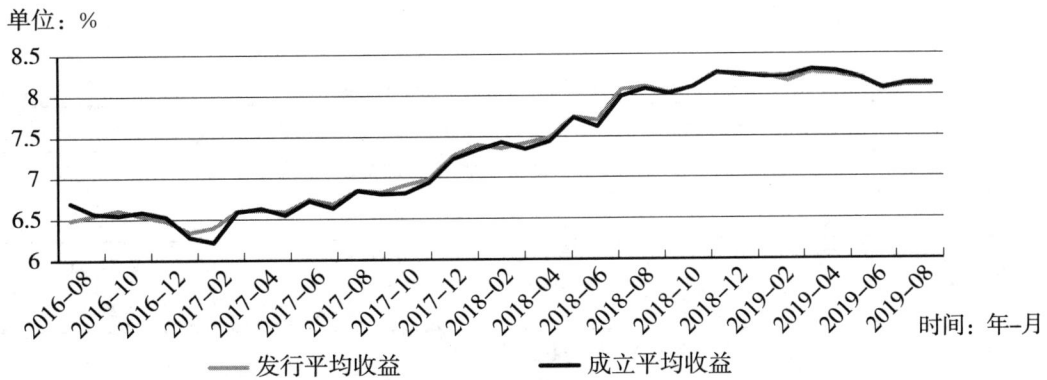

数据来源：用益信托网，中诚信托有限责任公司战略研究部整理。

图2　2016年8月至2019年8月信托产品平均收益率

表1　信托产品各投向平均收益率环比变化

投资领域	7月平均收益率（％）	8月平均收益率（％）	环比变化（％）
金融	7.49	7.57	+0.08
工商企业	7.86	8.23	+0.37
基础产业	8.48	8.45	−0.03
房地产	8.27	8.27	0.00

数据来源：用益信托网，中诚信托有限责任公司战略研究部整理。

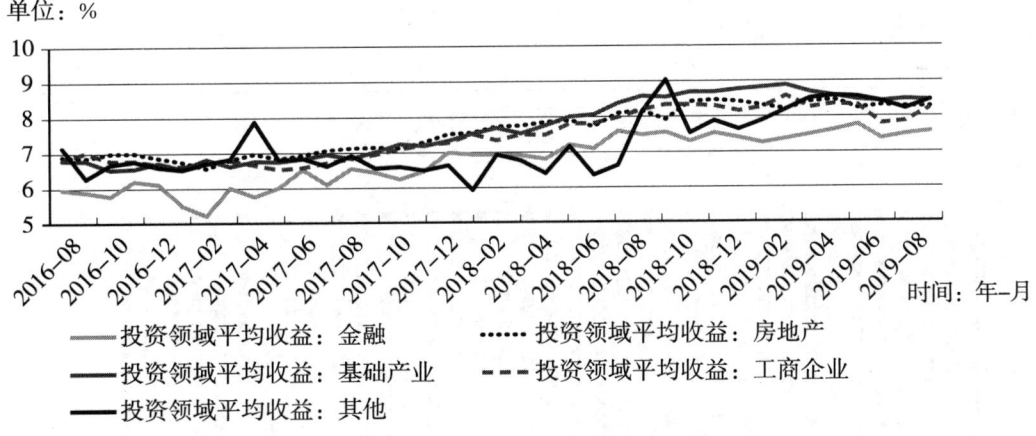

数据来源：用益信托网，中诚信托有限责任公司战略研究部整理。

图3　2016年8月至2019年8月信托产品各投向平均收益率

（三）集合信托资金投向：基础产业投向占比上升，工商企业、金融投向占比下降，房地产投向占比基本持平

8月房地产投向集合信托产品成立规模为415.57亿元，环比大幅下降36%；基础产业、工商企业、金融投向集合信托产品成立规模分别为401.00亿元、106.22亿元、

433.08亿元，与上月相比，分别增加3.53%、34.20%、29.95%。

表2 信托产品各投向成立规模环比变化

投资领域	7月成立规模（亿元）	8月成立规模（亿元）	环比变化（%）
房地产	649.32	415.57	-36.00
基础产业	387.33	401.00	+3.53
工商企业	79.15	106.22	+34.20
金融	333.27	433.08	+29.95

数据来源：用益信托网，中诚信托有限责任公司战略研究部整理。

各投向规模占比来看，房地产投向集合信托产品成立规模占比为29.93%，环比大幅下降12.74个百分点；基础产业、工商企业、金融投向集合信托产品成立规模占比分别为28.88%、7.65%、31.19%，环比分别提升3.43个百分点、2.45个百分点、9.29个百分点。

受当前监管政策影响，行业房地产信托成立规模急剧收缩，其他投向规模和占比均有所提高，表明信托公司正在积极寻找新的业务类型和发展方向。

表3 信托产品各投向规模占比环比变化

投资领域	7月规模占比（%）	8月规模占比（%）	环比变化（%）
房地产	42.67	29.93	-12.74
基础产业	25.45	28.88	+3.43
工商企业	5.2	7.65	+2.45
金融	21.9	31.19	+9.29

数据来源：用益信托网，中诚信托有限责任公司战略研究部整理。

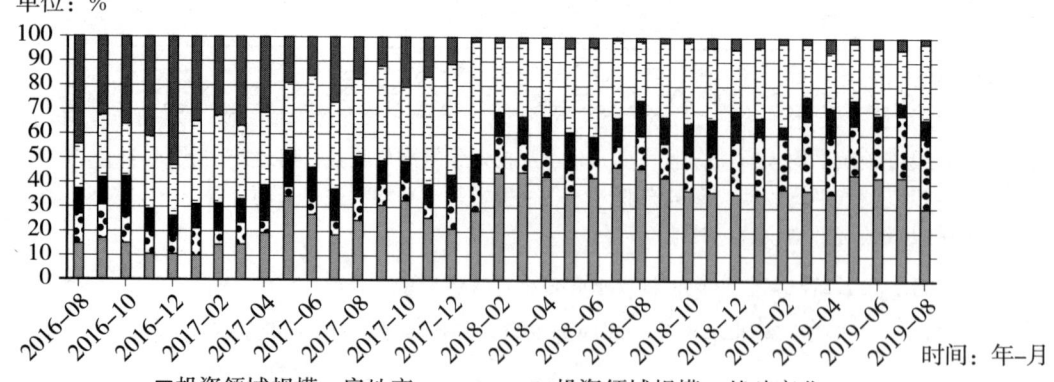

数据来源：用益信托网，中诚信托有限责任公司战略研究部整理。

图4 2016年8月至2019年8月信托资产五大投向占比

二、重点公司分析

(一) 成立规模前八信托公司

根据用益信托网统计，8月集合资金信托产品成立规模最大的8家信托公司依次为光大信托、外贸信托、中航信托、五矿信托、兴业信托、建信信托、民生信托、爱建信托。

表4　2019年8月集合信托产品成立规模前八名

序号	公司名称	成立数量（个）	成立规模（亿元）	平均期限（年）	预期收益率（%）
1	光大信托	221	175.51	1.58	8.13
2	外贸信托	116	99.57	3.27	7.20
3	中航信托	61	98.27	1.75	8.22
4	五矿信托	116	90.60	1.40	8.05
5	兴业信托	113	66.18	1.60	7.34
6	建信信托	68	63.04	2.35	6.40
7	民生信托	64	62.30	1.08	8.67
8	爱建信托	61	60.69	1.74	8.06

数据来源：用益信托网，中诚信托有限责任公司战略研究部整理。

(二) 重点公司及业务分析

1. 光大信托、五矿信托、建信信托、外贸信托重点投向金融领域

8月信托产品成立规模前八名中，光大信托、五矿信托、建信信托、外贸信托重点投向金融领域，单月金融投向规模占比分别为34.88%、56.62%、37.82%和87.44%，近一年金融投向规模占比分别为40.31%、42.48%、7.90%和80.73%。

表5　重点投向金融领域的信托公司

序号	公司名称	8月金融投向成立规模（亿元）	8月金融投向规模占比（%）	近一年金融投向成立规模（亿元）	近一年成立规模总计（亿元）	近一年金融投向规模占比（%）
1	光大信托	61.22	34.88	695.63	1,725.77	40.31
3	五矿信托	51.30	56.62	803.5	1,891.47	42.48
4	建信信托	23.84	37.82	37.22	471.43	7.90
5	外贸信托	87.06	87.44	358.19	443.69	80.73

数据来源：用益信托网，中诚信托有限责任公司战略研究部整理。

2. 爱建信托重点投向基础产业领域

8月信托产品成立规模前八名中,爱建信托重点投向基础产业领域,其单月基础产业投向规模占比为41.85%,近一年基础产业投向规模占比14.27%。

表6 重点投向基础产业领域的信托公司

序号	公司名称	8月基础产业投向成立规模（亿元）	8月基础产业投向规模占比（%）	近一年基础产业投向成立规模（亿元）	近一年成立规模总计（亿元）	近一年基础产业投向规模占比（%）
1	爱建信托	25.40	41.85	123.69	866.90	14.27

数据来源：用益信托网，中诚信托有限责任公司战略研究部整理。

3. 兴业信托、民生信托、中航信托重点投向房地产领域

8月集合信托产品成立规模前八名中,兴业信托、民生信托、中航信托重点投向房地产领域,单月房地产投向规模占比分别为85.16%、50.40%、43.14%,近一年房地产投向规模占比分别为73.73%、23.52%、22.04%。

表7 重点投向房地产领域的信托公司

序号	公司名称	8月房地产投向成立规模（亿元）	8月房地产投向规模占比（%）	近一年房地产投向成立规模（亿元）	近一年成立规模总计（亿元）	近一年房地产投向规模占比（%）
1	兴业信托	56.36	85.16	327.95	444.80	73.73
2	民生信托	31.40	50.40	315.06	1,339.66	23.52
3	中航信托	42.39	43.14	210.16	953.64	22.04

数据来源：用益信托网，中诚信托有限责任公司战略研究部整理。

集合信托市场月度分析报告——2019年9月

一、2019年9月信托市场动态

(一) 房地产信托占比继续下滑

根据信托登记系统数据,9月新增规模中,投向工商企业的募集金额创本年度新高并列首位;投向金融机构的募集金额创年度新低列第二位;投向基础产业的募集金额超过房地产业位列第三;投向房地产的募集金额环比下降32.08%,规模占比环比下降3.02%,滑落至第四位,其规模占比已连续3个月下降,占比低于15%。

(二) 集合信托规模:发行规模和成立规模环比均升

用益信托网统计数据显示,2019年9月集合信托产品发行规模1,971.17亿元,同环比分别增长16.24%和0.79%;集合信托产品成立规模1,633.1亿元,同比减少5.36%,环比增长13.38%。

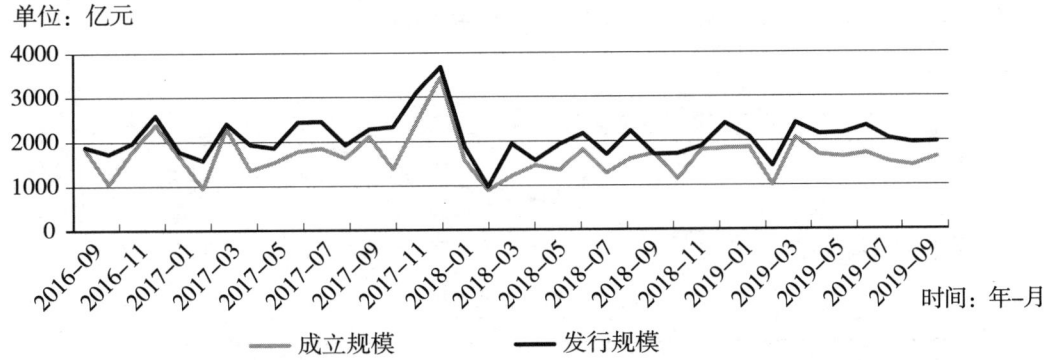

数据来源:用益信托网,中诚信托有限责任公司战略研究部整理。

图1 近三年集合信托产品发行规模与成立规模

(三) 集合信托收益率:产品发行收益率和成立收益率保持稳定

9月,集合信托发行平均收益率为8.12%,集合信托成立平均收益率为8.15%,环比基本保持稳定。其中,金融投向的信托产品收益率环比提升0.08个百分点,房地产、基础产业和工商企业投向的信托产品收益率环比分别微降0.05个百分点、0.01个百分点和0.13个百分点。

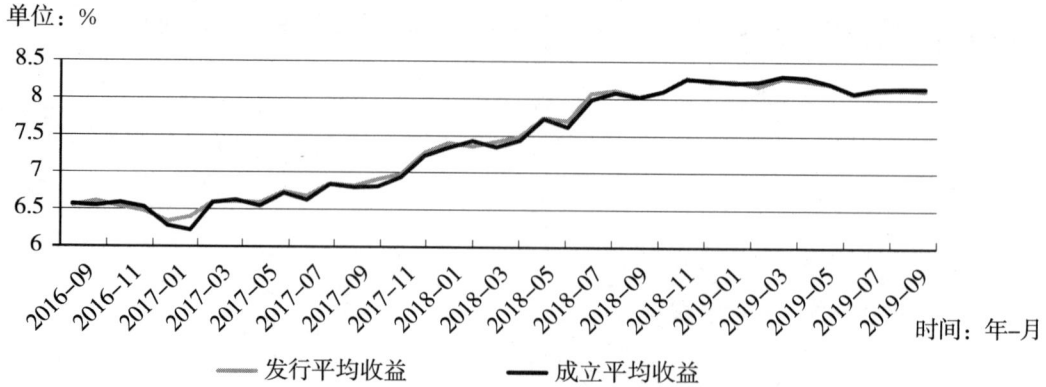

单位：%

图2 近三年集合信托产品平均收益率

数据来源：用益信托网，中诚信托有限责任公司战略研究部整理。

表1 集合信托产品各投向平均收益率环比变化

投资领域	8月平均收益率（%）	9月平均收益率（%）	环比变化（%）
金融	7.59	7.67	+0.08
房地产	8.27	8.22	-0.05
基础产业	8.45	8.44	-0.01
工商企业	8.27	8.14	-0.13

数据来源：用益信托网，中诚信托有限责任公司战略研究部整理。

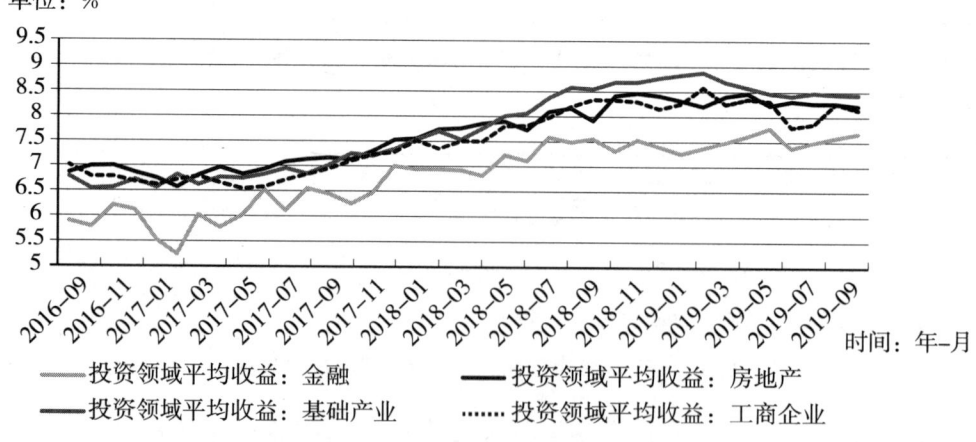

数据来源：用益信托网，中诚信托有限责任公司战略研究部整理。

图3 近三年集合信托产品各投向平均收益率

（四）集合信托资金投向：工商企业领域新成立规模快速增长，占比上升

9月工商企业投向集合信托产品成立规模为153.60亿元，环比大幅提升53.92%；基础产业和金融投向集合信托产品成立规模分别为363.25亿元和463.48亿元，同比分别减少11.00%和0.87%。

表2 集合信托产品各投向成立规模环比变化

投资领域	8月成立规模（亿元）	9月成立规模（亿元）	环比变化（%）
工商企业	99.79	153.60	+53.92
基础产业	408.16	363.25	-11.00
金融	467.53	463.48	-0.87

数据来源：用益信托网，中诚信托有限责任公司战略研究部整理。

从各投向规模占比来看，工商企业投向集合信托产品成立规模占比为9.41%，环比提升2.48个百分点；基础产业和金融投向集合信托产品成立规模占比分别为22.24%和28.38%，环比分别降低6.10个百分点和4.08个百分点。

表3 集合信托产品各投向规模占比环比变化

投资领域	8月规模占比（%）	9月规模占比（%）	环比变化（%）
工商企业	6.93	9.41	+2.48
基础产业	28.34	22.24	-6.10
金融	32.46	28.38	-4.08

数据来源：用益信托网，中诚信托有限责任公司战略研究部整理。

二、重点公司分析

（一）成立规模前八信托公司

根据用益信托网统计，9月集合资金信托产品成立规模最大的8家信托公司依次为光大信托、兴业信托、中信信托、山东信托、五矿信托、民生信托、外贸信托、爱建信托。

表4 2019年9月集合信托产品成立规模前八名

序号	公司名称	成立数量（个）	成立规模（亿元）	平均期限（年）	预期收益率（%）
1	光大信托	146	148.61	1.80	8.31
2	兴业信托	33	113.62	1.94	7.30
3	中信信托	55	106.64	1.49	7.14
4	山东信托	35	101.77	1.11	6.79
5	五矿信托	60	96.13	1.79	8.09
6	民生信托	39	69.77	1.12	8.66
7	外贸信托	86	59.35	3.65	7.15
8	爱建信托	86	55.85	1.69	8.07

数据来源：用益信托网，中诚信托有限责任公司战略研究部整理。

（二）重点公司及业务分析

1. 光大信托、五矿信托、外贸信托重点投向金融领域

9月信托产品成立规模前八名中，光大信托、五矿信托、外贸信托重点投向金融领域，单月金融投向规模占比分别为40.63%、35.97%和87.04%，近一年金融投向规模占比分别为40.49%、39.17%和81.47%。

表5　重点投向金融领域的信托公司

序号	公司名称	9月金融投向成立规模（亿元）	9月金融投向规模占比（%）	近一年金融投向成立规模（亿元）	近一年成立规模总计（亿元）	近一年金融投向规模占比（%）
1	光大信托	60.38	40.63	749.14	1,850.29	40.49
2	五矿信托	34.58	35.97	706.74	1,804.08	39.17
3	外贸信托	51.66	87.04	394.90	484.72	81.47

数据来源：用益信托网，中诚信托有限责任公司战略研究部整理。

2. 爱建信托、山东信托、兴业信托、中信信托重点投向房地产领域

9月信托产品成立规模前八名中，爱建信托、山东信托、兴业信托、中信信托重点投向房地产领域，其单月房地产投向规模占比分别为37.65%、63.16%、65.15%和59.73%，近一年房地产投向规模占比分别为67.10%、24.47%、74.83%和53.11%。

表6　重点投向房地产领域的信托公司

序号	公司名称	9月房地产投向成立规模（亿元）	9月房地产投向规模占比（%）	近一年房地产投向成立规模（亿元）	近一年成立规模总计（亿元）	近一年房地产投向规模占比（%）
1	爱建信托	21.03	37.65	546.84	814.97	67.10
2	山东信托	64.28	63.16	323.24	1,320.88	24.47
3	兴业信托	74.02	65.15	358.93	479.64	74.83
4	中信信托	63.70	59.73	322.22	606.75	53.11

数据来源：用益信托网，中诚信托有限责任公司战略研究部整理。

3. 民生信托重点投向工商企业领域

9月集合信托产品成立规模前八名中，民生信托重点投向工商企业领域，单月工商企业投向规模占比为44.61%，近一年工商企业投向规模占比为24.47%。

表7　重点投向工商企业领域的信托公司

序号	公司名称	9月工商企业投向成立规模（亿元）	9月工商企业投向规模占比（%）	近一年工商企业投向成立规模（亿元）	近一年成立规模总计（亿元）	近一年工商企业投向规模占比（%）
1	民生信托	44.61	63.94	323.24	1,320.88	24.47

数据来源：用益信托网，中诚信托有限责任公司战略研究部整理。

集合信托市场月度分析报告——2019年10月

一、2019年10月信托市场动态

（一）集合信托规模：发行规模和成立规模环比齐降

用益信托网统计数据显示，2019年10月集合信托产品发行规模1,693.75亿元，环比降幅16.26%，同比微降0.12%；集合信托产品成立规模956.67亿元，环比降幅47.09%，同比降幅16.36%。10月信托规模大幅下滑主要是受国庆节长假和严监管持续的双重因素影响。

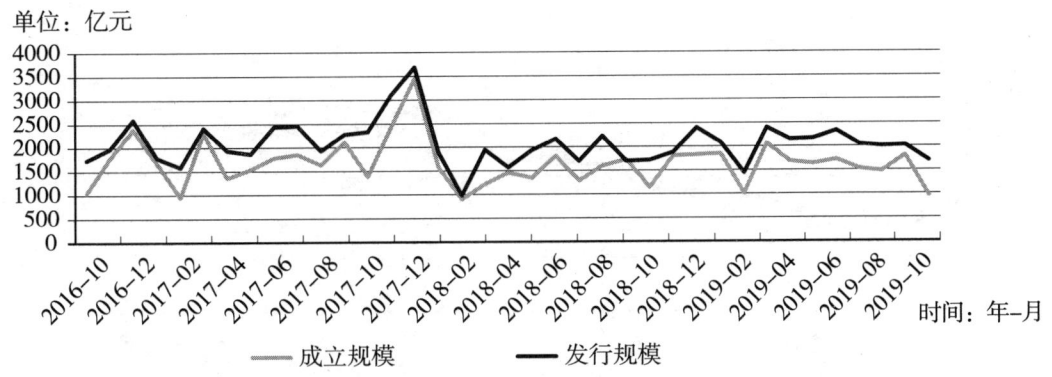

数据来源：用益信托网，中诚信托有限责任公司战略研究部整理。

图1　近三年集合信托产品发行规模与成立规模

（二）集合信托收益率：发行收益率和成立收益率均回落

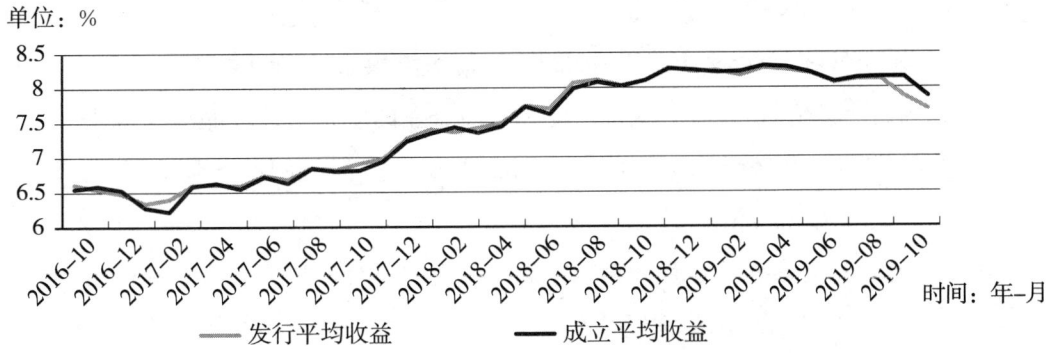

数据来源：用益信托网，中诚信托有限责任公司战略研究部整理。

图2　近三年集合信托产品平均收益率

10月，集合信托发行平均收益率为7.87%，集合信托成立平均收益率为7.69%，环比均下跌0.28个百分点，自2018年9月以来首次低于8%。其中，金融、房地产、基础产业投向的信托产品收益率分别为6.92%、7.98%、8.42%，环比分别下降0.9个百分点、0.06个百分点、0.01个百分点，工商企业投向的信托产品收益率8.33%，环比提升0.13个百分点。

表1 集合信托产品各投向平均收益率环比变化

投资领域	9月平均收益率（%）	10月平均收益率（%）	环比变化（%）
金融	7.82	6.92	-0.9
房地产	8.04	7.98	-0.06
基础产业	8.43	8.42	-0.01
工商企业	8.22	8.33	+0.13

数据来源：用益信托网，中诚信托有限责任公司战略研究部整理。

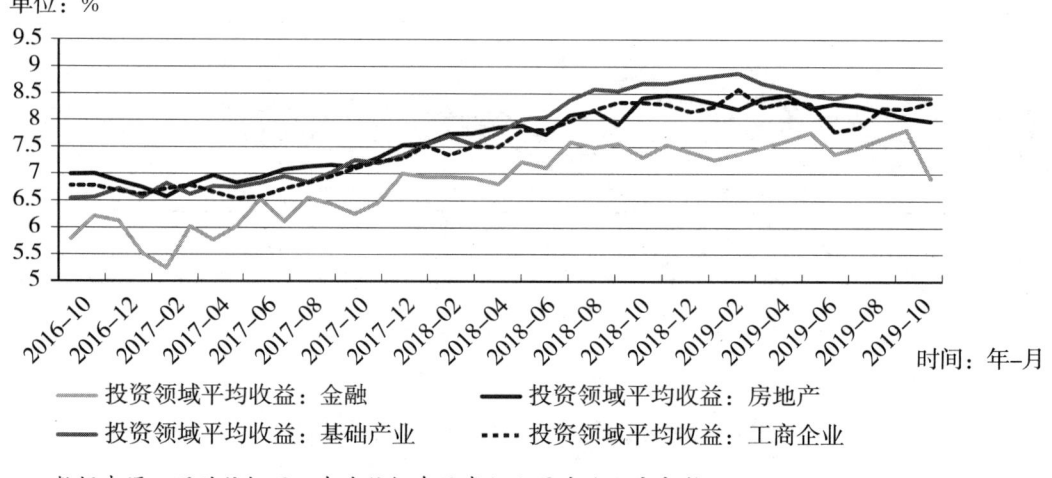

数据来源：用益信托网，中诚信托有限责任公司战略研究部整理。

图3 近三年集合信托产品各投向平均收益率

（三）集合信托资金投向：金融投向新成立规模占比快速提升

10月，投向金融、房地产、基础产业和工商企业的集合信托产品成立规模分别为319.06亿元、281.72亿元、257.91亿元和61.67亿元，环比分别减少32.71%、60.53%、35.13%和62.56%。

各投向规模占比来看，10月金融和基础产业投向集合信托产品成立规模占比分别为33.35%和26.96%，环比分别提升6.13个百分点和4.97个百分点；房地产和工商企业投向集合信托产品成立规模占比分别为29.45%和6.45%，环比分别降低10.02个百分点和2.66个百分点。

表2 集合信托产品各投向成立规模环比变化

投资领域	9月成立规模（亿元）	10月成立规模（亿元）	环比变化（%）
金融	474.18	319.06	-32.71
房地产	713.73	281.72	-60.53
基础产业	397.57	257.91	-35.13
工商企业	164.71	61.67	-62.56

数据来源：用益信托网，中诚信托有限责任公司战略研究部整理。

表3 集合信托产品各投向规模占比环比变化

投资领域	9月规模占比（%）	10月规模占比（%）	环比变化（%）
金融	26.22	33.35	+6.13
基础产业	21.99	26.96	+4.97
房地产	39.47	29.45	-10.02
工商企业	9.11	6.45	-2.66

数据来源：用益信托网，中诚信托有限责任公司战略研究部整理。

二、重点公司分析

（一）成立规模前八信托公司

根据用益信托网统计，10月集合资金信托产品成立规模最大的8家信托公司依次为外贸信托、光大信托、五矿信托、爱建信托、建信信托、华能信托、兴业信托、民生信托。

表4 2019年10月集合信托产品成立规模前八名

序号	公司名称	成立数量（个）	成立规模（亿元）	平均期限（年）	预期收益率（%）
1	外贸信托	116	89.72	3.62	7.09
2	光大信托	150	85.91	1.79	8.36
3	五矿信托	72	81.29	1.46	7.78
4	爱建信托	123	62.74	1.60	8.03
5	建信信托	13	58.20	2.50	7.43
6	华能信托	22	55.50	2.43	6.01
7	兴业信托	18	50.39	1.56	7.52
8	民生信托	38	39.27	1.15	8.68

数据来源：用益信托网，中诚信托有限责任公司战略研究部整理。

（二）重点公司及业务分析

1. 建信信托、外贸信托、华能信托重点投向金融领域

10月信托产品成立规模前八名中，建信信托、外贸信托和华能信托重点投向金融领域，单月金融投向规模占比分别为80.00%、91.63%和76.59%，近一年金融投向规模占比分别为16.73%、82.98%和74.71%。

表5 重点投向金融领域的信托公司

序号	公司名称	10月金融投向成立规模（亿元）	10月金融投向规模占比（%）	近一年金融投向成立规模（亿元）	近一年成立规模总计（亿元）	近一年金融投向规模占比（%）
1	建信信托	46.56	80.00	89.94	537.52	16.73
2	外贸信托	82.21	91.63	454.31	547.52	82.98
3	华能信托	42.51	76.59	193.97	259.63	74.71

数据来源：用益信托网，中诚信托有限责任公司战略研究部整理。

2. 爱建信托、兴业信托、民生信托重点投向房地产领域

10月信托产品成立规模前八名中，爱建信托、兴业信托、民生信托重点投向房地产领域，其单月房地产投向规模占比分别为72.01%、67.00%和52.97%，近一年房地产投向规模占比分别为67.36%、72.37%和27.48%。

表6 重点投向房地产领域的信托公司

序号	公司名称	10月房地产投向成立规模（亿元）	10月房地产投向规模占比（%）	近一年房地产投向成立规模（亿元）	近一年成立规模总计（亿元）	近一年房地产投向规模占比（%）
1	爱建信托	45.18	72.01	564.16	837.56	67.36
2	兴业信托	33.76	67.00	330.91	457.28	72.37
3	民生信托	20.80	52.97	352.85	1,284.06	27.48

数据来源：用益信托网，中诚信托有限责任公司战略研究部整理。

3. 五矿信托重点投向基础产业领域

10月集合信托产品成立规模前八名中，五矿信托重点投向基础产业领域，单月基础产业投向规模占比为44.90%，近一年基础产业投向规模占比仅为21.83%。

表7 重点投向基础产业领域的信托公司

序号	公司名称	10月基础产业投向成立规模（亿元）	10月基础产业投向规模占比（%）	近一年基础产业投向成立规模（亿元）	近一年成立规模总计（亿元）	近一年基础产业投向规模占比（%）
1	五矿信托	36.50	44.90	400.47	1,834.77	21.83

数据来源：用益信托网，中诚信托有限责任公司战略研究部整理。

集合信托市场月度分析报告——2019年11月

一、2019年11月信托市场动态

（一）集合信托规模：发行规模和成立规模环比齐升

用益信托网统计数据显示，2019年11月集合信托产品发行规模2,270.95亿元，环比升幅18.91%，同比增长20.86%；集合信托产品成立规模1,565.00亿元，环比升幅34.99%，同比下降13.10%。

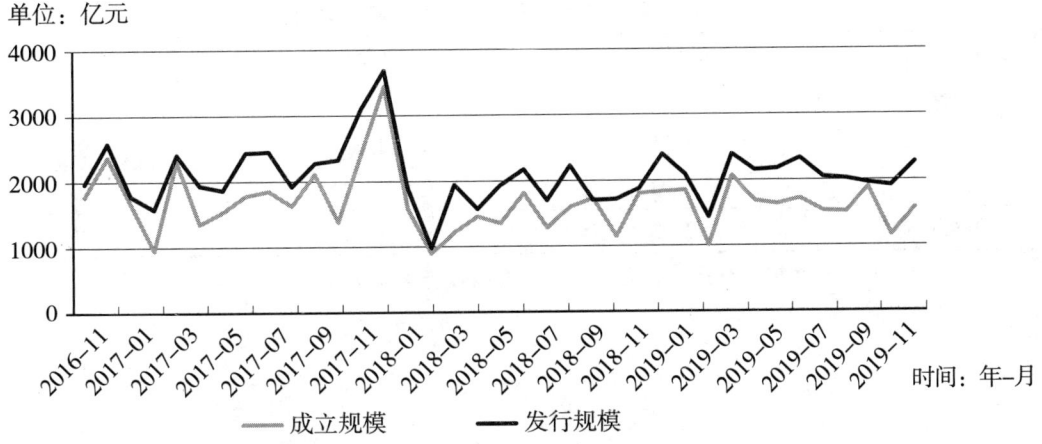

数据来源：用益信托网，中诚信托有限责任公司战略研究部整理。

图1 近三年集合信托产品发行规模与成立规模

（二）集合信托收益率：发行收益率和成立收益率环比回升

11月，集合信托发行平均收益率为7.91%，集合信托成立平均收益率为7.96%，环比分别增长0.19个百分点和0.03个百分点。其中，金融、工商企业投向的信托产品收益率分别为7.14%、8.43%，环比分别提升0.06个百分点、0.08个百分点；房地产、基础产业投向的信托产品收益率分别为8.10%、8.34%，环比分别降低0.07个百分点、0.10个百分点。

单位：%

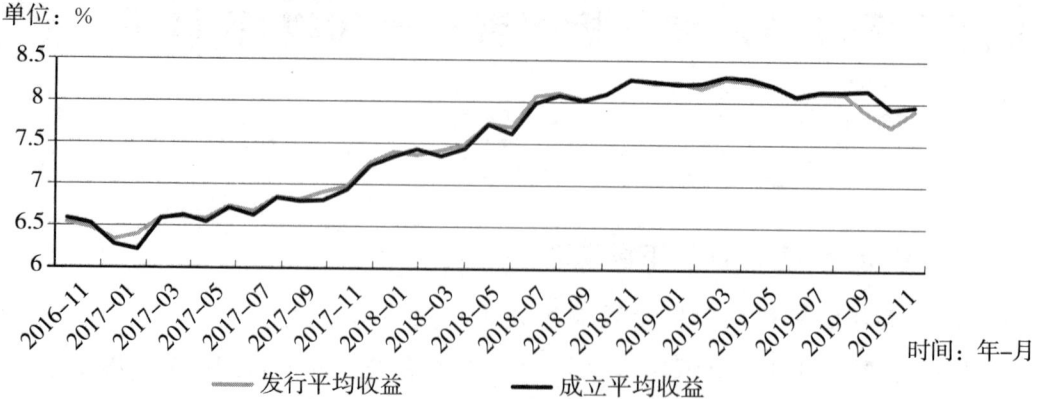

数据来源：用益信托网，中诚信托有限责任公司战略研究部整理。

图2　近三年集合信托产品平均收益率

表1　集合信托产品各投向平均收益率环比变化

投资领域	10月平均收益率（%）	11月平均收益率（%）	环比变化（%）
金融	7.08	7.14	+0.06
工商企业	8.35	8.43	+0.08
房地产	8.03	8.10	-0.07
基础产业	8.43	8.34	-0.10

数据来源：用益信托网，中诚信托有限责任公司战略研究部整理。

单位：%

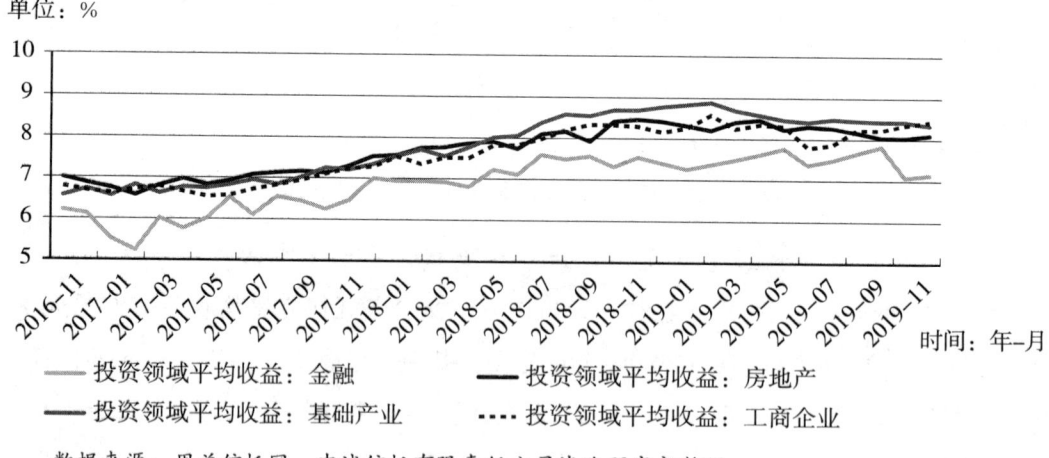

数据来源：用益信托网，中诚信托有限责任公司战略研究部整理。

图3　近三年集合信托产品各投向平均收益率

（三）集合信托资金投向：工商企业投向新成立规模及占比环比大幅提升

11月，投向金融、房地产、基础产业和工商企业的集合信托产品成立规模分别为471.46亿元、386.45亿元、348.62亿元和147.81亿元，环比分别增长20.30%、14.32%、17.26%和98.59%。

表2 集合信托产品各投向成立规模环比变化

投资领域	10月成立规模（亿元）	11月成立规模（亿元）	环比变化（%）
金融	391.89	471.46	+20.30
房地产	338.04	386.45	+14.32
基础产业	297.31	348.62	+17.26
工商企业	74.43	147.81	+98.59

数据来源：用益信托网，中诚信托有限责任公司战略研究部整理。

各投向规模占比来看，11月金融、房地产和基础产业投向集合信托产品成立规模占比分别为30.13%、24.69%和22.28%，环比分别下降3.67个百分点、4.47个百分点和3.36个百分点；工商企业投向集合信托产品成立规模占比为9.44%，环比提升3.02个百分点。

表3 集合信托产品各投向规模占比环比变化

投资领域	10月规模占比（%）	11月规模占比（%）	环比变化（%）
金融	33.80	30.13	-3.67
房地产	29.16	24.69	-4.47
基础产业	25.64	22.28	-3.36
工商企业	6.42	9.44	+3.02

数据来源：用益信托网，中诚信托有限责任公司战略研究部整理。

二、重点公司分析

（一）成立规模前八信托公司

根据用益信托网统计，11月集合资金信托产品成立规模最大的8家信托公司依次为光大信托、外贸信托、山东信托、中航信托、五矿信托、建信信托、兴业信托、华能信托。

表4 2019年11月集合信托产品成立规模前八名

序号	公司名称	成立数量（个）	成立规模（亿元）	平均期限（年）	预期收益率（%）
1	光大信托	333	282.56	1.86	8.50
2	外贸信托	107	127.38	3.38	6.99
3	山东信托	23	90.67	2.44	8.16
4	中航信托	177	87.36	1.12	6.85
5	五矿信托	95	73.24	1.20	7.90
6	建信信托	23	62.58	1.65	7.65
7	兴业信托	24	60.82	1.93	7.12
8	华能信托	25	60.00	2.20	5.94

数据来源：用益信托网，中诚信托有限责任公司战略研究部整理。

(二) 重点公司及业务分析

1. 光大信托、外贸信托、五矿信托、华能信托、中航信托重点投向金融领域

11月信托产品成立规模前八名中,光大信托、外贸信托、五矿信托、华能信托和中航信托重点投向金融领域,单月金融投向规模占比分别为33.16%、58.45%、41.25%、60.85%和41.67%,近一年金融投向规模占比分别为39.20%、84.53%、33.98%、73.69%和46.24%。

表5 重点投向金融领域的信托公司

序号	公司名称	11月金融投向成立规模(亿元)	11月金融投向规模占比(%)	近一年金融投向成立规模(亿元)	近一年成立规模总计(亿元)	近一年金融投向规模占比(%)
1	光大信托	93.71	33.16	911.48	2,325.45	39.20
2	外贸信托	74.45	58.45	514.26	608.37	84.53
3	五矿信托	30.21	41.25	621.38	1,828.46	33.98
4	华能信托	36.51	60.85	224.36	304.46	73.69
5	中航信托	36.40	41.67	434.11	938.75	46.24

数据来源:用益信托网,中诚信托有限责任公司战略研究部整理。

2. 山东信托重点投向房地产领域

11月信托产品成立规模前八名中,山东信托重点投向房地产领域,其单月房地产投向规模占比高达87.71%,近一年房地产投向规模占比为76.02%。

表6 重点投向房地产领域的信托公司

序号	公司名称	11月房地产投向成立规模(亿元)	11月房地产投向规模占比(%)	近一年房地产投向成立规模(亿元)	近一年成立规模总计(亿元)	近一年房地产投向规模占比(%)
1	山东信托	79.53	87.71	477.69	628.36	76.02

数据来源:用益信托网,中诚信托有限责任公司战略研究部整理。

3. 兴业信托重点投向基础产业领域

11月集合信托产品成立规模前八名中,兴业信托重点投向基础产业领域,单月基础产业投向规模占比为50.97%,近一年基础产业投向规模占比为22.22%。

表7 重点投向基础产业领域的信托公司

序号	公司名称	11月基础产业投向成立规模(亿元)	11月基础产业投向规模占比(%)	近一年基础产业投向成立规模(亿元)	近一年成立规模总计(亿元)	近一年基础产业投向规模占比(%)
1	兴业信托	31.00	50.97	97.24	437.63	22.22

数据来源:用益信托网,中诚信托有限责任公司战略研究部整理。

集合信托市场月度分析报告——2019年12月

一、2019年12月信托市场动态

(一) 集合信托规模：发行规模环比提升，成立规模环比下降

用益信托网统计数据显示，2019年12月集合信托产品发行规模2,757.93亿元，环比升幅15.95%，同比增长15.04%；集合信托产品成立规模1,763.61亿元，环同比分别下降7.30%和3.46%。

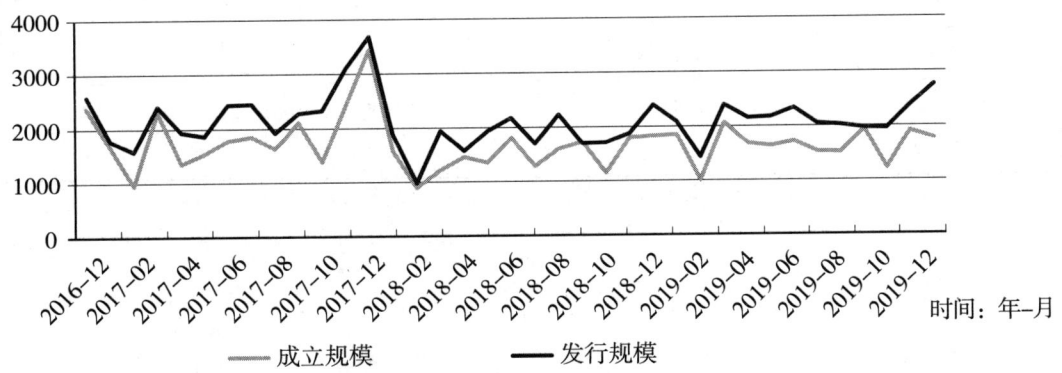

数据来源：用益信托网，中诚信托有限责任公司战略研究部整理。

图1 近三年集合信托产品发行规模与成立规模

(二) 集合信托收益率：发行收益率和成立收益率环比回落

12月，集合信托发行平均收益率为7.88%，集合信托成立平均收益率为7.84%，环比分别下降0.03个百分点和0.11个百分点。其中，金融、房地产和工商企业投向的信托产品收益率分别为6.92%、7.95%和8.43%，环比分别降低0.16个百分点、0.15个百分点和0.01个百分点；基础产业投向的信托产品收益率为8.33%，环比保持不变。

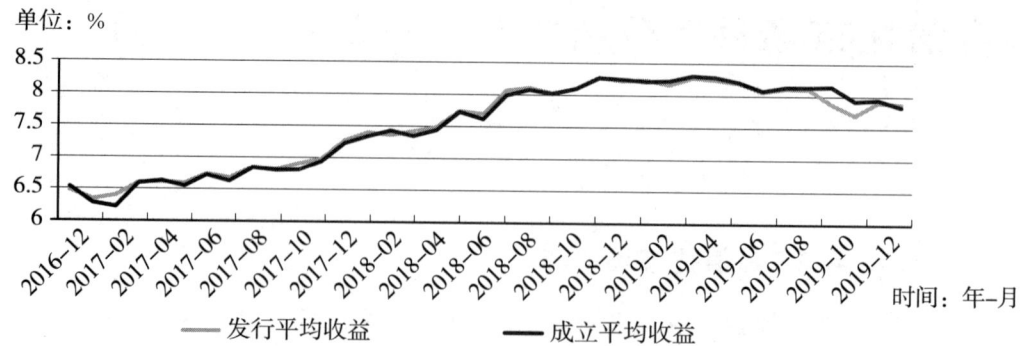

数据来源：用益信托网，中诚信托有限责任公司战略研究部整理。

图 2　近三年集合信托产品平均收益率

表 1　集合信托产品各投向平均收益率环比变化

投资领域	11月平均收益率（%）	12月平均收益率（%）	环比变化（%）
金融	7.08	6.92	-0.16
房地产	8.10	7.95	-0.15
工商企业	8.44	8.43	-0.01
基础产业	8.33	8.33	0.00

数据来源：用益信托网，中诚信托有限责任公司战略研究部整理。

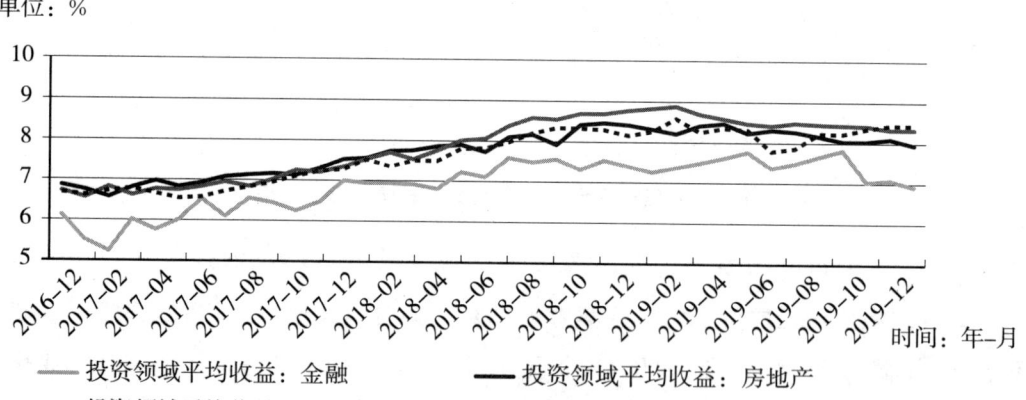

数据来源：用益信托网，中诚信托有限责任公司战略研究部整理。

图 3　近三年集合信托产品各投向平均收益率

（三）集合信托资金投向：各投向成立规模占比环比保持稳定

12月，投向金融、基础产业和工商企业领域的集合信托产品成立规模分别为537.37亿元、352.21亿元和101.89亿元，环比分别减少2.68%、22.24%和33.08%。投向房地产领域的集合信托产品成立规模530.80亿元，环比微增2.96%。

表 2　集合信托产品各投向成立规模环比变化

投资领域	11月成立规模（亿元）	12月成立规模（亿元）	环比变化（%）
金融	552.19	537.37	-2.68
基础产业	452.92	352.21	-22.24
工商企业	152.26	101.89	-33.08
房地产	515.54	530.80	+2.96

数据来源：用益信托网，中诚信托有限责任公司战略研究部整理。

从各投向规模占比来看，12月金融、房地产投向集合信托产品成立规模占比分别为30.47%、30.10%，环比分别提升1.45个百分点、3.00个百分点；基础产业、工商企业投向集合信托产品成立规模占比分别为19.97%、5.78%，环比分别降低3.84个百分点、2.22个百分点。

表 3　集合信托产品各投向规模占比环比变化

投资领域	11月规模占比（%）	12月规模占比（%）	环比变化（%）
金融	29.02	30.47	+1.45
房地产	27.10	30.10	+3.00
基础产业	23.81	19.97	-3.84
工商企业	8.00	5.78	-2.22

数据来源：用益信托网，中诚信托有限责任公司战略研究部整理。

二、重点公司分析

（一）成立规模前八信托公司

根据用益信托网统计，12月集合资金信托产品成立规模最大的8家信托公司依次为光大信托、五矿信托、外贸信托、中航信托、长安信托、兴业信托、交银信托、爱建信托。

表 4　2019年12月集合信托产品成立规模前八名

序号	公司名称	成立数量（个）	成立规模（亿元）	平均期限（年）	预期收益率（%）
1	光大信托	294	243.48	1.72	8.40
2	五矿信托	130	146.06	1.38	7.76
3	外贸信托	151	145.19	2.50	7.80
4	中航信托	210	116.49	1.42	7.45
5	长安信托	27	95.33	0.77	6.43
6	兴业信托	25	66.40	2.04	7.24
7	交银信托	23	65.36	—	—
8	爱建信托	165	63.66	1.76	7.92

数据来源：用益信托网，中诚信托有限责任公司战略研究部整理。

(二)重点公司及业务分析

1. 长安信托、光大信托、外贸信托、中航信托重点投向金融领域

12月信托产品成立规模前八名中,长安信托、光大信托、外贸信托和中航信托重点投向金融领域,单月金融投向规模占比分别为94.74%、29.56%、51.39%和49.37%,近一年金融投向规模占比分别为44.33%、37.79%、73.23%和53.02%。

表5 重点投向金融领域的信托公司

序号	公司名称	12月金融投向成立规模（亿元）	12月金融投向规模占比（%）	近一年金融投向成立规模（亿元）	近一年成立规模总计（亿元）	近一年金融投向规模占比（%）
1	长安信托	90.32	94.74	92.84	209.42	44.33
2	光大信托	71.98	29.56	922.68	2,441.49	37.79
3	外贸信托	74.62	51.39	558.78	763.06	73.23
4	中航信托	57.51	49.37	700.00	1,320.19	53.02

数据来源:用益信托网,中诚信托有限责任公司战略研究部整理。

2. 爱建信托、交银信托、兴业信托重点投向房地产领域

12月信托产品成立规模前八名中,爱建信托、交银信托、兴业信托重点投向房地产领域,其单月房地产投向规模占比分别为43.69%、79.24%和47.11%,近一年房地产投向规模占比分别为63.57%、42.31%和66.98%。

表6 重点投向房地产领域的信托公司

序号	公司名称	12月房地产投向成立规模（亿元）	12月房地产投向规模占比（%）	近一年房地产投向成立规模（亿元）	近一年成立规模总计（亿元）	近一年房地产投向规模占比（%）
1	爱建信托	27.81	43.69	512.13	805.59	63.57
2	交银信托	51.79	79.24	296.98	701.95	42.31
3	兴业信托	31.28	47.11	300.56	448.73	66.98

数据来源:用益信托网,中诚信托有限责任公司战略研究部整理。

3. 五矿信托重点投向基础产业领域

12月集合信托产品成立规模前八名中,五矿信托重点投向基础产业领域,单月基础产业投向规模占比为38.07%,近一年基础产业投向规模占比为26.68%。

表7 重点投向基础产业领域的信托公司

序号	公司名称	11月基础产业投向成立规模（亿元）	11月基础产业投向规模占比（%）	近一年基础产业投向成立规模（亿元）	近一年成立规模总计（亿元）	近一年基础产业投向规模占比（%）
1	五矿信托	55.61	38.07	517.46	1,939.61	26.68

数据来源:用益信托网,中诚信托有限责任公司战略研究部整理。

后 记

《信托市场热点研究（2019）》收录了中诚信托有限责任公司战略研究部2019年信托市场研究的成果，体现了对当年信托行业重要发展动态的长期跟踪研究与深入思考分析。

中诚信托战略研究部源自中诚信托于1997年设立的发展研究部，团队成员均拥有博士或硕士学位。部门成立二十多年来，为公司发展持续提供创新研究和智力支持，充分体现了中诚信托的专业品牌形象。战略研究部建立了每周、月、季度研究报告体系，内容覆盖宏观形势、金融市场、信托热点、创新业务、监管政策等多个方面，研究成果具有较强的理论性和应用性。此外，战略研究部积极参与信托行业研究，多年来承担监管部门、信托业协会等重点研究课题二十余项，在主流媒体发表专业文章数十篇，为推动信托行业研究发展持续贡献力量。

本书得到了中诚信托公司领导和各部门的大力支持。公司领导和各部门同事一直关心和指导战略研究部的研究工作，并在本书的篇章结构方面给予了富有建设性的建议，在此表示感谢。

由于本书收录的研究报告均由各位作者独立完成，撰写文风不尽一致，且因水平所限，难免存有疏漏及不足，敬请社会各界、行业同人与读者一并指正。

中诚信托有限责任公司战略研究部
2020年1月